Neil Hollander / Harald Mertes

Solange sie noch segeln

Die letzten Arbeitssegler

Mit einem Vorwort von Thor Heyerdahl

HOFFMANN UND CAMPE · MARITIM

»Schiffe werden geliebt
und gehaßt —
beides ist wider die Vernunft!«

Inhalt

Thor Heyerdahl
Vorwort

Die Seeleute, die heute noch »unter Segel« ihr Brot verdienen, haben sich in eine Zeit hineingerettet, in der sich die Menschen bewußt werden, daß Energie langsam knapp wird. Sehr wahrscheinlich werden die letzten »Arbeitssegler« noch vor unseren Augen außer Dienst gestellt werden, und das zu einem Zeitpunkt, da Öl und Kohle so teuer sein werden, daß eine »Wiedergeburt« des Segels durchaus in den Bereich der Möglichkeiten rückt. Öl und Kohle sind nur begrenzt vorhandene Energiequellen, während der Wind kostenlos wehen wird, solange Menschen auf unserem Planeten leben. Der Wind wurde schon als Energiequelle genutzt, lange bevor der Mensch andere Antriebsmittel erdacht, das erste Pferd gezähmt oder das Rad erfunden hatte. Noch vor dem Aufblühen der großen Dynastien im Industal, den Hochkulturen der Sumerer und Ägypter haben Bildhauer und Künstler Abbildungen von großen Segelschiffen in Felsblöcke und Wände der Gebirgsschluchten auf der ägyptischen Seite des Roten Meeres gemeißelt und Töpfer aus dem Delta des Nil ihre Vasen mit Schiffsbildern verziert. Die meisten dieser mehr als 5000 Jahre alten Darstellungen zeigen große, seegehende Schiffe mit steil gebogenem Bug und Heck und zwei deckhausähnlichen Aufbauten. Neben Mast und Segel haben einige bis zu 40 oder 50 Ruder, die die Abdrift verringern und die Geschwindigkeit erhöhen sollten. Diese frühen Darstellungen zeigen uns auch, daß die ersten seegängigen Schiffe aus asiatischem »Typha«-Schilf oder afrikanischem »Papyrus« gebaut und mit Tauwerk spiralförmig zusammengebunden waren. Da ein einzelnes Papyrusbündel sich auf dem Wasser wie eine Tonne um die eigene Achse drehen würde, mußte, um Stabilität zu erreichen, zumindest noch ein zweites Bündel dazugelascht werden. Das Boot besaß einen »Bipod« oder Spreizmast, an dem ein Rahsegel gefahren wurde, dessen Oberliek meist breiter war als das Unterliek. Gesteuert wurden diese Schiffe mittels zweier Seitenruder am Heck. Es ist unumstritten, daß Schilfboote schon die Meere durchpflügten, lange bevor der Mensch begann, Planken zu spalten und Schiffe mit offenem Innenraum auf Spanten zu bauen. Die ersten Holzschiffe lehnten sich dann auch in Form und Einzelheiten des Risses genau an ihre Vorgänger, die frühen Schilfschiffe, an.

Auf den ersten Blick scheint es eine einfache Sache zu sein, aus Schilf ein gebogenes, sichelförmiges Boot zu binden. Die hochgebogenen Enden weisen ein Schiff ganz eindeutig als ein Seefahrzeug aus, denn nur in dieser Form war es möglich, die Wellen des Ozeans auszureiten und zu meistern. Für Flußfahrt allein hätte schon ein flaches, floßartiges »Gefährt« ausgereicht. Leider ist die in der Antike weitverbreitete Kenntnis und Fähigkeit, hochseetüchtige Schilfschiffe zu bauen, bei den Völkern Asiens und Afrikas verlorengegangen.

Es gibt allerdings auch heute noch einige Stämme in Afrika, die mit einfachen, roh zusammengebundenen Schilfbooten flache Gewässer befahren. So auch die Budumas vom Tschadsee, die wohl die stärksten und größten Exemplare bauen. Dennoch sind auch sie heute nicht mehr in der Lage, hochseetüchtige Schiffe mit nach oben gezogenem Heck und Bug herzustellen.

Als ich im Jahre 1969 mit einem internationalen Team an Bord meiner Ra, die von eben diesen Budumas gebaut worden war, versuchte, den Atlantik zu überqueren, hatten wir versucht, beim Bau Bug und Heck hochzuziehen, ohne eigentlich genaue Kenntnis von der Bauweise zu haben. Tatsächlich hielt dann auch das Schiff den harten Wellenschlag nicht aus und brach nach zwei Monaten auseinander. Im darauffolgenden Jahr ließ ich Ra II bauen, und zwar diesmal von den Aymara-Indianern, die sich auf ihrem stürmischen Titicacasee in 4000 Meter Höhe bis heute die Kunst, Schilfboote mit hochgezogenen Enden zu bauen, erhalten haben. Man muß wissen, daß zur Zeit der spanischen Eroberungen in Peru große Schilfboote, fast baugleich mit den Schiffen aus Ägypten und Mesopotamien, die Küstengewässer des gesamten Inkareiches befuhren. Die letzten Überbleibsel südamerikanischer Schilfboottradition findet man heute nur noch auf dem Titicacasee, hoch über dem Meeresspiegel.

Meine Ra II, die aus afrikanischem Papyrus von diesen südamerikanischen Indianern gebaut wurde und mit der ich 1970 mit sieben Kameraden von Marokko nach Barbados segelte, hat seine Form und Stabilität die ganze Reise hindurch behalten, ohne auch nur einen einzigen Schilfhalm zu verlieren.

Als ich im Jahre 1978 Tigris, eine Replika eines sumerischen Schiffstyps aus Typha-Schilf bauen lassen wollte, mußte ich feststellen, daß auch bei den mesopotamischen Marsh-Arabern des Irak die Kunst des Schilfbootbauens in Vergessenheit geraten war. Wieder einmal mußte ich meine Freunde vom Titicacasee zu Hilfe holen. Gemeinsam bauten dann die südamerikanischen Indianer und die Nachfahren der mesopotamischen Bootsbauer die 18 Meter große Tigris, die sich genau wie Ra II auf hoher See glänzend bewährte. Meine internationale Crew von elf Mann segelte das Schiff, vollbeladen mit Ausrüstung und Proviant für mehrer Monate, vom Irak nach Oman und Pakistan und vom Industal dann über den Indischen Ozean bis Djibouti am Eingang zum Roten Meer. Nur den Indianern vom Titicacasee und ihrer genialen, über Generationen erhaltenen Bautechnik ist es zu verdanken, daß das Schiff nach unserer fünf Monate dauernden Reise immer noch in einem seetüchtigen Zustand war. Die Tatsache, daß ich wiederholt auf das überlieferte Wissen und Können der Indianer vom Titicacasee zurückgreifen mußte, ist mit Sicherheit ein Argument dafür, daß sich hochspezialisiertes Wissen nicht in unabhängig voneinander gemachten Erfindungen zeigt, sondern es spricht eher dafür, daß die Verbreitung von Wissen durch kulturelle Kontakte und überseeischen Austausch von Informationen stattgefunden hat.

Schrift gilt unbestritten als Maßstab für das Niveau einer Zivilisation. Wir wissen heute mit Sicherheit, daß große, seegehende Segelschiffe aus Schilf schon gezeichnet und in Fels gemeißelt wurden, lange bevor die Menschen schreiben und lesen lernten. Der Schiffsbau, neben dem Gebrauch des Feuers die zweite große Erfindung in der Geschichte, ermöglichte es erst der Menschheit, sich kulturell auszubreiten und über lange Wege hinweg Waren und Wissen zu tauschen. Und wenn heute die letzten segelnden Seeleute von der Welt- bzw. Seebühne verschwinden, dann hat das Segel mehr als 5000 Jahre als Symbol und Banner für die Entwicklung von Zivilisation und das Ausbreiten von Kultur gedient. Für die Erfahrungen mußten ungezählte Risiken eingegangen, unglaubliche Gefahren bestanden und zahllose Leben geopfert werden. Not macht erfinderisch, und nur unter diesen Voraussetzungen konnten die verschiedenartigsten Schiffstypen mit ihrer Vielfalt an Rigg und Steuereinrichtungen »geschaffen« werden. Viele dieser Schöpfungen, wie die manövrierfähigen Schilfboote, die Balsaflöße der Inkas, die schnellen Segelkanus der Northwest-Coast-Indianer oder der Polynesier und vieler anderer, sind für immer von den Gewässern der Welt verschwunden. Engagierten Forschern bleibt es heute überlassen, Replikas zu bauen, Testfahrten zu unternehmen und die Wissenslücken im nachhinein zu füllen. Aber im Grunde genommen gibt es für jedes Schiff nur einen Fachmann, der uns Rede und Antwort stehen könnte, und das sind die Männer, die diese Schiffe gebaut und gesegelt und Überlieferung und Wissen ihrer Vorfahren gesammelt haben.

Noch leben einige dieser Männer unter uns. Ihre Anzahl verringert sich von Jahr zu Jahr. Alle Anzeichen sprechen dafür, daß die letzten Seeleute, die heute noch durch »Arbeitssegeln« ihr Brot verdie-

7

Thor Heyerdahl
Vorwort

nen, aussterben und daß sie die von ihnen gesammelten und gelebten Erfahrungen und Traditionen mit ins Grab nehmen werden.

Zwei unerschrockene Segler, Journalisten und Fotografen, Neil Hollander und Harald Mertes, haben sich vorgenommen, die vom Untergang bedrohte Welt der Arbeitssegler in Wort und Bild der Nachwelt zu erhalten, Informationen und Kenntnisse zu sammeln, ehe es zu spät ist. Text und Bildmaterial dieses Buches sind das Ergebnis ihrer jahrelangen engagierten Arbeit. Sollte in wenigen Jahren die Geschichte der frühen Seefahrt zu einer anthropologischen Disziplin werden und anderen Zweigen der Kulturgeschichte gleichgestellt sein, dann werden die Bilder und Beobachtungen von Neil Hollander und Harald Mertes als Informationen aus erster Hand von großer Bedeutung sein. Ihre Aufzeichnungen können mit Sicherheit für kommende Generationen von Seglern, Fahrensleuten und Sportlern zu einem echten »Klassiker« werden, und das zu einer Zeit, da Motoren weit weniger attraktiv sein werden als ein Stück Segeltuch, das den Wind einfängt und Schiff, Mannschaft und Ladung kostenlos in alle Richtungen trägt.

In Gegenwart und Zukunft wird es nur wenige Erfindungen des Menschen geben, die es mit der klaren, funktionellen Schönheit eines Schiffes unter Segeln aufnehmen können. Die faszinierenden Fotos dieses Buches, aufgenommen mit dem Blick des Experten für technische und ästhetische Schönheit, legen dafür Zeugnis ab.

Thor Heyerdahl

Die Autoren zu ihrem Buch

Abenteuer verlangt Glück, und ohne Glück hätten wir ganz sicherlich das Abenteuer dieser Reise und dieses Buches nicht durchstehen oder gar nicht erst beginnen können. Auf unserer vier Jahre dauernden Segelreise auf eigenem Kiel »fast um die Welt« waren uns in entlegenen Häfen, versteckten Buchten und auch auf offener See immer wieder Schiffe begegnet, die, allein oder im Verband, noch unter Segel ihre Arbeit verrichten. Fasziniert von der einfachen Schönheit dieser Schiffe, von den für uns exotischen Rigg- und Rumpfformen, von der unkomplizierten und doch so einfallsreichen Bauweise und Handhabung, vom Stellenwert, den diese Schiffe im Kampf ums Leben und Überleben für ihre Eigner und Mannschaften darstellen, und nicht zuletzt bestürzt und betroffen von der Erkenntnis, daß diese Schiffe vom Aussterben bedroht sind, entstand die Idee, diese letzten Arbeitssegler und ihre Männer in Wort und Bild festzuhalten. Je mehr wir uns mit dem Plan befaßten, um so klarer wurde uns, daß die Zeit drängte und wir uns beeilen mußten. Denn der Fischer und Seemann, der heute noch Segel setzt, um mit Schiff und Wind seinen Lebensunterhalt zu verdienen und um sich und seine Familie über Wasser zu halten, wird langsam aber unwiderruflich vom Sturm der Technik, von den Wassern der Seen, Flüsse und Meere weggefegt. Fast ein Jahr dauerten die Vorbereitungen. Da es so gut wie kein aktuelles Informationsmaterial gab — von einem Foto hier und da in einem Reiseprospekt, Bildband oder in einer Zeitschrift einmal abgesehen —, mußten wir uns selbst behelfen. Monate verbrachten wir damit, Hunderte von Briefen und Telefonaten mit Seefahrtsämtern, Ministerien, Fischereiorganisationen, Hafenmeistern, Küstenwachen, Professoren an anthropologischen und ethnologischen Instituten, Yachtseglern und Yachtklubs auszutauschen, um unsere Lücken zu füllen und herauszufinden, was, wo, wie und warum heute noch gesegelt wird. Das Ergebnis unserer Bemühungen war niederschmetternd. Antworten wie »Im Jahre 1960 waren es sicherlich noch 2000 Schiffe, die regelmäßig..., heute aber...« oder »Darüber haben wir keine Informationen, bitte wenden Sie sich an...« oder »Das letzte Exemplar sank 1975« oder »Sie sind leider zu spät...« waren nicht gerade dazu angetan, unseren Optimismus zu stärken, und wir mußten schon befürchten, daß das Projekt endgültig auf Grund gelaufen sei. Trotz aller ernüchternden Antworten ließen wir uns aber glücklicherweise nicht von unserem Vorhaben abbringen und starteten mit der etwas trotzigen Haltung, »dann dokumentieren wir eben, daß nichts mehr da ist.«

Kein Nachschlagewerk

Als wir im Januar 1980 mit unserer Arbeit »vor Ort« begannen, wußten wir eigentlich noch nicht so recht, in welches Abenteuer wir uns da eingelassen hatten. 15 Monate waren wir mit Flugzeug, Schiff, Bahn, Auto, Pferd und zu Fuß unterwegs und klapperten — mit Rucksack und fast 15 Kilo Kameraausrüstung bepackt — die Küsten, Flüsse und Inseln Südamerikas, der Karibik, Afrikas, des Nahen und Fernen Ostens, Polynesiens und Südostasiens ab, immer auf der Suche nach den letzten Arbeitsseglern der Welt. Das große Problem bestand darin, diese Boote und Schiffe erst einmal aufzuspüren und zu finden. Auch bei den besten Informationen und sichersten Angaben wurde es eine Knochenarbeit. Schon nach kurzer Zeit war uns völlig klar, daß wir mehr Zeit, Energie und Geld würden aufwenden müssen, diese Schiffe in unzugänglichen Buchten, versumpften Flüssen und unwegsamen Fjorden erst einmal aufzutreiben, ihre Segelrouten und Arbeitsplätze zu erkunden und zu lokalisieren, als bei ihnen an Bord zu leben und zu segeln.
Wir haben uns bemüht, keine trockene technische

Beschreibung der einzelnen Schiffstypen, ihrer Details, Abmessungen, Verarbeitungsmethoden und Konstruktionsmerkmale bis ins kleinste zu liefern. Wir wollen niemanden mit Spantenmaßen und Holzarten langweilen; haben uns davor gehütet, Diskussionen über »wieso — warum — und was besser wäre« zu beginnen. Dieses Buch sollte nie für den maritim Interessierten als technisch umfassend informierendes Nachschlagewerk eine Lücke in den Regalen der Seefahrtsliteratur füllen. Dazu fehlte uns — und fehlt uns immer noch — das Fachwissen, die Lust, Laune und das Durchhaltevermögen.

Von Anfang an waren wir darauf bedacht, in jedem Schiffstyp eine Einheit zu sehen, es als Kulturgut oder »Artefakt« einer Gesellschaft, eines Stammes oder einer ethnischen Gruppe zu betrachten und nicht als technisches Produkt oder segelnde Maschine, die man nach Belieben in Einzelteile zerlegen und analysieren kann. Wann immer wir an Zahlen und Maßen nicht vorbeikamen, haben wir uns bemüht, einfach und verständlich zu bleiben und nur Besonderheiten oder unbedingt notwendige Einzelteile herauszugreifen und zu beleuchten. Uns kam es ganz besonders darauf an, zeigen zu können, wie die Menschen mit, auf und von ihren Schiffen leben, wie sie sich selbst sehen, was sie denken und fühlen. Wir wollten zeigen, wie sie ihre Schiffe lieben, wie sie ihnen gleichgültig sind und wie sie sie hassen. Wir wollten wissen, welche Lösungen sie selbst gefunden haben und wie sie die Probleme des Überlebens in den Griff bekommen. Dabei mußten wir natürlich erst einmal herausfinden, warum sich diese Schiffe überhaupt noch so lange gehalten haben, um daraus wiederum Rückschlüsse auf die Zukunftssaussichten ziehen zu können. Schiffe kann man nur verstehen, wenn man die Menschen kennt, die sie bauen und segeln. Die Menschen und ihre Schiffe zusammen kann man wiederum nur verstehen, wenn man die Natur und Umwelt beider kennt. Daher lag es uns sehr am Her-

zen, das Dreieck Mensch, Schiff und Natur textlich zu erfassen und zu schildern. Aus ähnlichen Gründen fühlten wir uns verpflichtet, gelegentlich auch etwas in Mythos und Glaubenswelt der Menschen einzudringen, soweit sie sich auf die Arbeits- und Segelwelt des Mannes beziehen und Einstellung und Verhältnis zu Schiff und Natur erklären halfen. Die Informationen und Antworten auf diese angedeuteten Fragen waren natürlich nicht in ethnologischen Nachschlagewerken zu finden oder aus staatlichen Statistiken herauszulesen, sondern mußten vor Ort, auf den Planken der Schiffe, am Strand, in Häfen und Werften, in Hafenkneipen, auf Fischmärkten, in den Büros der Behörden und Hafenämter und schließlich in den Hütten und Häusern derer gesammelt werden, die heute noch Segel setzen, um segelnd ihr Leben zu bestreiten.

Wir haben uns dabei die Freiheit herausgenommen, Gespräche und Unterhaltungen, Geschichten und Storys so wiederzugeben, wie sie den Personen, Ereignissen und Situationen unserem Gefühl und Empfinden nach entsprechen. Daß dabei hin und wieder sprachlich etwas manipuliert wurde, ist unumgänglich und muß im Sinne eines gut lesbaren und verständlichen Textes mit in Kauf genommen werden. Allein wegen der Sprachbarrieren und gelegentlich eingeschalteter Dolmetscher scheint uns dies vertretbar, ohne allzugroßen Verfälschungen damit Raum zu geben.

Das Schiff als Handwerkszeug

Die erste große Überraschung, die wir erlebten, war die Einsicht, daß diese Menschen zu ihren Schiffen keine besonderen gefühlsmäßigen Bindungen haben. Heute wie vor 100 Jahren werfen sie Anker, setzen sie Segel, nur um sich damit Reis oder Brot zu verdienen. Sie üben den Beruf des Fischers oder Seemanns aus, und nur dazu brauchen sie ihre

Schiffe. Wie notwendiges Werkzeug werden sie erhalten und gepflegt, benutzt und weggestellt, wann immer sie durch Besseres oder Neueres ersetzt werden müssen oder können. Dieses Verhältnis wird ganz extrem bei den Jangaderos im Nordosten Brasiliens sichtbar. Denn dort müssen sich die Fischer fast jedes Jahr ein neues Boot bauen, weil das alte morsch wird und zerfällt. Das Boot wird dann nicht traurig »außer Dienst« gestellt, sondern ohne Gefühlsduselei am Strand zerhackt und verbrannt. Schiffe als Werkzeuge.

Werden sie von ihren Besitzern und Mannschaften nicht sonderlich gepflegt, kann man sie etwa mit einem verrosteten Hammer vergleichen: Er ist zwar schmutzig und unansehnlich, erfüllt aber seine Aufgabe immer noch. Auch ein Schiff in schlechtem Zustand ist immer noch ein Schiff, kann so lange be- und entladen werden, bis es schließlich bricht. Nach der Mentalität der meisten Arbeitssegler ist es dann immer noch früh genug, um sich über eine Reparatur ernsthafte Gedanken zu machen. Natürlich gibt es auch Länder und Völker, die ihre Schiffe pflegen, bei jeder Gelegenheit überholen und mit dem Farbtopf hinter jedem Kratzer herrennen. Doch nicht etwa aus dem Bedürfnis heraus, ein schönes, farbiges oder elegantes Schiff zu besitzen, sondern ganz allein, weil Farbe und Lack das Holz schützen und es vor Rott und Würmern bewahren. Und werden in Indonesien Boote mit bunten Malereien und feinen Schnitzereien verziert, dann spiegelt das nicht die Liebe und Zuneigung des Eigners zu seinem Boot wider, sondern geschieht aus viel realeren, ja, profaneren Beweggründen, wie ein Fischer aus Bali erklärt: »Fische mögen buntbemalte Schiffe, sie haben mehr Vertrauen zu ihnen und werden von ihnen magisch angezogen. Nur wer ein buntes Schiff hat, kann ein guter Fischer sein.«

Wir waren auch überrascht von der Tatsache, daß viele Schiffe nicht einmal einen Namen haben; es ist das »Schiff des Bärtigen«, »Pedras Boot«, »das Blaue« oder was sonst noch zur Unterscheidung geeignet ist. Vielfach erfüllen auch Nummern denselben Zweck, haben aber dann eher die Aufgabe, es der »Obrigkeit« leichter zu machen. Trägt ein Schiff aber mit klecksig verlaufener Farbe einen Namenszug am Bug, dann geschieht das nur äußerst selten aus Liebe zu einer Frau, sondern Göttern und Geistern zu Ehren, um sie wohl zu stimmen und ihren Schutz zu besiegeln.

Vermenschlichung und Personifizierung des Schiffes, die bei uns zu literarischen Überhöhungen nach Art Joseph Conrads oder Melvilles geführt haben, wie »Das Schiff hat eine Seele«, »Schiffe stehen zwischen Gott und den Menschen«, »Schiffe sind wie Frauen« und ähnliches, sind bei den Menschen, die mit den Schiffen arbeiten, weitgehend unbekannt. Für sie sind Schiffe auch heute noch »nur aus Holz und Nägeln«. Und wie die Schiffe nur Werkzeuge sind, so ist das Benutzen dieser Werkzeuge, das Segeln, einfache und harte Arbeit, weitab von romantischer Träumerei. Die Männer an Bord dieser Schiffe haben kaum Muße, sich an rauschenden Bugwellen zu erfreuen, sich an gut getrimmten Segeln zu begeistern, dem Spiel des Windes im Rigg zu lauschen, sich in Anmut, Stärke und Schönheit eines Schiffes unter Vollzeug zu versenken, und sie schwärmen erst recht nicht von »unvergeßlichen« Sonnenuntergängen. Für sie ist segeln, wie der Weg zum Büro, zur Arbeitsstelle, langweilig, monoton, jeden Tag das gleiche, aber notwendig, und manchmal leider auch gefährlich.

An Land in Lee

Mit der Idee gestartet, die noch schwimmenden Reste der einst so gewaltigen Flotte der Arbeitssegler aufzuspüren, ihre Art, Anzahl, Zustand, Bauweise, Größe, Segeleigenschaften zu dokumentieren, ihre wirtschaftliche Bedeutung und Zukunft

11

herauszufinden, wandte sich unser Interesse immer mehr den Menschen zu, die mit, auf und von diesen Schiffen leben.

Schon bald wurde uns klar, daß die Menschen, die heute noch vom Segel und vom Segeln abhängig sind, gleich welcher Nationalität sie auch sein mögen — Chilenen, Brasilianer, Inder, Haitianer oder Indonesier —, eigentlich Außenseiter in ihrem eigenen Land, Randgruppen in ihrer eigenen Gesellschaft sind. Und dabei macht es keinen großen Unterschied, ob sie ihre Arbeit auf einem See, einem Fluß, in Küstengewässern oder auf hoher See verrichten.

Erstaunlich und beschämend war die Erkenntnis für uns, daß kaum jemand diese Menschen kennt, von ihren Problemen, Nöten und Lebensumständen weiß oder sich um sie kümmert oder ihnen hilft. Vielfach mußten wir sogar feststellen, daß man sie gar nicht mehr wahrhaben will, sich ihrer schämt und sie verleugnet. Von der Obrigkeit vergessen, gelten sie als nicht vorzeigbar, man schämt sich ihrer, will sie verstecken. Sie werden als Relikte und unangenehme Überbleibsel aus der »vormotorisierten« Zeit abgestempelt, eine Minderheit, die mit Mast und Segel einen schon längst verlorenen Kampf führt.

»Schon längst hätte man sich um diese Menschen kümmern müssen, sie umschulen und aus fortschrittlicher Staatsraison heraus modernisieren sollen«, ist die einhellige Meinung, doch jetzt sei es zu spät, es lohne sich nicht mehr, sie seien eh zu alt, und wirtschaftlich waren sie noch nie von großer Bedeutung. Was sind schon ein paar Kilo Fisch, gelegentlich ein Korb voll Langusten und etwa der Transport von Kisten und verrosteten Ölfässern, von Holz, Sand und Steinen? Damit sind die Probleme abgetan und »gelöst«.

Natürlich darf man die Verallgemeinerung nicht zu weit treiben und muß schon in der Beurteilung für Unterschiede Raum lassen. Prinzipiell kann aber gesagt werden, je »fortschrittlicher« ein Land sich selbst sieht oder gesehen werden will und je »moderner« die Bürger sein wollen, um so schlechter und rückständiger wird die Rolle der Arbeitssegler gemalt und definiert. Sollten sie dann noch, wie die Bugis in Indonesien, ganz auf ihren Schiffen leben, in unregelmäßigen Abständen weite Arbeitsreisen unternehmen und eine Art Nomadenleben führen, dann machen sie sich sogar »verdächtig«, dann werden sie von den seßhaften Mitmenschen mit Mißtrauen bedacht. Als Menschen des Meeres scheinen sie zu frei, um sich der bürgerlichen Kontrolle und Disziplin zu entziehen, wirken in ihrer Freiheit fast anarchisch, zumindest aber suspekt. Von da ist es dann nicht mehr weit, sie kriminell zu nennen und als Seeräuber zu bezeichnen.

Wie oft mußten wir uns Vorwürfe gefallen lassen, als wir unser Interesse an diesen Menschen bekundeten und mit ihnen leben und segeln wollten. Oft wurden uns von den lokalen Behörden Aufpasser in Uniform »zu unserem persönlichen Schutz« mitgegeben, was natürlich nur dazu führte, daß wir sofort abgeblockt wurden. Schon sehr bald merkten wir, daß wir unser Vorhaben nur durchführen konnten, wenn wir — manchmal auch etwas am Rande der Legalität — unsere eigenen Beziehungen knüpften und aufbauten. Auch gutgemeinte Ratschläge und massive Drohungen, wie »die werden euch ausrauben«, »euch einfach über Bord werfen« oder »ihr könnt froh sein, wenn ihr mit dem Leben davonkommt«, waren natürlich nicht dazu angetan, unsere Stimmung besonders zu heben, konnten aber auf der anderen Seite auch unsere Ideen und Pläne nicht durchkreuzen oder ändern.

Das Gegenteil aller Befürchtungen trat ein. Verständlicherweise sind uns die Menschen zuerst reserviert, skeptisch entgegengetreten, doch stets mit einer natürlichen Neugier und menschlicher Freundlichkeit, die sich meist schon nach Stunden in warme Herzlichkeit wandelte. Noch nie hatte sich jemand für sie interessiert, noch nie waren Fremde so unvoreingenommen auf sie zugekommen, noch nie wurden sie nach ihrem Wohl und nach ihren Problemen befragt. Als sie merkten, daß wir mehr über ihre Schiffe, ihr Leben, ihre Nöte und Freuden wissen wollten, daß wir bereit waren, mit ihnen dreckige Kojen, Kakerlaken und spärliche Kost zu teilen, da gaben sie uns alles, was sie hatten. Sie räumten die besten Schlafplätze, gaben uns das größte Stück Fisch und servierten uns den besten Tee. Ob ein Chilene in Patagonien sein letztes Huhn für uns schlachtete oder ein Bugi in Indonesien uns zum Abschied sein Messer, das Symbol seines Standes, schenkte, sie waren stolz und auch glücklich dabei — und wir von der generösen warmen Natürlichkeit oft beschämt.

Schnell eroberten wir jedes Schiff und erwarben uns Freundschaften vom Koch bis zum Kapitän, so daß die Zeit an Bord, in den Häfen, bei der Arbeit oder zur »sailors leasure time« nicht nur für uns, sondern auch für unsere neuen Freunde jedesmal zu einem Abenteuer wurde. Wir wollten mit diesen Menschen segeln, arbeiten, essen, trinken und schlafen. Wir wollten mit ihnen leben. Das Geheimnis unseres Erfolges, das Glück, daß wir problemlos gute Kontakte und Beziehungen aufbauen konnten, mag wohl zum Teil darin gelegen haben, daß wir unserer »Zielgruppe« niemals »touristlike« auf den Pelz gerückt sind. Wir haben ganz besonderen Wert darauf gelegt, nicht in neugieriger Arroganz Tabus zu brechen und in Intimbereiche einzudringen, und wir haben diese Menschen nicht scheu gemacht und erschreckt, indem wir ihnen etwa Objektive und Mikrofone vor das Gesicht gehalten haben.

Wir haben die anfängliche natürliche Reserviertheit des Fremdseins uns gegenüber akzeptiert und geachtet und uns auf der anderen Seite viel Zeit genommen und Mühe gegeben, Vertrauen und Zuneigung zu gewinnen. Im Idealfall wollten wir gar nicht erst Fragen stellen, sondern durch intensive Beobachtung vieles an Informationen sammeln und unsere Freunde motivieren, von sich selbst zu erzählen.

Einleitung
Rumpf- und Riggformen

Weshalb sind Segelschiffe so unterschiedlich, warum und wieso haben sich, über die ganze Welt verstreut, die unterschiedlichsten Rumpf- und Riggformen herausgebildet? Meerwasser ist salzig in den Kanälen Südchiles, salzig ist das Wasser im Atlantik, in der indonesischen Inselwelt und im Persischen Golf. Der Wind bläst hier und dort in wechselnder Richtung und Stärke, überall drängt sich das Ufer zwischen Wasser und Land, überall werden die Schiffe zum Transport oder Fischfang benutzt, und das Leben der Seeleute aller sieben Meere ist hart und entbehrungsreich, gleich, wohin der Bug ihres Schiffes auch zeigt. Die Frage bleibt bestehen, weshalb sind die Schiffe nicht alle gleich oder zumindest ähnlich? Weshalb sind die Segelschiffe europäischer Herkunft so ganz anders als die Dschunken des Fernen Ostens, warum haben arabische Dhaus so wenig gemein mit norwegischen Lotsenkuttern oder den Schonern von Neuschottland? Warum hat sich nach Jahrhunderten kulturellen Kontaktes nicht ein einheitlicher Typ herausgebildet, der den Anforderungen auf allen sieben Meeren optimal und in gleichem Maße genügt? Diese Frage stellten wir uns eigentlich erst spät, weil wir einfach von der Realität der Artenvielfalt ausgegangen waren. Doch je mehr wir uns mit Gedanken und Erwägungen befaßten, weshalb sich gerade die von uns noch aufgefundenen Segelschiffe erhalten haben, während hundert andere Arten und Typen längst von der Meeresoberfläche verschwunden sind, um so deutlicher mußten wir erkennen, daß Vergangenheit, Gegenwart und Zukunft dieser Arbeitssegler untrennbar miteinander verbunden sind. Ohne die grauen Nebel der Geburtsstunde der Segelschiffahrt durchdringen zu wollen oder zu können und ohne uns mit den einzelnen, oft widersprüchlichen Theorien der Wissenschaftler und Historiker näher zu befassen, glauben wir unwidersprochen behaupten zu können, daß jeder Schiffstyp den jeweils besten Kompromiß im Rahmen seines sozialen und geographischen Kontextes darstellt. Viele Faktoren, wie Zweck und Aufgabenbereich des Schiffes, technologische und handwerkliche Fähigkeiten der Schiffsbauer, vorhandene Baumaterialien, Segel- und Arbeitsreviere mit ihren unterschiedlichen Wetter-, Wasser- und Strandbedingungen, geforderte Segeleigenschaften, soziale Strukturen und nicht zuletzt ökonomische Zwänge und Gegebenheiten, waren bei jedem Schiffstyp zu bedenken und zu bewerten, um schließlich in einem langen Adaptionsprozeß den Schiffstyp zu formen, der bis heute überleben konnte. Ändern sich die Faktoren oder tritt eine Umbewertung ein, dann muß das Schiff sich der neuen Situation anpassen, oder es wird verschwinden oder ersetzt werden.

So haben an allen Stränden der Welt Seeleute zusammen mit ihren Schiffsbaumeistern über Jahrhunderte den jeweils für sie optimalen Typ entwickelt. Nicht jede der Anforderungen kann und konnte optimal erfüllt und aufs Wasser gebracht werden, und da die Konditionen und Umstände weltweit unterschiedlich waren, entstand eine recht große Vielfalt von Arbeitsschiffen.

Ein Schiff, das zum Holztransport zwischen den Inseln Südchiles gebraucht wird und dessen Umfeld durch große Tidenunterschiede und stürmisches Wetter gekennzeichnet ist, muß zwangsläufig anders geformt und besegelt sein als ein Schiff, das, wie die Pinisis in Indonesien, ebenfalls Holz transportiert, aber auf offenem Meer bei gleichmäßig gutem Segelwetter eingesetzt wird. So muß sich das Auslegerkanu der Ceylonesen, mit dem sie auf offener und bewegter See mit zehn Knoten ihre Bahnen ziehen, um mit der Schleppleine Haie und Thunas zu fangen, zwangsläufig unterscheiden von den Fischerbooten der Brasilianer, die als Fangplattform mehr auf Stabilität als auf Geschwindigkeit gebaut sind. Die Reihe der Vergleiche und Gegensätze ließe sich beliebig fortsetzen. Als Prinzip kann aber herausgearbeitet werden, daß jeder Schiffstyp die beste

Lösung, den besten Kompromiß in seinem Bereich darstellt. Aus diesem Grund sind Schiffstypen auch nicht lokal austauschbar und können auch nicht so einfach als Kulturgut »exportiert« werden.

Bei der Auflistung der unterschiedlichen Rumpf- und Riggformen läßt sich leicht feststellen, daß ähnliche oder gleiche Segelarten generell viel weiter verbreitet sind als entsprechende Rumpfformen. Daraus leitet sich die Tatsache ab, daß der Rumpf eine höhere Spezialisierung erreicht hat als das Segel. Es ist durchaus denkbar, daß derselbe Rumpf mit einem anderen Rigg fast dieselbe Leistung erbringen könnte. Die Geschichte zeigt, daß die Rumpfformen — nachdem sie einmal einen hohen Spezialisierungsgrad erreicht haben — viel mehr mit ihrem Kulturkreis verbunden als ihrer Urform treu geblieben sind und kaum Anleihen aus anderen Ländern oder anderen Schiffen gemacht haben. Beim Segel hingegen liegen die Fakten etwas anders. Hier haben sich Konstruktionsmerkmale und Besonderheiten der einzelnen Arten und ihrer Entwicklungsstufen langsam über die ganze nautische Welt verbreitet, und noch heute kann man gelegentlich Zwischenstufen dieser Entwicklung antreffen.

Die bedeutendste Erfindung ganz am Beginn der Entwicklungsgeschichte des Segels war sicherlich das Rahsegel — sei es in der »klassischen« Form des Nahen Ostens oder auch in der Art des fernöstlichen Luggersegels. Als eine Art Zwischenstufe auf dem Wege vom Rah- zum Schratsegel könnte man auch das arabische Dhau- und das Lateinersegel bezeichnen, die sich in ähnlichen Formen auch auf den Booten und Schiffen Indonesiens und Ozeaniens finden. Gaffel- und Hochtakelung (auch Marconi- oder Bermudarigg genannt) waren schließlich die Schlußpunkte in dieser Entwicklung, die sich über die Wasser aller Meere ausbreitete.

Wie gewisse Parallelitätserscheinungen zustande gekommen sind, vermögen wir nicht zu erklären, überlassen dies auch gern den Theoretikern. Die Tatsache, daß wir viele Monate Zimmerleuten, Bootsbauern, Segelmachern und Seeleuten bei der Arbeit zugeschaut haben, hat uns in unserem Glauben bestärkt, daß trotz allem überlieferten Wissen von jedem dieser Männer ein kreativer Impuls ausgeht und daß jede »Erfindung« auf diesem Gebiet die Summe vieler Talente war und ist.

Spezialisierung hilft überleben

Auch wenn sie sich noch so verkommen, verrottet, in schlechtem Zustand und kaum seetüchtig in den entlegendsten Hafenwinkeln herumquetschen — Segelschiffe, die heute noch zum Einsatz kommen und unter Segel ihre tägliche Arbeit verrichten, sind hochentwickelte und spezialisierte Werkzeuge, die kaum irgendwo anders auf der Welt als in ihren heimischen Gewässern zum Einsatz kommen können. Die Schilfboote des Titicacasees und die Manzala-Boote aus dem Mündungsgebiet des Nil sind einleuchtende Beispiele dafür. In dieser Spezialisierung liegt gleichzeitig die Stärke, aber auch die Schwäche dieser Schiffe. Auch wenn sie sich bisher dank ihrer jahrhundertelangen Entwicklung und Anpassung gegen die Technik behaupten konnten und auch — wie die Moliceiros in Portugal — keine Angst vor der Motorisierung zu haben brauchten, so kann es ihnen passieren, daß sie durch die Veränderung der Lebens-, Wirtschafts- und sozialen Strukturen ihrer Umwelt von heute auf morgen trockenfallen und keinen Arbeitsplatz mehr haben.

Wie sieht die Zukunft aus? Wie konnten die Schiffe überhaupt so lange überleben und sich über Wasser halten? Es gibt eine Reihe einleuchtender Gründe und Erklärungen. Zum ersten ist es die Spezialisierung. Jangadas, Moliceiros oder Saveiros brauchen keine motorisierte Konkurrenz zu fürchten — sie sind konkurrenzlos. Solange es Jangaderos gibt, wird es auch Jangadas geben. Ein zweiter Grund für das Existieren und Überleben von Arbeitsseglern ist die Tatsache, daß es auch heute noch abgelegene Siedlungsgebiete gibt, wo die Versorgung mit Treibstoffen zu teuer wäre und kaum einen Sinn hätte, wie das Beispiel der Lanchas Chilotas in Patagonien zeigt. Ein weiterer wichtiger Faktor liegt in der Möglichkeit, sich mit den motorisierten Mitbewerbern zu einigen und den Markt aufzuteilen. Handelswaren, die schwer, dreckig oder unhandlich sind und nicht unter Zeitdruck transportiert werden müssen, überlassen die Motorfrachter meist der segelnden Zunft. So brauchen die Frachtensegler auf dem Nil mit ihren Stein-, Sand- und Zementladungen nicht um ihre Fracht zu fürchten, und auch den Pinisis in Indonesien wird wohl in absehbarer Zukunft die Handelsware nicht ausgehen, auch wenn sie von ihren Agenten nur das »zugeschustert« bekommen, was kein Motorschiffer mehr anrühren will. Anders ist es bei den Thonis in Südindien. Sie sind ein Beispiel dafür, daß bei guten Wetterbedingungen ein Segelschiff auch heute noch Handelswaren ebensogut, ebensosicher und ebensoschnell — dafür aber billiger — transportieren kann wie ein motorisiertes Schiff.

In all diesen Fällen hat man sich den Markt aufgeteilt. Die Motorfrachter transportieren das, was Geld bringt, die Segelschiffe das, was übrigbleibt. Diese Marktteilung gibt es aber auch bei den Fischern. So in Sri Lanka: Die Motorboote fischen nur ganz bestimmte Fische, die Segelboote jagen andere Arten — ein jeder nach seinen Fähigkeiten. Für beide ist genug Platz auf dem Meer.

Wie also sieht die Zukunft aus? Vielleicht klingt es sarkastisch, aber es dürfte wohl der Wahrheit ziemlich nahekommen: Die Zukunft sieht gut aus, so gut wie schon seit zwanzig Jahren nicht mehr. Sicher, die Flotte der Arbeitssegler wird täglich kleiner, und jeden Tag werden weniger Segel gesetzt; doch das Aussterben verlangsamt sich. Die Verteuerung der Öl- und Energiequellen vieler Länder ist dabei ein wesentlicher Faktor. Nicht umsonst forschen, experimentieren und bauen Industrieländer wie Japan, die Sowjetunion und Frankreich wieder an segelnden Frachtern und Fischereifahrzeugen. Doch das wird eine andere Generation von Arbeitsseglern werden, die mit den von uns so geliebten und bewunderten Schiffen nur noch sehr wenig gemein haben wird.

Zu den folgenden Abbildungen:

1. Eine Lancha Chilota ankert in einem Fjord im Süden der chilenischen Inselwelt.
2. Eine Flotte ägyptischer Manzala-Boote kehrt vom Fischfang zurück.
3. Eine Thoni durchpflügt unter Vollzeug den Indischen Ozean.
4. Schon am frühen Morgen bestimmen die Pallars das Stadtbild von Dacca.
5. Eine über 30 Meter große Dschunke im Mündungsgebiet des Pearl River.
6. Tiefbeladen und mit letztem Trimm nutzt ein Manzala-Boot den schwachen Morgenwind.
7. Nach getaner Arbeit veranstalten die Oruwa-Fischer aus Sri Lanka ein kleines Privatrennen zum heimatlichen Strand.
8. In der schäumenden Brandung surft eine brasilianische Jangada dem flachen Ufer zu.
9. Im Südchinesischen Meer richtet eine Dschunke ihren steilen Kastenbug nach Norden.

Thonis

Indien

Dreihundert Tonnen wuchten sich durch die weiten Wasser des Indischen Ozeans. Leicht hebt sich der gewaltige Bug, teilt das Blau, schafft Platz und Raum für den schwarzen Rumpf. Bei leichten Winden ist die Melodie des Meeres überall gleich: ein gurgelndes Klatschen — erst hell, dann erstickend dunkler, um dann ganz zu verrauschen. Im hellen, blaßgrünen Bugschaum brechen sich die ersten Strahlen der aufgehenden Sonne in weißen Spitzen. Der Kiel reißt eine tiefe Furche ins Meer, nach 40 Metern schließt sich fast lautlos die Wunde. Die Narbe bleibt, eine Zeitlang nur, weiß, ausgefranst und gekräuselt, auf Hunderte von Metern noch zu sehen, dem Schwanz eines Papierdrachens gleich, vom Kielwasser gewiegt.

Hoch ragt der Rumpf aus dem Wasser, steil und gerade zeigt der schwarze Riese seine Flanken. Siebzehn Segel, an Masten, Rahen und Spieren geschlagen, treiben das Schiff in den neuen Tag. Das Meer hat die Müdigkeit der Nacht noch nicht überwunden; das Wasser ist kaum bewegt, noch steht MODIADEEN TTN 200 im Lee der Insel. Den wuchtigen Bug nach Norden gerichtet, segelt das Schiff seiner indischen Heimat entgegen.

MODIADEEN ist nicht etwa ein Einzelstück, ein Überbleibsel aus dem letzten Jahrhundert, das in irgendeinem Hafenwinkel Ebbe, Flut, Sturm und Flaute überlebt hat, dieses Schiff gehört zu der letzten Flotte großer Frachtensegler im Indischen Ozean — den Thonis. Beheimatet in Tuticorin, am Südzipfel des indischen Subkontinentes, versehen noch etwa 170 dieser bis zu 40 Meter großen Schiffe ihren Dienst in den Küstengewässern des Westens bis hoch nach Pakistan und unterhalten ganz wesentlich auch den Handel und Warentausch mit Sri Lanka, dem ehemaligen Ceylon.

Beladen mit Tabak, Beedees, Gewürzen, Gemüse, Trockenfisch, Haushaltwaren aller Art und jeder Menge Blechdosen für die ceylonesische Tee-Ernte preschen die bis zu 300 Tonnen schweren Frachtensegler nach Süden, um dann nach etwa einer Woche Aufenthalt im Hafen von Colombo wieder auf die Heimreise zu gehen.

Nachkömmlinge der Berufsschiffahrt

Auch wenn Thonis wie ein Überbleibsel aus einem vergangenen Jahrhundert anmuten und auch wenn beim Anblick eines imposanten, gestückelten Segelkleides, ihres derben Rumpfes und ihrer bunten Besatzung Bilder und Erinnerungen aus der alten Windjammerzeit auftauchen, so sind sie dennoch keine Schiffe mit langer Tradition und Vergangenheit. Thonis in der heutigen Form gibt es etwa erst seit der Jahrhundertwende. Vielfach werden sie den Dhaus zugerechnet, doch trotz oberflächlicher Ähnlichkeit lassen Rumpfform und Rigg sie als einen eigenständigen Schiffstyp erscheinen. Ganz besonders unterscheiden sie sich von den Dhaus durch ihre verstagten Masten, durch die Tatsache, daß beim Kreuzen die Rahen nicht gedippt werden und daß bei einem Zweimaster immer eine Rah auf der Steuerbord- und eine auf der Backbordseite gefahren wird. Entwickelt haben sich Thonis aus segelnden Leichtern, mit denen man die vor der Küste auf Reede liegenden Frachter entlud. Die Südküste Indiens ist stellenweise sehr flach, und man findet nur sehr wenige Häfen mit einem ausreichenden Tiefgang für größere Frachter. So mußten auch in Tuticorin, das bis vor wenigen Jahren nur über einen Segelschiffhafen verfügte, alle von der West- und Ostküste kommenden Frachter weit vor der Küste entladen werden. Diese Leichter waren bis zu 20 Meter lang und setzten an einem kurzen Stummelmast ein riesiges Lateinersegel, dessen Rah oft weit über den Bug hinausragte. Die Flotte der Leichter unter Segeln segelte jeden Morgen in aller Früh zu den vor Reede liegenden Schiffen und kam erst mit der Nachmittagsbrise wieder in den Hafen zurück. Jedes Schiff machte auf Grund der Windverhältnisse nur einen Trip pro Tag. Bei meist bewegter See ging es weit draußen beim Entladen nicht zart und zimperlich zu. Den längsseits der stählernen Frachter festgemachten Holzbooten wurde so einiges zugemutet. Sie waren so stabil gebaut, daß sie schon einige Stöße und Püffe aushalten konnten. Nicht selten kam es vor, daß sie mit ihrem mächtigen Bug die verwundbare Flanke eines verrosteten Frachters eindrückten und beschädigten. Diese Flotte der segelnden Leichter ist auch heute noch bei der Arbeit, auch wenn jetzt fast nur noch Kohle aus dem Nordosten, Zement und Baumaterialien ausgeladen werden. Ladegeschirr und Winschen gibt es wie vor hundert Jahren nicht, alles wird mit der Hand von Hunderten von Männern bewegt. An Bord des Frachters wird die Kohle mit Schüpp und Schaufel in Säcke gefüllt, in den Leichter geworfen, dort ausgekippt, an Land gesegelt, von Frauen, alten Männern und Jugendlichen wieder in Säcken über schwankende Bohlen an Land geschleppt und dann schließlich aus den Säcken in wartende Güterwagen gekippt. Diese Arbeitsmaschine kommt 24 Stunden nicht zum Stillstand. Tagsüber wird die Kohle an Land gesegelt, und über Nacht werden die Leichter entladen, um dann im Morgengrauen erneut hinauszusegeln. Anfänglich lag die Kapazität dieser Leichter bei 80 bis 100 Tonnen, doch mit der Zeit wurden die Rümpfe immer größer, zusätzliche Masten wurden gestellt, das Rigg wurde verfeinert, und die Thonis fingen selbst an, große Seereisen zu machen. Ein neuer Schiffstyp hatte sich entwickelt.

Ein Schiff blüht auf

Inzwischen hat die aufgehende Sonne Tau und Müdigkeit aus Schiff und Mannschaft vertrieben; eine frische Brise setzt ein. MODIADEEN TTN 200 erwacht. Über Nacht waren wir nur mit einem Vorsegel, den beiden Lateiner- und dem Besangaffelsegel gefahren — die fast kümmerliche Grundausstattung einer Thoni. Jetzt gibt der Tindal, der Schiffsführer also, seinem Bootsmann einige Befehle, jetzt heißt es Segel setzen, auftoppen, aus dem alten Frachtkahn einen echten Segler machen. 25 Männer spucken in die Hände, wie Ameisen fallen sie über das Schiff her. Segel werden herangeschleppt, Spieren vorbereitet, Fallen und Schoten zurechtgelegt — 500 Quadratfuß (ca. 470 qm) müssen gesetzt werden. Für uns sieht das alles wie ein heilloses Durcheinander aus, eher den Vorbereitungen gleich, ein sinkendes Schiff zu verlassen, als einem sorgsam eintrainierten Segelmanöver. Geschrei, Gerenne, Getöse und Geftuche. Die Jüngsten entern in die Takelage, fast aufrecht laufen die 14jährigen Seeleute die schwankende Rah hoch, entzurren, laschen fest, trimmen und schoten. Ein Mann taucht oben am Masttopp auf, gestikuliert wild mit den Armen, zwei andere laufen die Wanten hoch, als sei es ein entspannender Spaziergang, drei Männer turnen auf dem Wasserstag und versuchen, eine Spiere auszubringen, hoch oben an der Gaffelnock klebt Ismael, der Älteste der Mannschaft. Auch wenn wir Schwierigkeiten haben, ein System zu erkennen, geht doch alles mit einer Leichtigkeit und Gelöstheit vor sich, die wir nur bewundern können. Winschen und Spills gibt es nicht, hier und da wird eine Talje benutzt, ansonsten wird alles mit der Kraft von 50 Armen bewegt und durchgesetzt. Segel für Segel »steht« — das Schiff blüht auf wie eine Blume im Zeitraffer. Eine Stunde dauert das Ankleiden des Schiffes, dann läuft MODIADEEN TTN 200 mit sechs oder sieben Knoten seiner indischen Heimat entgegen. Den Rumpf einer Thoni kann man auch bei nostalgischem Geschmack nicht gerade als schön bezeichnen. Er gleicht eher einer Lagerhalle oder einem riesigen schwarzen Sarg, 40 Meter lang, zehn Meter breit, fünf Meter tief, ein schwimmender Container mit Bug, Heck, drei Masten und 25 bis 30 Mann

Besatzung. Kein Designer hat hier seine Finger im Spiel gehabt und sich an Form und Linien versucht. Der kastenähnliche Rumpf ist schwarz geteert, die Flanken gerade und steil, Bug und Heck kaum voneinander zu unterscheiden. Nur die weiße Bauchbinde, das Markenzeichen der Tuticorin-Thonis, geben dem schwarzen Kasten etwas Farbe. So einfach und geradlinig der Rumpf einer Thoni auch gebaut ist, so kompliziert, bunt und einmalig mutet der Segelplan dieses Schiffstyps an. Ab 25 Meter Schiffslänge haben Thonis fast immer drei Masten. Am Vor- und Großmast wird je eine Lateinerrah vorgeheißt und am Besan ein Gaffelsegel gefahren. Dieses Gaffelsegel, das irgendwie nicht zu diesem exotischen Schiff zu passen scheint, ist ganz sicherlich auf europäische, das heißt englische Einflüsse zurückzuführen. Es hat sich bewährt und ist den Männern eine große Hilfe beim Trimmen dieses Segelriesen. Wenn es gilt, das Beste aus dem Schiff herauszuholen, sind dem Einfallsreichtum und der Experimentierfreude der Thoni-Männer kaum Grenzen gesetzt.

Von unterschiedlichen Topp- und Vorsegeln, Raffees, Segeln an Stagen und Wanten, Sprietsegeln, Gaffel- und Leesegeln bis hin zu mehreren Wasserstagsegeln reicht ihr Repertoire — und sollte dann noch im Segelplan irgendeine Lücke klaffen, dann werden Spieren zusammengelascht, Segel angereiht, Bambusstangen ausgebaumt: ein neues Segel ganz einfach erfunden. Der »Exote« unter den Thoni-Segeln ist ein viereckiges Vorsegel — »dastoor« genannt —, dessen kurzes Unterliek mit einer fast telegrafenmastdicken Spiere ausgefahren wird und den Eindruck erweckt, als verfüge das Schiff über einen zweiten Bugspriet. Die untere Nock dieser Spiere ist mit einem Tampen am Bugspriet selbst angelascht, die obere zeigt steil in den Himmel und wird mittels einer Schot, die über einen zweiten Hilfsbaum läuft, getrimmt. Bei soviel Experimentierfreude wundert man sich auch wenig, wenn man überall an Bord über Reservesegel, Spieren, Tauwerk und Bambusstangen stolpert — man bedient sich aus diesem Reservelager je nach Bedarf.

Das ganze Rigg ist roh, hart, auf Verschleiß angelegt und nur mit größtem Kraftaufwand zu bedienen. Um den kurzen Großmast aus indischer Rottanne zu umfassen, bedarf es schon vier Arme, denn die Fallen haben den Durchmesser einer Bierflasche, und der Block des Großfalls hat die Ausmaße eines 60-Liter-Kühlschranks. Die Großrah, die man eigentlich »Riesenrah« nennen müßte, wiegt mit Segel fast fünf Tonnen, und die ganze Crew muß schon unter Gesang und Anfeuerungsrufen mindestens eine halbe Stunde in die Spaken des Spills packen, um dieses 30 Meter lange, aus mehreren Baumstämmen zusammengelaschte Ungetüm hochzuwinden. Irgendwie scheint alles an Bord überdimensioniert: zu dick, zu groß, zu schwer; doch ganz sicherlich haben Routine und Erfahrung hier die richtigen Maßstäbe gesetzt.

Das Leben an Bord einer Thoni

Wir liegen im Schatten des Sonnensegels und rauchen Beedees. Der Schlaf auf dem harten Deck hat »geschlaucht«. Thonis haben keine Kojen, auch für den Kapitän gibt es weder Himmelbett noch Hängematte. In ihren Sarong gewickelt, schlafen die Männer einfach irgendwo auf den rohen Decksplanken. Windgeschützt muß das Plätzchen schon sein, oft nicht einfach zu finden, denn bei so vielen Segeln liegt man fast immer irgendwo im Windkanal. Wir können uns eigentlich nicht beschweren: Extra für uns hat der Bootsmann ein altes Segel als Unterlage heranschleppen lassen. Dennoch, der Rücken schmerzt, der Hals ist fast ausgerenkt, die Beine sind halbtaub.

Alle Segel sind gesetzt, das Deck ist aufgeklart, die Mannschaft hat hart gearbeitet und sich ihr Frühstück wohlverdient. Die beiden Köche, 13 und 14 Jahre alt, tragen auf. Als Gäste des Kapitäns sitzen wir etwas abseits und werden zuerst »bedient«. Klebriger Reis in Klumpen, kleine Fischstückchen in scharfer Sauce, pikante Zwiebeln — alles in einem Blechnapf serviert. Es schmeckt ausgezeichnet, die Seeluft hat uns so richtig hungrig gemacht. Wie alle anderen essen auch wir mit den Fingern; es ist nicht so einfach und erfordert schon ein wenig Übung. Damit der Reis nicht an den Fingern klebt, taucht man die Fingerspitzen von Zeit zu Zeit in eine Schüssel mit warmem Wasser. Die Küchenjungen laufen umher und füllen nach. Sie bemühen sich redlich, doch auf offenem Feuer für fast 30 Mann zu kochen, das ist schon keine Kleinigkeit. Noch ehe der Teller leergegessen ist, wird er mit etwas heißem Wasser nachgefüllt; dann rührt man mit den Fingern im Blechnapf und schlürft die Brühe als Suppe. Zum Nachtisch gibt es Jaggery — Zuckerklümpchen. Das Essen an Bord einer Thoni ist einfach und nicht besonders abwechslungsreich. Eigentlich gibt es immer das gleiche: Fisch und Reis. Frühstück, Mittag- und Abendessen unterscheiden sich höchstens durch den Stand der Sonne.

»Wer einmal Tindal oder Kapitän auf einer Thoni werden will, muß sich seine ersten Sporen als Koch verdienen, zwei bis drei Jahre muß er lernen, die Männer zu verpflegen und zu verstehen«, erklärt uns der Käpt'n auf unsere Frage, warum er denn noch fast Kinder als Köche eingestellt habe. »Es ist eine harte Lehrzeit, sie werden rumkommandiert, getreten, gehänselt und verspottet. Damit nicht genug, wenn irgend etwas hoch oben im Rigg repariert oder aufgeklart werden muß, dann müssen die Jungen auch ran. Die Angst vor der Höhe muß gebrochen werden; viele haben schon an Land beim Klettern auf Kokospalmen die ersten Erfahrungen gesammelt. Wer diese harte Prüfung nicht durchsteht, hat eben nicht das Zeug zum Kapitän. Der muß sein Leben lang als Deckshand oder Matrose fahren; vielleicht ist es besser für ihn, sich nach einem Job an Land umzusehen.«

Der Käpt'n erzählt uns gern von sich und seinem Schiff, er freut sich, daß wir etwas Abwechslung in sein Bordleben bringen, ist überrascht und geschmeichelt, daß wir uns für ihn, sein Schiff und die Arbeit seiner Männer interessieren. Er hält uns natürlich auch ein wenig für verrückt, aber was schadet das schon.

Die Routine einer Seereise hat begonnen. Die Arbeit ist fürs erste einmal getan. Die Männer sind müde. Die Woche im Hafen hat geschlaucht, die Rücken sind noch krumm vom Beladen, die Hände schmerzen vom Segelsetzen und der Arbeit an den Ankerwinschen. Man drängt sich in Grüppchen in windgeschützten Ecken, man raucht Beedees, trinkt Tee, spielt Karten, erzählt von den letzten Abenteuern an Land und brüstet sich, wo, wann und mit wem man das letzte Geld durchgebracht hat. Die beiden Steuermänner dösen vor sich hin, die Arme über die sechs Meter lange Pinne gelehnt, der Mann im Ausguck schließt die Augen vor der gleißenden Sonne. Nur die beiden Küchenjungen oder »Kapitäne in spe« haben volles Programm. Sie spülen Blechteller und Tassen in einem großen Eimer, lesen Reis, waschen Gemüse und hacken Holz. Gewürze werden in einem flachen Steinmörser zerstampft, und der Teekessel muß immer über dem offenen Feuer hängen.

Ein 300-Tonnen-Segelschiff zu steuern, ist sicherlich keine leichte Arbeit. Hat das Schiff dann nicht einmal Radsteuerung, sondern nur eine Pinne, wird das Rudergehen zu einer kräftezehrenden Anstrengung. Um diese Knochenarbeit etwas zu erleichtern, haben Thonis in dieser Größe eine Pinne von sechs bis sieben Metern Länge. Der Rudergänger steht am Ruder, und beim Kommando »Ruder über!« muß er auf Grund des Hebelwegs eine Strecke von fast zehn Metern »zu Fuß« zurücklegen. Bei frischen Winden wird der Ruderdruck oft so groß, daß zusätzlich an Backbord und Steuerbord Taljen eingeschoren werden müssen, um das Schiff im Griff zu halten. Das Leben wird den Männern an der Pinne noch dadurch erschwert, daß ihnen durch das Gewirr von Masten, Spieren und Segeln der Blick nach vorn zugebaut ist und sie sich mit dem Ausguck nur durch Zeichen verständigen können. Bei einer Schiffslänge von 40 Metern hilft kein Schreien und Rufen, und nicht selten muß einer der Schiffsjungen als Bote hin und her geschickt werden.

Thonis, diese plumpen und doch so schönen Segler, verfügen über sehr mäßige »Am-Wind-Eigenschaften«, sie mögen es nicht, wenn man sie »knüppelt« und »Höhe schinden« will. Bei mäßiger Geschwindigkeit macht ihnen schon das »Über-Stag-Gehen« Schwierigkeiten. Die Männer müssen ihre Thonis fast »über Stag prügeln«. Allein mit dem Kommando »Talli vidu!« und dem Umlegen des Ruders ist da nichts zu machen, da muß schon die ganze Mannschaft mit anpacken. Männer müssen wieder in die Takelage, Segel geborgen, Spieren abgeschlagen, Schoten und Segel um Masten und Hindernisse getragen, Stage gelöst und Taljen ausgehakt werden. Mit verminderter Fahrt quält sich das Schiff dann über Stag, und auf neuem Bug geht die ganze Arbeit und Schufterei in umgekehrter Reihenfolge wieder von vorne los. Ohne zu übertreiben, kann man sagen, daß Thonis beim Kreuzen erst einmal halb abgetakelt werden müssen, um dann auf neuem Kurs mit gesamter Mannschaft wiederaufgetakelt zu werden. Nicht auszudenken, das Schiff könne den Gehorsam verweigern und im Wind stehenbleiben! Glücklicherweise kreuzen Thonis im Handel mit Sri Lanka nur selten, die Route ist konstant, die Winde meist günstig.

Am frühen Morgen des dritten Tages kommt Land in Sicht, wir nähern uns dem Ziel. In dem nichtgeführten Logbuch müßte stehen »Colombo – Tuticorin, keine besonderen Vorkommnisse«. Geschickt segelt MODIADEEN TTN 200 durch die Kette der auf Reede liegenden Frachter. Am Leuchtturm ist schon ein Großteil der Segel geborgen, nur unter Vor- und Großsegel läuft das Schiff in seinen Heimathafen ein. Zwei mächtige Holzmolen sind weit in das Hafenbecken hinausgebaut, ungefähr 30 Thonis haben zur Zeit daran festgemacht. An den Molenköpfen liegen sie im Päckchen zu dritt oder zu viert.

Tuticorin – die Wiege aller Thonis

Ein Gewirr von Schiffen, kurzstummeligen Masten, kahlen, schräg in den Himmel ragenden Rahen, schwarzen Rümpfen mit weißen Bauchbinden – Tuticorin, die Heimat aller Thonis. Das Vorsegel wird eingeholt, mit viel Lärm und Getöse kommt die Großrah an Deck. Die Fahrt ist aus, wir stehen mitten im Hafenbecken. Weder eine Barkasse noch ein Motorboot ist zu sehen, das uns die letzten 100 Meter schleppen oder die Leine übernehmen könnte. Es kommt Wind auf. Langsam treibt er uns auf die Mole zu. Wie ein gezücktes Schwert richtet sich drohend der Bugspriet auf das nächstliegende Schiff, MODIADEEN gehorcht nicht mehr dem Ruder. Jeder an Bord kennt die Gefahr, kennt das Geräusch des splitternden Holzes. Drei Männer laufen aufrecht und ohne Halt über den Bugspriet, springen an Bord des nächsten Schiffes – rufen, stoßen, fluchen, drücken –, dann hat unser Bugspriet den Mast knapp verfehlt. Doch die Gefahr ist noch nicht ganz vorüber, noch ist die Heckleine nicht ausgebracht. Kurz entschlossen springt ein Mann ins Wasser, mit einem Tampen zwischen den Zähnen schwimmt er auf die Mole zu. Es dauert eine Ewigkeit, er strampelt, schwimmt, die Leine scheint ihn festzuhalten. »Alle Mann an die Warpleine!« Die Männer ziehen, schuften und schwitzen; zehn Minuten später ist MODIADEEN vertäut. Vorleine, Achterleine, Spring – die Reise ist zu Ende.

Am späten Nachmittag sitzen wir bei den Coreras, der Familie des Reeders, und trinken Tee. Es ist angenehm kühl im Atrium des von außen so einfachen und unscheinbaren Hauses. Bilder von Thonis hängen an den Wänden, Schiffsmodelle stehen auf Kommoden und Regalen. »The Marine Times«, die indische Schiffahrtszeitschrift, liegt auf dem Tisch. Natürlich dreht sich die Unterhaltung um Schiffe, um Thonis, wie könnte es auch anders sein. Gern erzählt er uns die Geschichte seiner Familie und ihrer Thonis:

»Seit drei Generationen haben wir Frachtensegler laufen, ich kenne noch alle Schiffe beim Namen, weiß um ihre Schicksale, kenne die Freuden und Leiden ihrer Männer. Ich selbst bin viele Jahre als Kapitän auf einem unserer Schiffe gefahren, doch heute erlaubt es die Arbeit in der Agentur nicht mehr. Mein Vater ist Vorsitzender der ›Tuticorin Sailing Boat Owner Association‹, einer Berufsgemeinschaft aller Besitzer von Thonis und anderen Frachtenseglern in Tuticorin. Unsere Familie lebt von den Thonis, ja, die ganze Stadt lebt von ihren Schiffen. Das ganze Geschäftsleben dreht sich nur um die Schiffe. Agenten, Werften, Geschäfte, kleine und große Händler, Transportunternehmer und Banken – ohne die Thonis wären sie nichts. Dagegen ist die Anzahl der Männer, die auf den Schiffen arbeiten und mit ihnen segeln, relativ klein. Es gibt heute vielleicht noch 170 Thonis. Sie alle wurden in Tuticorin und näherer Umgebung gebaut und sind hier beheimatet. Auch die Mannschaften kommen ausschließlich aus unserer Stadt. Ungefähr 140 Schiffe sind fast das ganze Jahr an der Westküste im Einsatz, bis hoch nach Pakistan führt ihr Arbeitsgebiet. Diese Schiffe könnte man vielleicht als »Trampsegler« bezeichnen. Sie segeln von Hafen zu Hafen auf der Suche nach Waren und Gütern für die Hafenstädte im Norden und Süden. So transportieren sie zum Beispiel Salz von Tuticorin nach Beypore, laden dort Holz und Ziegel für Bombay. Oft sind sie Monate unterwegs, ohne daß wir was von Schiff und Besatzung hören. Für diese selbständige Arbeit braucht man gute Kapitäne, und die sind rar geworden. Auf einer solchen langen Fahrt ist der Tindal nicht nur Herr über das Boot, er muß auch über kaufmännische Fähigkeiten verfügen, denn er ist es, der Verträge abschließt, Preise aushandelt und im Sinn und Auftrag der Besitzer die Geschäfte führt. Das ist schon eine Vertrauensstellung, und viele Väter unserer Kapitäne waren schon Tindals, als mein Vater hier noch befehligte. Der Kapitänsjob ist fast erblich bei uns.

Es mag sehr komisch klingen, aber Thoni-Kapitäne haben keinerlei Ausbildung erfahren, keine Seefahrtschule besucht und keine Bücher studiert; allein die Erfahrung und das Vertrauen des Reeders macht einen Mann zum Kapitän. Nur einmal im Jahr, zur Zeit des Südwestmonsuns, kommen diese Schiffe nach Hause, bleiben dann hier in Tuticorin zwei bis drei Monate, werden überholt, repariert und für die nächste Saison hergerichtet. Eine Generalüberholung an Land erfahren Thonis nur alle zehn bis zwölf Jahre. Dann ist der Hafen hier so gerammelt voll, daß man kaum noch mit einem Ruderboot durchkommt. Etwa 30 Thonis sind noch im Handel mit Sri Lanka eingesetzt. Bei ihnen läuft der Arbeitsplan etwas anders, denn sie haben das ganze Jahr über Saison. Den Profit, den die Schiffe ersegeln, teilen sich Eigner und Mannschaft zu gleichen Teilen. Innerhalb der Crew wird das Geld nach einem bestimmten Schlüssel verteilt. Bringt das Schiff viel Geld ein, verdienen die Männer gut. Schon allein aus diesem Grund ist der Käpt'n darauf bedacht, ›gute Fracht‹ zu finden, und die Männer strengen sich an, möglichst schnell ans Ziel zu kommen.«

Auf unsere Frage, ob denn heute noch Thonis gebaut werden, schmunzelt Suresh Coreras: »Wir machen jetzt mal einen Spaziergang zu den Werften und zur Wasserfront, dort könnt ihr sehen, wie auf wenigen Metern Thonis gebaut, am Leben erhalten und abgewrackt werden.«

Schiffsbau wie zu Sindbads Zeiten

Zuerst muß sich der Bauherr darüber im klaren sein, wie groß sein Schiff, also für welche Ladekapazität es gebaut werden soll. Dann gilt es einen erfahrenen Chefbaumeister zu finden, ihn einzustellen und mit ihm alle Einzelheiten und Details festzulegen. Nicht selten verbringen dann beide Männer Tage und Wochen damit, in den Wäldern und Dschungeln Südindiens Bäume auszusuchen und zu kaufen. Die Materialkosten werden wesentlich billiger, wenn zufällig ein ganzes Waldstück zum Verkauf steht oder der Staat ganze Waldregionen zur Versteigerung bringt. Dann kauft man gewissermaßen Holz nach Quadratkilometern. Der nichtbenötigte Baumbestand und die für den Schiffsbau nicht geeigneten Hölzer lassen sich leicht an Händler weiterverkaufen. Das größte Problem besteht darin, geeignete Bäume für den Kiel zu finden. 18 bis 21 Meter Stammhöhe, zwei Meter Durchmesser bei einem Alter von fast 200 Jahren, solche Riesen stehen auch in Südindien nicht mehr an jedem Waldweg. In früheren Jahren war der Kiel aus einem einzigen Baum geschlagen, doch diese Bäume sind selten und rar geworden, vielleicht gibt es sie schon überhaupt nicht mehr. Heute muß gestückelt werden, das heißt, drei oder fünf Stämme werden zu einem Kiel zusammengebolzt, eine Methode, der die alten Baumeister anfänglich keine große Sympathie entgegenbringen konnten. Einen Kiel aus nur zwei Stämmen findet man nicht, sie sollen angeblich an der Nahtstelle zu schwach sein. Wenn schon stückeln, dann nur mit einer ungeraden Anzahl von Kielteilen. Bei einem Rundgang durch das Hafenviertel und die Werftanlagen westlich der Stadt erzählt uns Suresh eine seiner Lieblingsgeschichten, die Geschichte »vom Abenteuer, einen Kiel zu finden«: »Nach wochenlangem Suchen hatten wir endlich einen Baum ausfindig gemacht, der unseren Anforderungen gerecht wurde: groß, dick und auch alt genug, um den Rest seiner Tage als Wirbelsäule für mein neues Schiff zu dienen. Die riesige ›schwarze Zeder‹ stand natürlich nicht irgendwo an einer Straße, sondern, wie könnte es anders sein, mitten im Dschungel. Das Ding umzuhauen, war schon ein rechtes Stück Arbeit, der Transport dann durch den Dschungel fast unmöglich. Zwei-, dreimal waren wir kurz vor dem Aufgeben. Mit zwei Elefanten schleppten wir uns und den Baum durch den Wald — Meter um Meter. Dann passierte es. Man muß wissen, daß das spezifische Gewicht der schwarzen Zeder so hoch ist, daß diese Bäume noch nicht einmal im Wasser schwimmen. Also, beim Durchqueren eines Flusses wurde das Baum-Elefanten-Gespann von der Strömung erfaßt und einfach weggerissen. Wir hatten gerade noch Zeit, die Schlepptaue zu kappen und so unsere Tiere vor dem sicheren Ertrinken zu retten. Der Baum blieb dann flußabwärts irgendwo im Schlamm stecken. Wir besorgten uns noch zwei weitere Elefanten, aber es war nichts zu machen. Der Schlamm hatte den Baumstamm so festgesaugt, daß auch die vereinten Kräfte von vier Elefanten nichts ausrichten konnten. Mein erfahrener Vorarbeiter mußte da schon tief in seine Trickkiste greifen: Jeder Elefant bekam einen Eimer hochprozentigen Arrak zu saufen, und dies muß den Jumbos augenscheinlich so wahnsinnige Kräfte verliehen haben — auf jeden Fall zogen sie die Zeder fast mühelos aus dem Fluß, und weiter ging's. Es dauerte fast zwei Monate, bis wir den Kiel am Bauplatz hatten.«

Ist der Kiel gelegt und zurechtgehauen, so hat er bei einer der großen Thonis immerhin noch die ansehnlichen Ausmaße von 24 Metern bei 51 mal 38 Zentimetern. Aus alter Tradition wird die erste Schlagkerbe mit Seewasser übergossen, damit sich das Holz an sein neues Medium gewöhnen soll — damit der Kiel sozusagen »auf den Geschmack des Salzwassers kommt«. Dann wird erst einmal gefeiert, und an der Stelle, wo der Vordersteven angepaßt werden soll, wird ein Talismann — sei es ein Stück Gold, eine Perle oder ein wertvolles Schmuckstück — in das Kielholz eingelassen. Seeleute sind abergläubisch, auf allen sieben Meeren, und auch hier soll diese Gabe Wind und Meer versöhnen, dem Schiff viel Geld und dem Eigner Glück bringen. Spanten werden aus gewachsenem Babulholz, einer Akazienart, geschlagen. Um ein 300-Tonnen-Schiff zu bauen, müssen mindestens 400 dieser Bäume gefällt werden. Aststücke werden je nach Rumpfform ausgesucht, und aus fünf, sieben oder neun Teilen wird dann der Spant zusammengebolzt. Für die Decksbalken wird Karumarudu-Holz verwendet.

Man kann sich leicht vorstellen, daß über die Jahre intensiven Schiffsbaus die Flußufer in der weiteren Umgebung von Tuticorin abgeholzt sind. Leider hat man versäumt, neue Bestände aufzuforsten, und es ist abzusehen, daß die Kosten für einen Schiffsneubau sehr bald in schwindelnde Höhen steigen werden. Die Beplankung der Thonis besteht aus Venteak, einer minderwertigen Teakart, doch für die rauhen Arbeitsboote gerade richtig. Das wertvolle Teak, für das Indien so berühmt ist, wird heute ausschließlich für den Export geschlagen. Die südindischen Bootsbauer kennen nicht das Biegen und Anpassen der Planken im Dampf oder über Feuer. Sie haben sich aber eine sicherlich ebenso einfache wie wirkungsvolle Methode einfallen lassen, um den Planken die gewünschte Form zu geben. Das eine Ende einer Planke wird tief in feuchtgehaltene Erde eingegraben, das andere Ende

mit Ankerketten, Ankern oder auch mit Felsbrocken beschwert, und durch das Gewicht nimmt die Planke unter ständigem Feuchthalten und dem Einfluß der heißen indischen Sonne die benötigte Form an. Kalfatert wird der Rumpf mit einer Mischung aus Baumwolle, Teer und Kokosöl. Bis vor wenigen Jahren war es noch üblich, das Unterwasserschiff mit dünnen Kupferplatten zu beschlagen, doch dieses Material ist inzwischen so teuer geworden, daß man sich heute nur noch mit einem einfachen Anstrich begnügen muß. Zu oft ist es auch vorgekommen, daß Diebe heimlich — manchmal auch die Crew selbst — die Kupferplatten lösten und durch den Verkauf des Materials ihre Heuer ein wenig aufbesserten. Zuletzt wird der ganze Rumpf »thonischwarz« gestrichen, und das Schiff kann zu Wasser gelassen werden. Für den Bau des Rumpfes benötigen ungefähr 40 bis 50 Männer vier bis fünf Monate. Eine erstaunlich kurze Zeit, wenn man bedenkt, daß sie nur mit Handsägen, Äxten, Hämmern und Bohrern arbeiten und daß alle Nägel, Bolzen und Beschläge von Hand angefertigt werden. Wie die Kiellegung, so ist auch der Stapellauf in Tuticorin ein willkommener Anlaß für ein großes Fest, zu dem die halbe Stadt eingeladen wird. Kokosmilch wird über den Bug gegossen — ein weiteres Mal viel Glück und Geld für Schiff und Eigner. Dann sind die letzten Minuten an Land für das neue Schiff angebrochen. Das Zuwasserlassen geht recht rauh und brutal vor sich, die erste Bewährungsprobe für das junge Schiff. Von ein oder zwei in Strandnähe ankernden Thonis aus wird mittels Riesentaljen und Winden der Rumpf über Holzstämme seitlich ins Wasser gezogen. Natürlich muß dabei jede Hand aus Tuticorin mit anpacken. Die stolze Flotte der Thonis hat sich vermehrt.

11

10. Eine Thoni wuchtet sich durch den Südindischen Ozean. Zusatzbugspriet und Bäume für die Leesegel sind schon geriggt.
11. Wie bei den alten Windjammern arbeiten die Männer, nur auf Fußpferde gestützt, in schwindelnder Höhe.
12. Jedes Loch im Segelplan wird mit einem Segel »zugestopft«.
13. Im bewegten Wasser schlägt der Bugspriet weit in den Himmel. Hier heißt die Devise »beide Hände für das Schiff«.
14. Webleinen brauchen die Thoni-Männer nicht, um in die Takelage zu entern. Die Wanten zwischen die Zehen geklemmt, laufen sie sicher nach oben.

12

15. Im Hafen von Tuticorin an der Südspitze Indiens werden jeden Tag etwa 30 Thonis entladen. Zement ist eine grausame Ladung. Schon nach kurzer Zeit hat sich ein staubiger Zementfilm mit Schweiß vermischt und sich auf Körper und Gesicht der Scheuerleute festgesetzt.

16, 17, 18. Um einen dieser größten noch segelnden Frachter sicher im Griff zu haben, bedarf es schon einer Crew von mindestens 20 Mann. Ankerlichten und Segelsetzen ist auch für die verwegenen Männer aus Südindien harte Knochenarbeit.

19. Wagemutig klettern die Männer in die Takelage, um bei leichten Winden Wasserstagsegel zu setzen.

20. Gewaltig greift der Wind in die Segel. Auch mit einer dreifachen Talje läßt sich das Vorliek des Besanstagsegels kaum strecken.

Jangadas

Brasilien

Das kleine Floß schaukelt gefährlich. Eine Welle hebt den Bug, Wasser bricht über das Heck. Drei Männer mit großen Strohhüten und in zerlumpten Kleidern stehen aufrecht auf der schwankenden Plattform. Die nackten, vom Salzwasser aufgeweichten Füße an die Stämme des Floßes geklammert, wiegen sie sich in der Bewegung und balancieren das Boot aus. Sie fischen. Das kleine Boot verliert sich in der Leere des Ozeans, die Weite des Atlantiks ist beängstigend. Ein grauer Fleck im weiten Blau. Kein anderes Boot ist zu sehen, die Männer sind allein. Allein mit sich selbst, allein mit ihrem Floß, allein mit Wind und Wasser, allein mit der flimmernden Hitze brasilianischer Tropensonne. Es drängt sich das Bild von Schiffbrüchigen auf, die sich auf ein roh zusammengezimmertes Floß gerettet haben. Oder sind es Fischer, die von ungünstigen Winden weit aufs offene Meer getrieben wurden? Auch aus nächster Entfernung ist das Floß selbst kaum zu sehen, halb unter, halb über dem Wasser, von der kleinsten Welle verdeckt. Man hat den Eindruck, als stünden die Männer aufrecht im Wasser. Welcher Kapitän auf seiner Fahrt entlang der brasilianischen Küste hat nicht seinen Kurs geändert, im Glauben und in der Hoffnung, diese Männer aus Seenot retten zu können! Doch sie brauchen keine fremde Hilfe, keine Nahrung, kein Trinkwasser und auch keine Kleidung. Ihr kleines, vielleicht sechs oder sieben Meter großes, von den Wassern des Atlantiks überspültes Balsafloß, hier, mitten im Meer, 40 Meilen von der Küste Brasiliens entfernt, das ist der Arbeitsplatz und Alltag der Jangada-Fischer im Nordosten Brasiliens.

In so manchem kleinen Dorf entlang der Küste, zwischen Recife und Fortaleza bis hinauf zur Mündung des Amazonas, setzt jeden Morgen, lange vor Sonnenaufgang, eine kleine Flotte Jangadas Segel und richtet den flachen Bug aufs Meer. Das Leben der Jangaderos, der Jangada-Fischer, wird vom ungleichen Rhythmus des Windes bestimmt: Morgens trägt sie eine frische ablandige Brise zu den Fischgründen hinaus, am frühen Nachmittag weht sie der auflandige Wind wieder an Land. Oft segeln die Jangaderos 20 bis 30 Meilen weit hinaus, zu den »Paredes«, dem Kontinentalschelf. Dort finden sie noch Fische in ausreichender Menge und können ihre Körbe schnell füllen. Jangaderos kennen zwei Fangmethoden. Weit draußen fischen sie nur mit der Leine; Krebse und Fischstückchen dienen als Köder. Die ersten gefangenen Fische werden in Streifen geschnitten, damit sie die anderen auf den Geschmack und auf den Haken bringen. In Landnähe, in Flußmündungen und innerhalb der Riffe fischen die Jangaderos mit Netzen. Von einem kleinen Beiboot aus wird ein Netz ausgebracht, dessen Ende am Großfloß festgemacht ist. Dann segelt die Jangada einen großen Kreis um das kleine Beiboot; die beiden Netzenden finden zueinander. Das Netz steht im Wasser, von Holzblöcken an der Oberfläche gehalten, von eingebundenen Steinen nach unten gezogen. Jetzt beginnt das Einholen des Netzes. Alle drei Männer stehen auf einer Seite des schwankenden Floßes, der äußere Balken kommt kaum noch aus dem Wasser. Immer kleiner wird der Kreis. Nach zehn Minuten ist das Netz eingeholt. An einem Arbeitstag wird dieser Vorgang acht- bis zehnmal wiederholt, dann müssen sich die Männer zufriedengeben. Der auflandige Wind setzt ein, und man muß Segel setzen, will man nicht die ganze Nacht auf See verbringen.

Die Geschichte eines Designs

Als die Portugiesen im 15. Jahrhundert in Brasilien landeten, sahen sie die Indianer im Nordosten mit einem langen, schmalen Floß aus zusammengelaschten Stämmen zum Fischfang fahren. Sie fischten nicht auf offener See, sondern bewegten ihre Flöße mit Hilfe langer Stangen durch die Lagunen und Riffe dieser Küste. Sie sammelten Krebse und Kleintiere in Untiefen und fingen mit Hilfe von Speeren Fische, die sich in die Lagunen verirrt hatten. Ähnliche Flöße hatten die Portugiesen in Indien gesehen, man nannte sie dort Jangas. In Anlehnung an diese indischen Jangas nannten die Europäer die brasilianischen Flöße dann Jangadas.

Durch die schnell ansteigenden Bevölkerungszahlen in den Küstengebieten und durch die Einwanderung der Europäer wurden Fische und Schalentiere in Küstennähe knapp, und es blieb den Jangaderos nichts anderes übrig, als weiter aufs Meer hinauszufahren. Damit mußte auch das Floß den neuen Anforderungen angepaßt und geändert werden. Ein Segel wurde gesetzt, ein Centerboard (Schwert) eingebaut, die Stämme wurden nicht mehr zusammengebunden, sondern durch lange Holznägel gehalten. Die Jangada wurde stabil und »seetüchtig« gemacht. Über welchen Zeitraum sich diese Entwicklung abspielte, wo sie ihren Anfang nahm, um sich dann über 1000 Kilometer Küste zu verbreiten, kann nicht mit Bestimmtheit gesagt werden. Doch dürfte sich die segelnde Jangada Anfang des 19. Jahrhunderts an der ganzen Küste durchgesetzt haben, so daß der deutsche Forscher Maximilian, Prinz zu Wied-Neuwied, in seinem Werk »Reise nach Brasilien« schreiben konnte: »27. Juni 1815. Nichts versetzte uns so sehr in Erstaunen wie die Jangadas, die hier in allen Richtungen segeln. Es sind Flöße aus mehreren Stämmen leichten Holzes. Die Stämme sind zusammengebunden oder zusammengenagelt. Die Flöße haben ein großes Lateinersegel, ein Paddel dient als Ruder. Beim Segeln wird zwischen die Stämme ein Schwert gesteckt. Der Steuermann sitzt auf einem richtigen Stuhl. Diese rohen Flöße sehen auf dem Meer sehr eigenartig aus. Man sieht nicht einmal die Baumstämme, auch wenn man schon ziemlich nahe ist. Nur das Segel und die Männer. Jangadas segeln höher am Wind als alle anderen Schiffe.«

Noch bis vor 30 Jahren wurden Jangadas an der gesamten Nordostküste benutzt, von Salvador bis hoch zum Amazonas. Heute findet man sie noch in einigen entlegenen Dörfern des Nordostens.

»Canoa quebrada« — das zerbrochene Kanu

Seit einer Woche sind wir in einem kleinen Fischerdorf weit im Norden Brasiliens, zwischen Recife und Fortaleza. »Canoa quebrada« steht auf dem kleinen ausgebleichten Schild: das Dorf des zerbrochenen Kanus. Wie das Fischerdorf zu diesem Namen kam, weiß niemand so genau, doch erzählt man sich, daß vor langer Zeit Fremde versucht hätten, in einem Kanu hier an Land zu gehen. Doch da das Wasser flach, Brandung und Surf aber gewaltig waren, zerbrach das Boot, und die Menschen ertranken.

Wir wohnen bei Pedro. Er ist einer der Reichen im Dorf, sein Haus ist aus Stein — Pedro hat ein eigenes Boot. Eine Ecke wird ausgeräumt, der Lehmboden gefegt, Hängematten aufgehängt, das Gästezimmer ist fertig. Pedro ist Jangadero, sein Vater war Jangadero und sein Großvater ebenfalls. Alle Männer in Canoa quebrada sind Jangaderos. Ihr Dorf liegt weitab von der Küstenstraße; ein ausgetretener und vom Wind ausgewehter Weg endet einen Kilometer vor dem Dorf. Von steilen Sandsteinklippen und den anrollenden Wellen des Atlantiks begrenzt, ist das Dorf vom Land her durch eine kilometerlange Sanddüne geschützt, die es umklammert und von fast allen Einflüssen des brasilianischen Lebens fernhält. Wollen die Einwohner in die nächste Stadt, müssen sie sich mühsam über die steile, gelbrote Sanddüne quälen; kein Weg, kein Pfad macht es ihnen leichter. Alles, was in Canoa quebrada zum Leben gebraucht wird, Haushaltwaren, Baumaterial, Lebensmittel, Bier und Cola für die kleine Kneipe, muß auf dem Rücken von Eseln oder von Menschen über die Düne getragen werden. Diese

Unwegsamkeit hat Canoa quebrada bis heute am Leben erhalten. Die Häuser sind meist aus Lehm gebaut, mit in der Sonne gebrannten Ziegeln oder Palmzweigen gedeckt. Die Dächer sind weit nach vorne gezogen und spenden angenehmen Schatten. Die Menschen schlafen in Hängematten, gekocht wird auf offenem Feuer, Elektrizität gibt es nicht. Am Ortsende ist ein tiefer Brunnen in den Fels gegraben, und am frühen Morgen schon eilen Frauen mit großen, ausgedienten Ölkanistern auf dem Kopf zur Wasserstelle, um die Ration des Tages aus der Tiefe zu pumpen.

Jangadas — die Rennflöße

Pedro weckt uns, die kleine Öllampe flackert und wirft unruhige Schatten an die rauhe Lehmwand. Verschlafen laufen wir hinter Pedro her. Es ist noch dunkel; wieviel Uhr mag es wohl sein? Drei, vier? Es ist recht kühl, kaum läßt sich die Hitze des kommenden Tages erahnen. Die anderen Fischer sind schon am Strand. In Grüppchen stehen sie und rauchen eine letzte Zigarette. 20 Jangadas werden über Rollen hinunter ins Wasser geschoben. Die Masten sind gestellt, die Segel gesetzt. Wir stehen bis zum Bauch im Wasser, halten das Floß fest, versuchen es gegen die anrollenden Wellen stabil und in Richtung zu halten. Das Wasser ist kalt, aber es macht wenigstens wach. Eine »gute« Welle kommt, greift unter das Floß, hebt den Bug, rauscht unter uns durch, zu spät — die haben wir verpaßt. Wir sind total durchnäßt. Die nächste Welle. »Jetzt«, brüllt Pedro. Drücken, stoßen, fluchen — das Boot muß durch die Brandung! Wir hängen an den Balken, kommen frei. Geschafft! Das Segel füllt sich und treibt uns schnell in ruhiges Wasser. Ich versuche mich hochzuhangeln, zu strampeln, mich an Deck zu ziehen; nur mit Hilfe der Männer gelingt es mir schließlich. Viel Erfahrung und Fingerspitzengefühl gehört dazu, die richtige Welle zu finden, den richtigen Winkel zu erwischen und darauf zu reiten. Nicht selten schlägt eine Jangada quer und wird wieder hoch an den Strand gespült. Doch an diesem Morgen haben es alle geschafft, und im Verband segelt die Flotte den Fischgründen zu. Die bis zu acht Meter großen Jangadas sind überraschend gute Segler. Sie sind schnell, stabil, nicht sonderlich rank, wendig und gehen mit ihrem tiefen, schmalen Schwert recht hoch an den Wind. Eine Jangada ist mit Sicherheit kein Huckleberry-Finn-Spielzeug für eine genüßliche Flußfahrt, sondern ein hochentwickeltes, seetüchtiges Arbeitsboot. Angetrieben von einem überdimensionalen Lateinersegel, mit losem Unterliek, erreichen Jangadas bei günstigen Winden und ruhiger See spielend fünf bis sechs Knoten. Der Mast sitzt in einer Mastbank im vorderen Drittel des Bootes. In der unteren Platte der Mastbank findet man elf Löcher, in die der Mastfuß je nach Windstärke und Richtung gesteckt wird. Durch Neigen des Mastes nach vorne und zur Seite läßt sich ein optimaler Segeltrimm erreichen. Ähnlich wie bei hochmodernen Rennyachten wird der Mast bei leichten Winden und auf Raumschotkursen in eine senkrechte Position gebracht, was dem Segel seine volle Wölbung gibt. Da Jangadas keine Verstagung haben, um den Mast zu trimmen und »hinzubiegen«, wird der Winkel durch die Wahl des Mastlochs bestimmt. Ebenso läßt sich durch diese Löcher der Mastfall, das heißt die Neigung des Mastes in Längsrichtung, festlegen. Der peitschenartig gebogene Mast kann durch ein an der Mastspitze befestigtes Seil noch weitergebogen werden, um bei hartem Wetter und hoch am Wind das Segel noch etwas mehr abzuflachen. Wer sich dieses hochkomplizierte Trimmsystem erdacht hat und wie es sich weiterentwickelt hat, weiß niemand von den Jangaderos. Auch kennen sie nicht die physikalischen Prinzipien und Gesetze, die dahinterstehen, wozu auch. Aus Erfahrung und Überlieferung wissen sie: »Wenn der

Wind von da kommt, dann kommt der Mastfuß in dieses Loch, und wenn es hart aus dieser Richtung bläst und wir segeln nach Hause, dann stecke ich den Mast in jenes Loch.« Unsere Fragen, warum das so ist und nicht anders, begegnen jedesmal unverständlichem Kopfschütteln: »Warum? Wie warum? Das ist einfach so, da gibt es kein Warum.« Eine treffende und erschöpfende Antwort eines alten Jangaderos. Wie kann man auch so dumm fragen. Ebenso einmalig und genial wie das Rigg der Jangadas zeigt sich die Steueranlage. Jangadas werden mit einem etwa drei Meter langen Paddel gesteuert, das lose und ohne Verbindung in Aussparungen am Heck gefahren wird. Durch die Möglichkeit, das Blatt an der Backbord- und der Steuerbordseite zu fahren, und durch Verändern der Eintauchtiefe, kann der Steuermann das Boot gleichzeitig auch noch trimmen.

An den »Paredes«

Der Wind hat die Flotte der Jangadas zerstreut, kein Segel ist am Horizont zu sehen. Nach drei Stunden sind wir an den Paredes, der Arbeitsplatz ist erreicht. Das Segel wird eingerollt, der Mast gelegt und die Angelschnüre beködert. Auf schwankendem Floß geht es an die Arbeit. Die Männer stehen aufrecht, jeder bedient mindestens zwei Schnüre gleichzeitig, eine in der Hand, eine um den Fuß gewickelt. Vielleicht noch eine dritte zwischen den Zähnen — man fischt sozusagen mit »Händen und Füßen«. Natürlich muß auch ich es versuchen, aber es scheint, daß ich meinem Haken nur das Schwimmen beibringe, zum Fischer muß man schon geboren sein. Mit einem Gaff, dem »bicheiro«, werden die oft einen halben Meter langen Cavalos an Bord gezogen, erhalten einen dumpfen Schlag mit einer Holzkeule auf den Kopf und verschwinden im »samburá«, dem geflochtenen Weidenkorb. Jeder Fisch wird

gekennzeichnet. Umberto schneidet den von ihm gefangenen Fischen immer den oberen Teil der Schwanzflosse ab, Carlo markiert seine Fische am Kopf, nur Pedros Fang landet ungekennzeichnet im Korb. So gibt es später keinen Zank und keinen Streit, wenn der Fang am Strand wieder auseinandersortiert wird.

Am frühen Nachmittag setzt der »Nachhausewind« ein. Der Korb ist voll, zwei große Thunas liegen an Deck. Etwas Mandiokamehl mit Zuckersirup wird gegessen, die Kalebasse mit lauwarmem Wasser geht reihum. Dann wird der Mast gestellt und Segel gesetzt. Mit Rumpfgeschwindigkeit surfen wir dem Land zu. Langsam tauchen auch die anderen Jangadas wieder auf. Die Flotte ist auf dem Heimweg. Pedro wirft geschickt mit einem Dipper Wasser bis in die äußerste Ecke des Segels. »Es muß naß sein, dann steht und zieht es besser«, erklärt er mir. Die Jangaderos wollen nach Hause. Der Tag war lang, schon fast 13 Stunden sind sie auf den Beinen. Auch ich bin müde, die Beine sind schwer, die Muskeln schmerzen von der ungewohnten Bewegung und Belastung. Der Fang muß schnell an Land, denn wer erinnert sich noch gern an den Tag, als die Körbe voll waren, der Wind aber ausblieb und sie an Land wriggen mußten. Die Fische hatten die Hitze damals nicht überstanden, sie wurden an die Haie verfüttert.

Das Boot ist fast ständig unter Wasser. Die Wellen brechen über den Bug, teilen sich und verschwinden zwischen den Stämmen. Die Balken sind glatt und glitschig. Ich habe Schwierigkeiten, bei dem Auf- und Abgehopse des Floßes das Gleichgewicht zu halten und nicht auszurutschen. Anders die Jángaderos, ihnen scheint das alles gar nichts auszumachen. Da muß schon eine große Welle anrollen, ehe sie Halt suchen oder sich am Mast festhalten. Dabei scheinen sich ihre Füße wie Greifer um die Stämme des Floßes zu klammern. Bei bewegter See ist Jangada-Segeln eine recht nasse Angelegenheit. Jedesmal wenn der Bug, von einer Welle gehoben, wieder ins Wasser klatscht, spritzen Gischt und Wasserfetzen bis zum Mann am Ruder. Die Jangada segelt dann halb über, halb unter dem Wasser – wenn sie nicht gerade von Wellenkamm zu Wellenkamm springt. Das ist Segeln, näher geht's nicht – eine Mischung von Segeln, Surfen und U-Boot-Fahren! Inzwischen hat der Wind noch etwas zugelegt, es weht recht steif. Der Mast biegt sich, das Floß segelt ziemlich unruhig, holpert nur noch über die Wellen. Nicht selten hebt sich die Luvseite halb aus dem Wasser. Um das Floß am Laufen zu halten, stehen alle Männer jetzt auf der Luvseite und versuchen, durch ihr Gewicht das Floß stabil zu halten. Langsam wird es ungemütlich. Der Gedanke, daß eine Jangada kieloben genauso schwimmt wie mastoben und daß sie eigentlich unsinkbar ist, bedeutet wirklich nur einen schwachen Trost, zumal uns die Geschichte, die Pedro gestern abend erzählt hat, noch frisch in den Ohren klingt:

Kieloben

»Normalerweise haben wir recht gutes Wetter, der Wind ist gerade recht für unsere Boote, außerdem ist er zuverlässig wie eine Uhr. Nur in der Regenzeit, da kann es schon vorkommen, daß es ganz schön zu blasen anfängt. Dann machen Regen und Sturm die Arbeit zu einer Qual; aber was wollen wir machen, wir müssen jeden Tag raus, sonst gibt es keinen Fisch, also auch kein Essen für die Familie. Es war vor sechs Jahren, am 16. Mai. Ich erinnere mich noch genau, denn es war an meinem Geburtstag. Für einen Sturm war es eigentlich noch viel zu früh im Jahr. Doch der Himmel sah am Morgen schon so ungewohnt aus, aber wir machten uns keine Gedanken, wir waren vielleicht noch viel zu verschlafen. Wir ließen die anderen Boote schnell zurück, und nach einer Stunde war niemand mehr

zu sehen. Unser Boot lief sehr gut, und wir wollten ja für die Feier am Abend mit jeder Menge Fisch zurückkommen! Das Meer war ganz normal, das Boot schaukelte nicht mehr als sonst bei der Arbeit. Nur die Farbe des Himmels war etwas anders als sonst. Wir hatten großes Glück, denn schon bald waren die Körbe voll. Aber irgend etwas stimmte da nicht, wir wußten zwar nicht genau was, aber wenn man so lange jeden Tag auf dem Meer ist, da kriegt man schon so einen sechsten Sinn. Vielleicht war es der Geruch des Windes oder die Farbe des Wassers, wir wußten es nicht. Wir haben ein altes Sprichwort: Das Meer ist der Sklave des Windes, wenn der Wind zum Meer sagt ›Stehe auf‹, dann steht es auf, und wenn er sagt ›Leg dich‹, dann legt es sich. Für uns heißt das, immer die Nase im Wind haben. Und dann wußten wir es, es wird Sturm geben, und nicht einen Sturm, der sich stundenlang vorher ankündigt, nein, einen, der zuschlägt wie ein Zimmermann mit der Axt. Und er schlug zu. Wir hatten gerade noch Zeit, alles an Deck festzubinden. Es ging alles sehr schnell. Das Meer hatte seinen Befehl bekommen und machte sich für den Kampf bereit. Die Wellen wurden kürzer und steiler, dann noch steiler, noch kürzer, liefen aus allen Richtungen auf uns zu. Wir sahen, wie sich die Wellen kreuzten, sich schlugen und sich gegenseitig auf den Rücken kletterten. Dann mußte wohl folgendes passiert sein: Von einer Welle wurde das Floß am Heck hochgehoben, dann sackte das Wasser unter uns urplötzlich weg, wir hingen richtig in der Luft, schienen einen Moment zu fliegen – wie lange, weiß ich nicht –, dann bohrte sich der Bug in die nächste Welle, kam nicht mehr hoch. Unsere Geschwindigkeit rammte das Floß in die Welle, drückte die Spitze nach unten, von hinten wurde das Heck angehoben. Und dann passierte das, wovon Jangaderos in schlechten Nächten träumen: Das Floß schlug um. Kopfüber oder im letzten Moment noch zur Seite, weiß ich nicht; wir fielen Gott sei Dank alle ins Wasser. Als ich wieder an die Oberfläche kam, sah ich unsere Jangada vielleicht zehn Meter entfernt auf dem ›Gesicht‹ treiben. Von der Wasseroberfläche kann man ja nicht sehr weit sehen, und jede kleinste Welle versperrte mir die Sicht. Nur wenn ich vom Wasser hochgehoben wurde, sah ich das Floß. Ich schwamm darauf zu. Joao hing schon am Floß, von Gispin war nichts zu sehen. Wir brüllten und schrien, drehten uns fast die Köpfe vom Hals — doch nichts. Ich versuchte mich auf die Jangada zu stellen, um weiter sehen zu können, doch ich konnte kein Gleichgewicht halten und kippte zweimal ins Wasser. Gispin blieb verschollen. Er war eigentlich ein guter Schwimmer, doch irgend etwas muß ihn wohl am Kopf getroffen haben. Wir versuchten dann, das Boot wieder umzudrehen, doch bei dieser bewegten See und mit einem Mann weniger war das unmöglich. Wir mußten zum letzten Mittel greifen. Wir Jangaderos haben immer ein Messer bei uns, von dem trennen wir uns nie. Mit diesem Messer hackte ich, halb im Wasser hängend, halb ans Floß geklammert, die Holznägel durch, mit der die Balken des Floßes zusammengehalten werden. Wir konnten einen Stamm lösen. Dadurch wurde das Floß wesentlich schmaler und ließ sich leichter umdrehen. Es hat Jangaderos gegeben, die nach dem Umdrehen des Floßes den Balken mit Reservenägeln wieder angenagelt haben, aber das kann ich mir auch jetzt noch nicht so richtig vorstellen. Wir hatten Glück und bekamen das Ding gedreht. Doch damit war noch nicht allzuviel gewonnen. Mast, Segel, Ruder, Fische und Angelzeug — alles war weg. Bis auf die Mastbank und den kleinen Sitz sah alles so aus wie auf der Unterwasserseite. Wir banden uns an der Bank fest und warteten auf das Ende des Sturmes. Was konnten wir sonst tun? Der Gedanke an den verlorenen Freund ließ keine Unterhaltung aufkommen. So trieben wir für Stunden dahin. Zweimal noch wären wir fast umgekippt, doch wir hatten Glück. Der Sturm hörte

so schnell auf, wie er gekommen war. Ich weiß nicht, wie lange das alles gedauert hatte, jedes Zeitgefühl fehlte. Dann kam die Nacht. Wir waren müde, abgekämpft und hungrig, die Kälte machte uns fertig. Um uns aufzuwärmen, rutschten wir von Zeit zu Zeit ins Wasser, das war schön warm und tat gut. Doch so angenehm war das auch wieder nicht, so neben dem Floß, mitten in der Nacht; bei dem Gedanken an die Haifische wurden die Beine von allein wieder warm. In den frühen Morgenstunden wurden wir an Land gespült. Wer einmal so etwas auf See erlebt hat, hat Respekt und Achtung bekommen vor vielen Dingen des Lebens.«

Der Strand kommt in Sicht. Mit fünf oder sechs Knoten fliegen wir dem Ufer entgegen. Jetzt kommt der schwierigste Teil der Reise. Gilt es doch, die Brandung zu besiegen, Floß und Fang heil an Land zu bringen. Wie weiße Bänder zieht sich der brechende Surf die Küste entlang. Jede Untiefe und jeden Fels kennen die Männer, die jeden Tag erneut diese Prüfung zu bestehen haben. Pedro versucht noch, das Floß etwas weiter nach rechts zu ziehen, dort scheinen die Wellen gleichmäßiger zu laufen. Dann ist es soweit. Das Centerboard wird hochgerissen, routiniert balancieren die Männer das unruhig liegende Boot aus. Mich haben sie völlig vergessen. Mit gespanntem Blick suchen sie ihre Welle, sie kommt, hebt das Heck hoch, noch höher, der Mast verdreht sich, das Segel drückt. Das Floß schießt los, wird schnell, zu schnell, und schon »brischt« mit rauschendem Getöse das weißschäumende Meer unter den Balken. Das Heck sackt ab, die Jangaderos springen ins Wasser, wir stehen bis zur Brust in der Brandung, schieben, stoßen und wuchten unser Floß weiter, um es vor der nächsten Woge zu retten. Freunde haben schon zwei Baumstämme bereitgelegt, und mit vereinten Kräften schieben wir unsere Jangada hoch an den Strand.

So wie die Fische, die die Jangaderos mit nach Hause bringen, in der Hitze schnell verderben, so ist auch die Jangada selbst »leicht verderblich«. Das Piuba-Holz, aus dem die Flöße gebaut werden, ist sehr weich, faserig, porös und saugt sich schnell mit Wasser voll. Nach 48 Stunden auf See ist eine Jangada so schwer geworden, daß sie im Wasser liegt und viel von ihren guten Segeleigenschaften einbüßt. Der ständige Wechsel von Salzwasser und Sonne läßt das Holz schnell verrotten. Nach zwei Jahren sind die Boote dann so brüchig geworden, daß sie schon beim einfachen Anheben leicht auseinanderbrechen können. Fast überall am Strand in der Nähe von Dörfern findet man »ausgediente« Jangadas, die wie Kadaver in der Sonne bleichen. Für den Jangadero bedeutet dies, daß er sich alle zwei Jahre ein neues Arbeitsgerät, eine neue Jangada, bauen muß. Der Bau einer Jangada ist eigentlich sehr einfach, dennoch verlangt er vom Zimmermann viel Erfahrung bei der Auswahl der Stämme, in der Handhabung der einfachen Werkzeuge, wie Hammer, Axt, Bohrer und Säge, und viel Geschicklichkeit beim Zusammenbau der Stämme. Jangadas werden aus fünf oder sieben Stämmen zusammengebaut. Jeder einzelne Baum muß zurechtgetrimmt, an den Enden nach unten dreieckig angehauen werden. In Form, Alter und Größe müssen die Stämme zueinander passen. Sind die Stämme angepaßt, werden vier oder fünf Stellen markiert, an denen dann lange Hartholznägel quer durch die durch Tampen und Klemmen zusammengehaltenen Stämme getrieben werden. In den mittleren Stamm wird dann ein drei bis vier Zentimeter breiter Schlitz gestemmt, durch den dann später das Schwert gesteckt wird. Aus Erfahrung und ohne Berechnungen angestellt zu haben, wissen die Jangaderos, daß ein schmales, tiefgehendes Schwert dynamisch wirkungsvoller ist als ein breites, kurzes Centerboard. Die Aufbauten, wenn man bei einer Jangada überhaupt davon sprechen kann, werden meist von einer alten Jangada übernommen: die Segelbank, der stuhlartige Sitz für den Steuermann und das garderobenähnliche Gestell für Angelzeug, Wasserflasche, Verpflegung und Fischnetz. Beim Bau einer Jangada wird nicht ein einziger Nagel, Bolzen oder eine Schraube aus Eisen verwandt, alles ist aus Holz, wird gefugt, eingelassen und versplintet. Bis zu sieben verschiedene Holzarten werden an einer Jangada verbaut.

Der Kampf ums Überleben

In den nördlichsten Provinzen Brasiliens sind die Piuba-Bäume mittlerweile so gut wie abgeholzt, so daß die Fischer in einzelnen Dörfern gezwungen waren, einen neuen Jangada-Typ zu entwickeln, die »jangada de tabua« — die Planken-Jangada. Aus haltbarem Holz werden kistenartige Flöße gebaut, die in Form, Größe und Besegelung den Piuba-Jangadas entsprechen.

Diese »geplankten« Jangadas bedürfen natürlich wesentlich mehr der Pflege; sie müssen gereinigt, gestrichen und jedes Jahr mindestens zweimal nachkalfatert werden. Ihre Vorgänger aus Baumstämmen dagegen brauchte man nur zum Trocknen hoch an den Strand zu ziehen. Während die Piuba-Jangadas auch praktisch unsinkbar sind, können die »Planken-Jangadas« — wie jedes andere Rumpfboot auch — leckschlagen, vollaufen und im schlimmsten Fall sogar untergehen. Um die Klippe des immer teurer werdenden Bauholzes zu umschiffen, hat man neben dem Bau von »Kisten-Jangadas« auch Versuche unternommen, Jangadas aus Fiberglas herzustellen. Nach dem »Bauplan« der traditionellen Piuba-Flöße wurden ganz einfach fünf bis sieben Kunststoffrohre aus dem Bauwesen zusammengebunden, vorne und hinten »zugekorkt«, mit einem Jangada-Rigg versehen — und fertig war eine Jangada »de plastico«. Doch so einfach und auf den ersten Blick überzeugend diese Neuschöpfung »am Strand« auch sein mochte, auf dem Wasser hat sie sich nicht bewährt und konnte bei den Jangaderos keine Ehre ersegeln. Die »Röhren-Jangadas« — auch mit Sand oder Wasser gefüllt — sind einfach zu leicht, bei Seegang nicht steif genug und ihre Segeleigenschaften für den Einsatz auf hoher See insgesamt unbefriedigend. Dazu kommt noch, daß das Fiberglas in der brennenden Sonne des brasilianischen Nordwestens schnell brüchig wird, und die Materialbeanspruchung beim »Landen« im hohen Surf ließ die Jangadas aus Plastik gleich reihenweise auseinanderbrechen.

Neben dem Versuch, neue Materialien in den Jangada-Bau einzuführen, hat man sich auch Gedanken gemacht, wie man eventuell die Arbeit der Jangada-Fischer erleichtern und menschlicher machen könnte. Da die Männer fast zwei Drittel ihrer Arbeitszeit aufwenden müssen, um zur »Arbeitsstelle« und von dort wieder nach Hause zu segeln, wäre es mit Sicherheit eine große Erleichterung gewesen, wenn sich diese Fahrzeiten mit Hilfe eines Motors kürzen ließen. Doch auch dieser Versuch, die Jangadas mit einem Außenbordmotor auszurüsten, erlitt Schiffbruch. Schon nach wenigen Testfahrten stellte sich heraus, daß die Vibration des Motors das Floß derart erschütterte, daß die Weichholzstämme sich lose arbeiteten und die Jangada fast nach jeder Ausfahrt neu verbolzt und versplintet werden mußte.

Das Bemerkenswerte an all diesen Bemühungen und Versuchen, hinter denen fast immer Ideen und Engagement von Einzelpersonen stehen, ist die Tatsache, daß hier ein Segelboottyp versucht, sich erneut an eine veränderte Umwelt — in diesem Fall Verknappung des traditionellen Baumaterials — anzupassen, und daß er sich nicht damit zufriedengibt, ausrangiert und abgelegt in irgendwelchen Flußmündungen dahinzutrotten und auf eine letzte Ausfahrt zu warten. Wie die Jangada für die nächste Dekade letztlich aussehen wird, ist ungewiß und kann nur schwer vorausgesagt werden. Sicher aber ist, daß Flöße vom Typ der Jangadas neben aufblasbaren Tierhäuten und wurstförmig zusammengebundenen Strohbündeln mit die ersten und einfachsten Bootstypen waren, mit denen der Mensch die ersten Schritte aufs Wasser gewagt hat. Fast überall sind sie verschwunden; doch hier am Nordostzipfel Brasiliens sind sie — wie in einer Enklave — in veränderter und weiterentwickelter Form bis zum heutigen Tage erhalten geblieben. Sie haben sich angepaßt an die örtliche Situation und an die lokalen Gegebenheiten und brauchen auch in nächster Zeit nicht zu befürchten, von Motorbooten vom Wasser verdrängt zu werden. Dafür sind die Küsten viel zu riffig, zu flach und zu entlegen. Lange Sandstrände, schlechte Verbindungen und geringe Marktchancen bieten Motorbootfischern kaum Arbeits- und Geschäftsmöglichkeiten. Nur der Fischer, der für sich, seine Familie und seine Verwandten Tag für Tag sein Boot durch die Brandung schiebt, der alles, was er braucht, selbst herstellt und alles, was er nicht selbst herstellen kann, nicht zum Leben braucht — allein der hat hier eine Überlebenschance. Und daß er die nutzen kann und zu nutzen weiß, das hat der Jangadero bewiesen.

21. Eher einem Strandsegler gleicht die Jangada denn einem seetüchtigen Fischereifahrzeug.

22. Die aus Piuba-Holz zusammengezimmerten Jangadas halten nur ein Jahr und müssen dann wegen Altersschwäche außer Dienst gestellt werden.

23. Am frühen Morgen wird die Jangada durch den Surf geschoben.

24. Oft müssen Jangadas bis zu 30 Meilen weit aufs offene Meer segeln, um zu ihren Fischereigründen zu kommen.

25, 26. Mit dem 3 Meter langen Paddel wird die Jangada gesteuert und getrimmt.

27. Eine »Jangada de Tabua« surft nach getaner Arbeit dem Strand entgegen.

28, 29. Viel Erfahrung und Mut gehören dazu, eine Jangada sicher durch die Brandung zu bringen. Fehlt ein bißchen Glück, wird sie von den Wellen gepackt und schlägt um.

30. Auch bei geringem Seegang steht das Wasser ständig an »Deck«. Die Männer klammern sich mit den Füßen an die Baumstämme und suchen Halt am biegsamen Mast.

Ayassas
Ägypten

Das Schiff liegt tief im Wasser. Vielleicht eine oder zwei Handbreit trennen das Deck vom graubraunen Wasser. Nur schwer gehorcht das überladene Schiff dem Ruder. Man hat das Gefühl, es könne an seiner eigenen Bugwelle ersticken, könne bei etwas schnellerer Fahrt ertrinken oder von der Heckwelle eines nahe vorbeifahrenden Motorboots mit Leichtigkeit versenkt werden. Die großen offenen Ladeluken sind vollgestopft mit rotgebrannten Ziegelsteinen, die fein säuberlich aufgeschichtet sind, um auch den letzten Quadratzentimeter Ladefläche und Transportraum auszunutzen. Es ist still auf dem Fluß, so, als habe sich der Nil noch nicht für den Tag gerüstet. Der Dunst des kühlen Morgens liegt auf dem Wasser, die Wüstenhitze des kommenden Tages hat noch nicht von Menschen, Tieren und Schiffen Besitz ergriffen. Das wolkige Wasser des Flusses, der grüne Palmengürtel am Ufer, die gelblichschimmernden Sanddünen in der Ferne — alles ist mit einem fahlen weißlichen Licht belegt. Nur die grün-weiß-roten Ringe, die den Mast zieren, und das tuaregblaue Gewand des Rudergängers lassen etwas Farbe im morgendlichen Dunst aufkommen. Langsam nähern sich von achtern zwei weitere Ayassas, anfangs nur als kleine weiße Dreiecke auszumachen, doch dann tauchen ihre majestätisch gereckten Rahen aus dem Dunst. Man glaubt, nur die Masten und Segel wandelten über das Wasser, denn der Rumpf liegt tief und bleibt den Blicken verborgen. Die kleine Flotte wird mehr von der Strömung des Nil nach Norden getragen, als daß ihre großen Segel sie treibt. Der Wind, schwach noch zu dieser Stunde, kommt das Tal hinauf und »schlägt« die Schiffe von vorne. Mit der Strömung im Nacken müssen sie kreuzen, wollen sie nicht, von Strömung und Strudeln gepackt, ihre Richtung verlieren und mal bugvorne, mal heckvorne oder breitseits den Fluß hinuntertrudeln. Das große Lateinersegel dicht, die gebogene Rah steil gestellt, segeln die Ayassas im Zickzack den Fluß hinunter.

Natürlich gehen die schwerbeladenen Frachtensegler bei wenig Wind nur widerwillig über Stag. Jedesmal wenn der Mann an der Pinne das Ruder hart umlegt, werden am Bug zwei Langruder bemannt, geben die Männer dem Schiff Hilfestellung und pullen auf einen neuen Kurs. Ächzend und stöhnend dreht sich dann die Rah im Masttopp, das flappige Segel kommt zur Ruhe, die Schott wird dichtgeholt, und der Steuermann visiert das gegenüberliegende Ufer an. Voller Grazie und Eleganz, die geschwungenen Rahen stolz gereckt, tanzen, segeln und treiben die Ayassas quer über den Fluß ihrem Ziel, einem alten Segelboothafen in einem Stichkanal im Süden von Kairo, entgegen.

Ein Geschenk des Nil

Der Nil ist Ägypten, und Ägypten ist der Nil. Der Fluß fließt von Süden nach Norden, und auch seit dem Dammbau in Assuan wälzen sich seine braunen Wassermassen mit fast unveränderter Geschwindigkeit dem Mittelmeer entgegen. Die sandigen Fluten bilden unter den Brücken von Kairo gefährliche Strudel, die den Schiffen das Leben schwermachen. Der Wind weht neun Monate im Jahr in die entgegengesetzte Richtung, von Norden nach Süden also, der Strömung des Flusses entgegen. Ohne dieses nie ermüdende Wechselspiel der Naturkräfte wäre die Geschichte Ägyptens nie so geschrieben worden, es hätte Ägypten in dieser Form nie gegeben. Der Nordwind ermöglichte es, daß die alten Ägypter mit ihren ungelenken, rahgetakelten Booten stromaufwärts nach Süden, vom Delta des Nil bis hoch nach Luxor und Karnak, dem ehemaligen Theben, segeln konnten, und der »schwarze Fluß« trieb die Boote wieder nach Norden, dem Nildelta entgegen. Dieser Pendelschlag der inneren Uhr Ägyptens hat mit das Land geeint und es zu seiner geschichtlichen Größe gemacht, so daß der vielzitierte griechische Geschichtsschreiber Herodot damals schon sagen konnte: »Das Land Ägypten ist ein Geschenk des Nil.« Er meinte dabei nicht nur den wichtigen Gegensatz zwischen Windrichtung und Flußströmung mit seinen politischen und historischen Folgen, sondern auch die Tatsache, daß der schwarze Schlamm, den der Nil aus dem äthiopischen Hochland mitbrachte und bei Hochwasser auf den Feldern ablegte, erst das Leben und Überleben der Bevölkerung des Landes ermöglichte. Und diesen geschichtsträchtigen Fluß, auf dem die Pharaonen an Bord ihrer Sonnenboote zu ihren letzten Ruhestätten gesegelt wurden, auf dem Cäsar und Kleopatra ihre Schäferstündchen verbracht haben, den Livingstone und Stanley hochsegelten, um seine Quellen zu finden – diesen Fluß, mit seinen 7000 Kilometern der längste Strom Afrikas, wollten wir an Bord eines ägyptischen Frachtenseglers, einer Ayassa, hinaufsegeln.

Auf der Suche nach einem Schiff oder einem Käpt'n brauchten wir diesmal keine entlegenen Hafenbecken abzusuchen, Kneipen und Bars abzuklappern, die Wasserfront entlangzustreifen oder das Flußufer abzuwandern. Diesmal wurde uns das Schiff fast »serviert«. Es ging alles so schnell, einfach und unkompliziert, daß wir heute noch glauben, so etwas ist nur in Ägypten möglich. Der Kommodore des Kairoer Yachtklubs hat einen Bootsmann auf seiner Yacht, der früher selbst einmal Kapitän oder »Rais« auf einer Ayassa gewesen war. Mit der Lancha des Klubs wurde dieser losgeschickt, um eine zu Berg fahrende Ayassa für uns zu finden. Wir saßen auf der Terrasse des klubeigenen Hausbootes und hatten gerade einen kühlen Drink bestellt, als Omar winkend mit heftiger Bugwelle und guter Nachricht zurückkam. Als wir unsere Rucksäcke und Kameras an Bord schleppten, war noch weniger als eine Stunde vergangen.

Dann fing die Arbeit an. Wenn eine Ayassa sich »reisefertig« macht, ist es mit dem Ankerlichten noch lange nicht getan. Zuerst muß die baumdicke, 30 Meter lange Rah hochgewuchtet werden. Mit Segel wiegt dieses Ungetüm fast drei Tonnen, und sechs Männer mußten unter Gesang und Geschrei mindestens 30 Minuten mit einer großen Winde kämpfen, ehe die Rah den Masttopp erreicht hatte. Der Schiffsjunge war die ganze Zeit damit beschäftigt, die rostigen Rollen und Zahnräder der Winde zu fetten und zu schmieren und gleichzeitig dem daumendicken Drahtfall die richtige Führung auf der Trommel zu geben. Das Ankerlichten war dagegen eine Kleinigkeit; wie Butter kam der Anker aus dem schlammigen Untergrund. Zwei Männer liefen die steilstehende Rah hoch, bändselten das Segel los, und schon griff der stetige Nordwind in das gewaltige Tuch und trieb uns in die Mitte des Flusses. Nachdem die Männer mit vereinten Kräften die Backstage mit Hilfe von Strecktaljen mit kinderkopfgroßen Dreischeibenblöcken durchgesetzt hatten, drehte der Steuermann das Schiff platt vor den Wind, und sofort fegte der so behäbig wirkende Rumpf auf und davon. Da wir leer zu Berg fuhren, lag die Ayassa fast auf dem Wasser, und das mächtige Rigg trieb das Schiff mit Höchstgeschwindigkeit den Nil hinauf. Wenn man bedenkt, daß ein Gegenstrom von sicherlich drei Knoten lief, waren unsere vier bis fünf Knoten über Grund eine ansehnliche Leistung. Nach und nach reihten sich weitere Ayassas, die in Nebenarmen und Stichkanälen auf Wind gewartet hatten, in die kleine Flotte ein, und noch ehe Helwân, etwa 20 Kilometer südlich von Kairo gelegen, erreicht war, hatte sich ein segelnder Konvoi von zehn bis zwölf Ayassas zusammengefunden. Und wie überall, wenn mehrere Schiffe neben- oder hintereinander hersegeln, so wird auch auf dem Nil unter den Ayassas jedesmal ein kleines Wettrennen, eine Privatregatta der Frachtensegler, veranstaltet. Es gibt keinen Preis, keine Ehre, keinen Pokal – allein Spaß und Unterhaltung führen die Pinne und trimmen die Schoten. Am schnellsten sind natürlich die Zweimaster. Das Großsegel zur einen Seite, den Besan zur anderen ausgebaumt, lassen sie die Einmaster schon nach wenigen Meilen weit hinter sich. Wenigstens unter den Einmastern waren wir die schnellsten. Durch ein geschicktes Manöver hatte der Käpt'n uns an die Spitze gebracht, und es lagen schon mindestens drei oder vier Bootslängen zwischen uns und den Verfolgern, als mit einem kurzen Knall der Bugbeschlag für die Rahtalje platzte und wegflog. Die Rah, die nicht im Schwerpunkt aufgehängt war, kippte nach hinten, der Baum schlug auf das Deck, das Segel kam nach unten und begrub den Mann am Ruder. Noch ehe er sich befreien konnte, war das Schiff quergeschlagen. Nur mit Mühe und Glück konnten die beiden nachfolgenden Schiffe einen Zusammenstoß vermeiden und kamen gerade noch knapp an Bug und Heck vorbei. Damit war das Rennen für uns natürlich beendet. Das Schiff war mitten im Fahrwasser zunächst einmal zum Stillstand gekommen, dann wurde es von der Strömung gepackt und mitgenommen. Die Männer versuchten, die kippende und schlagende Rah zu bändigen, Segel einzuholen und das Schiff wieder in den Griff zu bekommen, während wir mal mit dem Bug, mal mit dem Heck voraus den Nil hinuntertrudelten. Ich weiß nicht, weshalb niemand an Bord den Versuch machte, das treibende Schiff durch Auswerfen des Ankers zu stoppen. Tatsache ist, daß wir, von der Strömung erfaßt, in der nächsten Biegung aus »der Bahn« bzw. aus dem Fluß geworfen wurden und uns mit dem Heck voraus ins dichte Uferschilf bohrten. Die meterhohen Halme schlugen hinter uns zusammen, und nur der Mast und die endlich zur Ruhe gekommene Rah verriet unser »Versteck«. »No problem, no problem«, versuchte der Bootsmann uns zu beruhigen, als er merkte, daß wir das Ganze für einen mittelschweren Unfall hielten. Für die Männer von »Dahash« war dieser kleine Ausrutscher so normal wie das Auf- und Untergehen der Sonne. In aller Ruhe wurde das Deck aufgeklart, der gebrochene Beschlag ersetzt, Segel, Fallen und Schoten für die Weiterfahrt geordnet. Ehe wir uns Gedanken machen konnten, wie wir aus diesem Dickicht wieder ins freie Wasser kommen könnten, waren die Männer schon ins Wasser gesprungen und begannen ihr Schiff freizudrücken, freizustoßen und freizustemmen. Das Wasser reichte ihnen bis zur Brust, und auf dem schlammigen Untergrund war kaum Halt zu finden. Durch das rhythmische Stoßen und die Anfeuerungsrufe des Kapitäns hatten sie schon nach wenigen Minuten Erfolg. Sobald sich das Schiff etwas bewegte, bändselte der Schiffsjunge das Segel los, der Wind griff zu, und die Ayassa »mähte« sich ihren Weg frei und gewann wieder offenes Wasser.

Zum Segeln verdammt

Ayassas, die majestätischen Frachtensegler des Nil, sind keine direkten Nachkommen pharaonischer Nilschiffe; sie haben nichts gemein mit den schlanken, geschwungenen, rahgetakelten und mit Seitenrudern gesteuerten Booten aus der Blütezeit ägyptischer Hochkultur. Mit ihrem platt hochgezogenen Bug und dem niedrigen Heckspiegel sind Ayassas von arabischem Geblüt. Auch ihr »Motor«, das Lateinersegel mit einer ungewöhnlich langen Rah, ist in seiner heutigen Form keine Weiterentwicklung oder Abart alter ägyptischer Rahtradition, sondern muß ebenfalls dem arabischen oder dem Mittelmeerraum zugerechnet werden. Auf dem Nil hat sich Form und Ausmaß des Lateinersegels den örtlichen Bedingungen angepaßt. Die Rah wurde verlängert, das Segel im wahrsten Sinne des Wortes »hochgezüchtet«, damit es auch die leichtesten Winde, die über die oft hohen Uferbänke wehen, noch einfangen kann. Ayassas dürften wohl das größte noch existierende Lateinerrigg haben. Vergleichbare Ausmaße, Schnitt-Form hatten nur noch die »Genfer-See-Barken«, die aber leider Anfang dieses Jahrhunderts für immer ihre Segel strecken mußten.

Vielfach wird auch behauptet, daß der Rumpf der Ayassas eine etwas veränderte Kopie einer portugiesischen Galeasse sei. Als Begründung und »Beweis« wird der ähnlich rund geformte Bug und die Namensverwandtschaft angeführt. So ist oder soll die Bezeichnung Ayassa eine »Verarabisierung« des Wortes Galeasse sein. Ayassas, Gaiassas, Quayassas, oder wie man diese Frachtensegler sonst noch nennt, sind im Durchschnitt 20 Meter lang, drei Meter breit und mit ihrem platten Schnauzenbug und dem geraden Heck vor allem umbauter, schwimmender und segelnder Transportraum.

Als Ein- oder Zweimaster geriggt, haben sie eine Ladekapazität von 100 bis 120 Tonnen. Die Seiten des Rumpfes sind gerade, der Boden flach, bis auf zwei kleine Abdachungen im Bug und Heck ist das Deck offen. Die größte Breite erreicht ein Rumpf etwa im ersten Drittel des Schiffes, das sich dann leicht geschwungen nach hinten verjüngt, so daß eine Ayassa bei Aufsicht einem Sarg mit abgerundeten Ecken nicht unähnlich ist.

Mit Sicherheit ist es ein plumper Rumpf – eher Leichter denn Segler –, der auch bei einer Segelfläche von 160 Quadratmetern und mehr keine besonderen Segeleigenschaften und Geschwindigkeiten erlaubt. Doch dafür sind Ayassas ja auch nicht gebaut. Wenn sie vollbeladen den Fluß hinunterdriften, macht sich die eckige und kantige Rumpfform kaum bemerkbar, und wenn eine Ayassa mit achterlichem Wind und ohne Ladung flußaufwärts segelt, dann kommt der Rumpf so weit aus dem Wasser, daß er, von dem mächtigen Rigg getrieben, recht hohe Geschwindigkeiten entwickelt und fast nilaufwärts »gleitet«.

Ayassas werden von Lateinersegeln den Nil hochgetragen. An einem etwa zehn Meter hohen Mast, der in einem eisernen Tabernakel im vorderen Drittel des Schiffes steht, wird eine Rah von fast 30 Metern Länge gefahren. Diese übergroße Spiere ist nur ganz selten aus einem gewachsenen Stück, sondern besteht meist aus zwei oder drei Teilen. Im Gegensatz zu einem »normalen« Lateinersegel, bei dem die Rah oder »Rute« etwa doppelt so groß ist wie der Mast, beträgt das Größenverhältnis bei den Ayassas eins zu drei.

Eine weitere Besonderheit der Nillateiner ist der etwas größere Anstellwinkel der Rah zum Deck. Sind etwa 45 Grad als normal anzusehen, sind es bei den Ayassas oft 60 bis 65 Grad. Auch sollte man im Zusammenhang mit dem Lateinerrigg eigentlich nicht von einer Rah sprechen, denn sie wird – wie eine richtige Rah – weder waagerecht gefahren, noch ist sie in der Mitte an einem Rack aufgehängt. Der Hals des Segels wird vom Vorschiff aus »bedient«. Beim Am-Wind-Kursen wird mit einer Talje die Rah so steil gestellt, daß der vordere Teil des Segels wie ein richtiges Vorsegel wirkt. Bei achterlichem Wind wird die Halstalje derart gefiert, daß das Segel, bei loser Großschot, fast wie ein Rahsegel quer zur Fahrtrichtung steht. Bei leichten Winden wird die Form des Segels durch einen Baum, der bei vielen Ayassas permanent gefahren wird, garantiert. Reffen ist beim Lateinerrigg naturbedingt sehr schwierig, und die Nilsegler haben auch keinerlei Reffvorrichtung in ihrem Rigg vorgesehen. Beim Segelbergen wird der Kopf des Segels mittels eines Niederholers bis zum Masttopp heruntergezogen, dann wird mit einem Fall das Schotthorn ebenfalls zum Masttopp aufgegeit. Das jetzt bauchiggewölbte Segel muß nun von zwei Männern, die zu diesem Zweck die Rah hochentern, festgelascht werden.

Noch vor etwa 25 Jahren wurden Ayassas ausschließlich aus Holz gebaut. Eiche und Akazie wurden für den Kiel bevorzugt, Planken und Deck wurden meist aus Eukalyptus und aus skandinavischen und russischen Kiefern hergestellt. Doch seit im fast baumlosen Ägypten heimisches Holz und auch Importe immer teurer geworden sind, ist man dazu übergegangen, die Frachtensegler aus Eisenplatten, T-Trägern und Winkeleisen zusammenzunieten und zu schweißen. Da es viel zu aufwendig wäre und einen sicher nicht gerechtfertigten Einsatz von Geld und technischen Mitteln erfordern würde, die Eisenplatten perfekt zu richten und zu biegen, geht man beim Bau der eisernen Ayassas, denen man den Namen Sandal gegeben hat, eher einen kruden aber einfachen Weg. Nachdem ein gerader Kiel gelegt und die eckigen Spanten gestellt sind, wird dieses »Gestell« mit flachen und geraden Eisenplatten zu einem schiffsähnlichen Rumpf zusammengeschweißt. Und sollte die Form hier und da nicht so genau stimmen, dann wird das Eisen mit mehreren großen Schweißflammen heiß gemacht und von der Kraft und Masse schwerer Beischlaghämmer zurechtgetrimmt. Auf diese Art und Weise lassen sich der tjalkähnlich gewölbte Bug und die runden Formen eines Holzbootes natürlich nicht nachbauen, und so sehen die eisernen Ayassas denn auch recht gestückelt aus. Besonders der jetzt etwas schärfer zulaufende Bug gibt dem Schiff eher das Aussehen eines zusammengeflickten Blechkastens als eines »schnittigen« Seglers. Gegenüber den wartungsanfälligen und pflegebedürftigen Holzbooten haben diese eisernen Süßwasser-Ayassas den Vorteil, daß sie sich viel leichter instand halten und reparieren lassen. Nicht selten kann man des Abends Schiffe den Nil hinaufsegeln sehen, auf denen mit dem flakkernden Licht einer Schweißflamme gerade eine Reparatur ausgeführt wird. Während hölzerne Ayassas meist schon nach 20 oder 30 Jahren ihren Dienst auf dem Nil einstellen, sterben ihre »eisernen« Schwestern eigentlich nie. Wo immer eine schwache Stelle ist, die Planken zu dünn, das Eisen durchgerostet, ein Spant nicht mehr stabil genug, da wird mit Säge, Trennscheibe und Schweißapparat ein neues Teil dazugestückelt, eingesetzt oder darübergeschweißt. Lohnt sich eine Generalüberholung oder größere Reparatur überhaupt nicht mehr, dann wird

das ganze Schiff zerlegt, und die herausgetrennten noch brauchbaren Teile werden als Ersatzteile verkauft. So findet man nicht selten Ayassas, die aus mehreren Schiffen und aus mehreren Schiffsgenerationen zusammengebaut sind.

Auch für Arbeitssegler sind fast alle Ayassas — gleichgültig ob aus Holz oder Eisen — in einem schlechten Zustand. Sie ersegeln heutzutage keinen großen Gewinn mehr, und darum hat der Eigner meist kein Geld, um das Schiff auf Vordermann zu bringen und in Ordnung zu halten. So steht heute meist der Gedanke dahinter: »Laß sie segeln, bis sie sinken.« Die Segel sind ausgereckt, mit Flicken übersät und notdürftig zusammengeschustert, die langen Ruderblätter werden durch quergenagelte Bretter roh zusammengehalten, gerissene Masten sind geschient und mit Metallbändern repariert, gebrochene Rahen sind mit Latten verstärkt und werden mit Eisenringen und Laschings am Leben erhalten. Rumpf und Rigg sind in einem desolaten Zustand, Drahtwanten sind geknotet, gestückelt, mit Kettenteilen verlängert und mit Draht und Moniereisen repariert. Beim Anblick der Blöcke, des stehenden und laufenden Gutes, schmerzen nicht nur die Augen, sondern auch die Hände. Man hat den Eindruck, alles an Bord müsse schon in den nächsten fünf Minuten bersten, brechen, reißen und platzen. Doch wie die Erfahrung zeigt, ist das Erstaunliche an diesen notdürftig am Leben, Schwimmen und Segeln erhaltenen Schiffen die Tatsache, daß sie im wahrsten Sinne des Wortes einfach nicht »unterzukriegen« sind und daß so schnell und einfach eben nicht alles auseinanderbricht und birst. Und sollte es dann doch einmal Allahs Wille gewesen sein, daß ein Beschlag platzt oder ein Stag bricht, Wasser eindringt oder die Rah »kommt«, dann wird mit den einfachsten Mitteln und dem primitivsten Werkzeug repariert, konstruiert und gebastelt. Die »Baharis« — die Ayassa-Männer — haben einfach eine bewundernswerte Begabung, alles, was sie an Bord zur

Reparatur benötigen, aus dem Nichts selbst herzustellen, und das macht sie heute noch zu den wahren Königen auf dem Nil.

Daß für Schiffe in diesem Zustand jeder Tropfen Farbe eine fast unverantwortliche Verschwendung bedeutet, ist auch dem Reichsten unter den Armen der Nilschiffer schnell klargeworden. Und sollte der Zufall ihnen einmal ein Kilo Farbe in die Hand spielen, dann wird damit in alter ägyptischer Tradition ein Auge auf die Bordwand gemalt, das das Schiff sicher geleiten und die Gefahren frühzeitig erkennen soll.

Leben und Tod auf dem Nil

»Mit elf Jahren gehörte ich schon fest zur Mannschaft«, erzählt uns ein Bahari. »DAHASH war Vaters erstes eigenes Boot, und mein Bruder arbeitete auch an Bord. Zuerst mußte ich kochen lernen. Vater sagte immer, wer nicht kochen kann, ist kein guter Seemann. Schwer war das eigentlich nicht, Tee zu kochen, Bohnen, Reis und Nudeln zuzubereiten, das lernt man schnell an Bord. Das schwerste an der ganzen Sache war wohl, das Feuer in Gang zu bringen. Ans Ruder durfte ich noch lange nicht. Zuerst mußte ich einmal lernen, die Masten in Windeseile hochzuentern, Segel zu flicken, Blöcke zu ersetzen und vertörnte Fallen zu klarieren. Beim Besan ging das ja alles noch, er war ja nur zehn Meter, aber die Großrah, 30 Meter lang und etwa 20 Meter über dem Wasser, da hatte ich schon manchmal Angst, und mein Alter mußte mich nicht selten fast hochprügeln. Aber man gewöhnt sich an alles — mit der Zeit. Wer weiß, wozu es gut war. Ich bin heute 49 Jahre alt und habe das Boot von meinem Vater geerbt. Unserer Familie geht es im Vergleich zu vielen anderen eigentlich recht gut. Wir haben wenigstens unser eigenes Schiff; die meisten Männer fahren für geringen Lohn oder haben die Schiffe gepachtet. Was da so am Ende einer Fahrt hängenbleibt, kann man sich ja an den Pyramiden abzählen. Viele meiner Freunde haben die Seefahrt ganz aufgegeben und arbeiten jetzt irgendwo in Fabriken oder schippern mit kleinen Felukkas Touristen über den Fluß. Einige sind auch nach Kuwait oder Saudi-Arabien aufgebrochen und sollen dort ganz gut verdienen. Ich kann diese Männer verstehen, denn hier auf dem Fluß ist das Leben hart, eintönig, schlecht bezahlt, und die Zukunft wird von Tag zu Tag unsicherer und ungewisser. Wer vom Obernil, von Luxor oder Beni Suef mit einer Ladung Tonwaren, Steinen oder Heu in Richtung Kairo startet, hat meist eine Reise von acht bis zehn Tagen vor sich. Von der Strömung getrieben, ist der Weg nach Norden beschwerlich und eintönig, der Wind kommt meist von vorne, so daß man auch noch den Fluß hinunterkreuzen muß, was bei den schweren und meist überladenen Ayassas nicht gerade Spaß macht. Setzt der Wind, der eigentlich neun Monate im Jahr beständig aus Norden weht, einmal ganz aus oder macht er das Aufkreuzen ganz unmöglich, dann muß das Segel gerefft und eingeholt werden, und wir lassen uns treiben. Doch das ist verständlicherweise noch ungemütlicher, denn das bedeutet für die Mannschaft — rudern. Meist reicht es schon, wenn ein Mann mit einem Langruder am Bug das Boot auf Kurs hält, oder wir setzen einfach einen Seitentreibanker. Oft aber müssen wir ein Beiboot zu Wasser lassen und damit unser eigenes Schiff flußabwärts schleppen. Natürlich schleppen wir die Ayassa nicht richtig, sondern halten nur ›die Nase‹, das heißt den Bug, nach vorne. Mit Glück und Allahs Wille kommt man nach einer guten Woche am Ziel an. Dann heißt es: das Schiff entladen. Stein für Stein, Topf für Topf, Ziegel für Ziegel werden per Hand ausgeladen und auf dem Rücken oder Kopf über schwankende Bohlen oder Planken an Land geschafft. Natürlich muß die ganze Mannschaft mithelfen, die Waren an Land zu karren. Das ist eine stupide Knochenarbeit, aber wenn ich bedenke, daß es Menschen gibt, die diesen Job ihr ganzes Leben lang machen, die ihre Jahre damit verbringen, von morgens bis abends mit acht oder zehn Ziegelsteinen auf dem Kopf über die Planken zu balancieren, dann kann ich mich über meinen eigenen Beruf schon nicht mehr beklagen. Wenn nur die lange Trennung von der Familie nicht wäre. Ich komme aus einem kleinen Dorf in der Nähe von Beni Suef und sehe meine Familie nur, wenn wir nach etwa drei Wochen wieder hier anlegen, um Ladung für die nächste Reise aufzunehmen. So sehe ich meine Familie nur einmal im Monat und nur für wenige Tage. Mein Vater hatte es in dieser Beziehung viel besser. Er war zweimal verheiratet und hatte eine Frau am Obernil und eine zweite in Kairo. Er war eben ein Pendler in jeder Beziehung. Er konnte sich das auch finanziell leisten, denn damals konnte man als Kapitän oder, wie wir sagen, als Rais noch echtes Geld verdienen. Ich bin heute froh, wenn ich eine Familie ernähren und meine Mannschaft bezahlen kann.

Es macht mir auch nicht mehr soviel Spaß wie früher, den Fluß hinunterzufahren. Seit der Damm da bei Assuan gebaut wurde, ist der Fluß gezähmt und hat viel von seiner so aufregenden und gefährlichen Schönheit verloren. Im Vergleich zu früher wälzt der Nil sich heute langsam, träge und faul dahin. Das einzig Gefährliche heute sind die Motorschlepper und Touristendampfer. Die benehmen sich oft wie ›Großkotze‹, erdreisten und erzwingen sich immer das Wegerecht und bringen uns in Gefahr. Ich bin vielleicht ein bißchen hart, aber der Kerl, der meinen Bruder auf dem Gewissen hat, ist ein rücksichtsloses Schwein gewesen. Wie das passiert ist? Hassan hatte seit Jahren einen Transportvertrag mit einer Baufirma und fuhr mit einem gemieteten Schiff Kalksteinquader für eine Zementfabrik. Eines Nachts passierte es dann. Schwerbeladen wurde sein Schiff in der Höhe von Helwân von einem

Motorfrachter ganz einfach überrannt und versenkt. Er segelte gerade einen weiten Schlag über den Fluß und war etwa in Flußmitte, als der hohe Bug des Frachters seine tief im Wasser liegende Ayassa traf. Der Aufprall muß so stark gewesen sein, daß sich das Motorschiff richtig auf die Ayassa schob, das Vorschiff unter Wasser drückte und das ganze Boot versenkte. In Sekundenschnelle mußte es passiert sein, denn Hassans Schiff sank wie ein Stein. Die beiden Männer, die für meinen Bruder gearbeitet hatten, wurden durch den Aufprall ins Wasser geschleudert und konnten sich schwimmend flußabwärts ans Ufer retten. Für meinen Bruder aber kam jede Hilfe zu spät. Er war zum Zeitpunkt des Zusammenstoßes unter Deck und konnte sich dann nicht mehr befreien. Er ist wohl jämmerlich ersoffen. Seither muß ich mit meinem Schiff auch noch seine Familie ernähren und das Geld zusammenfahren, um 14 Mäuler zu stopfen. Es sieht nicht gut aus für uns ›Baharis‹, wie die Ayassa-Männer hier genannt werden. Ich bin, Allah sei Dank, schon zu alt, um noch einmal etwas anderes anzufangen. Ich werde wohl mein Boot so lange den Fluß rauf- und runtersegeln, bis es mir unter dem Hintern auseinanderbricht — auch wenn ich keine Ladung mehr finden sollte.«

Die bösen Landgeister gewinnen immer

Doch noch ist Leben in den Schiffen, noch treibt der stetige Wind die großen Segler flußaufwärts, noch reißt die Strömung die Boote mit nach Norden, noch helfen die Ayassas vielen Familien, sich über Wasser zu halten. Auch wenn die Anzahl der Schiffe schnell schrumpft und die motorisierte Konkurrenz auf Wasser, Straße und Schiene immer größer wird, so haben sich die übriggebliebenen Ayassas ein kleines Monopol erhalten. Sie transportieren die schweren, unverderblichen und nicht gerade wertvollen

Güter, wie Steine, Ziegel, Tonwaren und Heu. Diese Handelswaren können nur mit relativ billigen Frachtenseglern transportiert werden, ansonsten würden sie einfach zu teuer. Doch auch in diesem Geschäft scheinen die Tage für die stolzen Ayassas früher oder später gezählt zu sein. Diesmal aber ist es nicht die schnell fortschreitende Technologie, die die Segler bald »trockenfallen« läßt, sondern hier auf dem Nil, dem »Highway« für viele Jahrhunderte, wird die Ware, das Transportgut, knapp. Seit der Nil durch den Assuandamm gezähmt ist, gibt es kaum noch Schlamm, um Ziegel zu brennen, natürlicher Kalkstein für den Häuserbau wird durch Zement ersetzt, Ton- und Töpferwaren weichen Plastik- und Aluminiumgefäßen, und die Anzahl der Esel und Pferde, die auf das Heu aus Oberägypten angewiesen sind, wird täglich geringer. So wird die Flotte der Ayassas von Tag zu Tag kleiner. Die restlichen 2000 bis 3000 Ayassas segeln und treiben harten Zeiten entgegen. In den Kanälen und Buchten sammeln sich tote Ayassas und warten auf Brecheisen und Schneidbrenner. Die Nägel werden den Schiffen aus Fleisch und Knochen gezogen und verkauft, das Holz der Planken und Rippen wird zu Holzkohle verarbeitet. Nichts bleibt, nur ein Name und die Erinnerung an ein stolzes Schiff.

»Immer wenn eine Ayassa vom Stapel lief, stieß der neue Besitzer sein Messer in den Bug, um so alle bösen Geister, die sich während der Bauzeit an Land ins Schiff geschlichen hatten, zu töten«, erinnert sich Ad del Kadar, ein alter, ergrauter Schiffszimmermann aus dem Norden Kairos. »Doch irgendwie gelingt es diesen bösen Landgeistern immer wieder, an Bord zu kommen und sich das Schiff zurückzuholen — es ist einzig und allein nur eine Frage der Zeit.«

31. Schwesterschiffen gleich laufen zwei Ayassas den Nil hoch.

32. Zum Segelsetzen und -bergen müssen die Männer hoch ins Rigg. Mast, Rah, Fallen und Blöcke — alles scheint überdimensional und zu schwer. Das ganze Rigg ist in einem derart schlechten Zustand, daß man glaubt, jede Fahrt ist die letzte.

33, 34, 35. Um diese plumpen, plattschnauzigen Schiffe auf dem verkehrsreichen Fluß sicher steuern zu können, haben ägyptische Ayassas riesige, roh zusammengezimmerte, weit achteraus hängende Ruderblättter. Die baumdicken Pinnen müssen oft von zwei Rudergängern bedient werden.

36. Mit der ersten Morgenbrise verlassen die Ayassas die Stichkanäle und Liegeplätze im Norden Kairos und segeln mit meist achterlichen Winden nach Süden. Unbeladen liegen die Schiffe hoch im Wasser und müssen gegen die starke Strömung des Flusses ankämpfen.

37. Zwei mit Kalksteinbrocken überladene Ayassas kreuzen im dunstigen Morgenlicht den Fluß hinunter. Die hochgereckten Rahen und die schwungvoll geschnittenen Segel erwecken eine friedvolle Stimmung.

38. Der Rais oder Kapitän einer Ayassa mit kunstvoll gewickeltem Turban und lustig-wissenden Augen erinnert sich gerne an die aufregenden Fahrten, als der Fluß noch lebte und noch nicht vom Assuandamm gezähmt war.

39. Auf einem echten Arbeitssegler kommt es nicht auf Schönheit an. Alles »funktioniert« so lange, bis es bricht — dann ist immer noch ausreichend Zeit, um an eine Reparatur zu denken.

40. Scharf schneidet der Schatten in die goldenen Wasser des Flusses.

38

39

Shampans
Bangladesh

Bewegungslos, schweigend, wie vor Anker erstarrt, liegt das Schiff im Wasser. Einer Ente gleich sitzt der große schwarze Rumpf mit seinem halsförmig hochgezogenen Bug auf der spiegelglatten, rotbraunen Oberfläche des Meeres. Keine Dünung hebt den Bug, keine Welle streichelt das Heck, der Mast steht gerade und macht keine Bewegung — so, als sei das Schiff auf Grund gelaufen oder festgeklebt und für immer verbunden mit der flachen, weiten Fläche des Wassers. Der Rumpf ist leer, keine Ladung drückt das Schiff nach unten. Seine von Wind und Wetter gezeichneten rundlichen Flanken zeigen die Wasserlinien und Spuren vergangener Reisen; wie ein System von Bauchbinden oder Gürteln laufen die Lademarken, von Wasser, Schlamm und Algen gezeichnet, den fetten Rumpf entlang — vom hochgezogenen Bug bis hin zum steil ragenden Heck. Lange Kratzer und notdürftig kalfaterte Risse laufen durch die schwarzgeteerten Planken und künden von dem harten Leben dieses Seglers. Das gelblichbraune Setteesegel mit hohem Schothorn hängt flach und faltig von der Rah, müde und kraftlos spendet es wenig Schatten und vermag auch nicht, die Männer vor der immer noch senkrecht stehenden Sonne zu schützen. Die Nock zeigt steil in den Himmel, um auch den leichtesten Hauch einfangen zu können. Hitze und Windstille halten das Schiff fest und gefangen. Die Zeit steht still, die Sonne direkt über der Mastspitze. Jetzt, kurz vor dem Monsun, greift sie wie eine lodernde, alles verzehrende Feuersbrunst nach dem Schiff. Die Hitze lähmt und läßt alles Leben erstarren. Bewegungslos liegen die Männer im spärlichen Schatten des Segels, suchen Linderung unter dem eigenen Sarong und dösen wortlos vor sich hin. Das Deck ist so heiß, daß es auch noch durch die Hornhaut der Füße brennt. Der Käpt'n ist schon seit Stunden in seinem mit Schilfmatten gedeckten Deckshaus verschwunden. Die Männer tun nichts, aber auch das ist schon zuviel, zu anstrengend und

zu erschöpfend. Das Gierksen im Rigg und das Knarren der Blöcke gibt ihnen den Rest. Sie warten, daß diese marternde Hitzeglocke vorbeizieht, und hoffen, daß bald eine gewaltige Nimbuswolke über die Berge im Nordwesten steigt, herüberzieht, über ihren Köpfen platzt und Schiff, Männer — einfach alles — mit einem gewaltigen Regenschauer erlöst. Doch noch steht und steigt die Hitze. Schon fängt der klebrige Teer zwischen den rohen Deckplanken an zu kochen, schon bilden sich zähe Blasen an der Außenhaut, schon tanzt und flimmert der Horizont in heiß-welligen Streifen. Matt, erschöpft wie die ausgebluteten Leichen eines Geisterschiffes senden die Männer ihre Blicke erwartungsvoll zu den Bergen des fernen Burma. Nur von dort kann die Rettung kommen. Ein Mann quält sich auf die Beine, wirft eine alte, leckende Pütz über Bord und gießt einen Eimer rotbraunes Wasser an Deck. Nicht etwa, um es feucht und dicht zu halten, nein, allein um eine Bahn zu schaffen, auf der man gehen kann, ohne sich die Füße zu verbrennen. Das Wasser ist fast schon verdampft, noch ehe es das Deck erreicht hat, und hinterläßt nur einen Streifen trockener Feuchte.

Im Land der Monsune und Zyklone

Das schwarze, entenförmig geschwungene Schiff ist nicht allein, sitzt nicht einsam und verlassen in dieser flachen Wüste aus braunem Wasser und gleißendem Sonnenlicht. Eine ganze Flotte dieser Shampans, sieben oder acht Schiffe, liegen verstreut in der Weite des Golfs von Bengalen. Sie alle sind gefangen und zur Bewegungslosigkeit verurteilt. Ein Bug zeigt nach Norden, ein anderer nach Westen oder Osten — aber alle zusammen driften und treiben sie, von den letzten Ausläufern der großen Flüsse gepackt, langsam nach Süden. Das aus dem Arabischen stammende Wort »Monsun« bedeutet eigentlich »Jahreszeit« und bezeichnet im engeren Sinne langfristig bestehende Luftströmungen, die halbjährlich ihre Richtung wechseln. Während der kalte und trockene Wintermonsun vom Land zum Meer weht, ist der in umgekehrte Richtung wehende Sommermonsun ein wahrer »Regenmacher«. Besonders intensiv ausgeprägt sind diese Regenzeiten — verursacht durch den Stau an den Gebirgen — in Südasien. Die Zeit des Sommermonsuns ist eine Periode schlechten Wetters, die mehrere Monate andauert und die meisten Länder Südostasiens heimsucht und überfällt. Drei oder vier Monate regnet es dann mehr oder weniger ununterbrochen; zwar nicht gerade den ganzen Tag, aber mit Sicherheit jeden Tag. In dieser Zeit fallen über 80 Prozent des jährlichen Regens. Noch viel schlimmer als die »normalen« Monsunstürme oder -ergüsse gebärden sich die gefürchteten Zyklone, die fast regelmäßig zu Anfang oder Ende der Monsunzeit über Land und See hinwegziehen. Dann wird der Golf von Bengalen zu einer wild kochenden See, aufgewühlt und gepeitscht von stürmischen Gewalten, zugedeckt und ertränkt von schweren Regengüssen. Es sind verheerende Wirbelstürme, die im Golf von Bengalen entstehen und dann in nördlicher Richtung weitertoben. Sie mausern sich zu gewaltigen Giganten, schlagen und peitschen mit aller Kraft und Windgeschwindigkeiten von 60 und mehr Meilen pro Stunde auf Meer, Küste und Hinterland. Ist man dem gewaltigen Sturm gerade noch entgangen, muß man erneut um sein Leben bangen. Denn dem Verderben des Wirbelsturms folgen auf dem Fuße die aufgewühlten Wasser einer sintflutartigen Sturmflut, zerstören alles, was sich ihnen in den Weg stellt, und verbreiten Angst, Grauen und Schrecken im Süden Bangladeshs. Niemand in diesem geplagten Land wird jemals die Springflut und Naturkatastrophe des Jahres 1970 vergessen können, wo in einer einzigen Nacht eine halbe Million Menschen in den Fluten ihr Leben lassen mußte. Es ist fast unglaublich, aber auch während dieser Zeit der Monsunwinde und des Regens, wenn die Natur ihr windiges und feuchtes Gift verspritzt, verrichten die schwarzen Shampans ihre Arbeit. Vollgeladen mit Sand, Salz, Reis oder Holzkohle durchpflügen sie den Golf von Bengalen genauso wie zur Zeit des günstigen Segel- und Reisewetters. Nicht weil sie besonders seetüchtig und die Männer wagemutige und verwegene Seeleute sind, nein, vielmehr weil die Bengalen einen gewissen Fatalismus ihr eigen nennen. In dieser Vorstellung glauben sie zu wissen, daß jedes Leben nach gewissen Vorherbestimmungen geführt wird und auch zu Ende geht; wozu sich also grämen, Gedanken machen und vor Angst vergehen? Dazu kommt natürlich noch der etwas weltlichere Aspekt, daß die Männer Geld verdienen müssen, um ihre Familien zu ernähren; und da spielt es keine Rolle, ob es Monsunzeit ist oder nicht.

Die ersten Anzeichen der nahenden Regenzeit machen sich schon im März bemerkbar. Die Temperaturen klettern, die Feuchtigkeit steigt an, und die Luft wird schwer und drückend. In unregelmäßigen Abständen brauen sich dann in den Bergen Burmas schwere Gewitter zusammen. Kurzlebige Winde und Sturmböen, nicht selten in Hurrikanstärke, rasen von den Bergen über Flachland und Golf. Diese Vorboten nennt man, als traurigen Tribut an den Monat, in dem sie am heftigsten sind, »Kal-Baishakhi«, Unglücke des Mais.

In den Monaten Juni, Juli und August wird das Land dann zu einer schwimmenden Welt — grün, schlammig und sumpfig. Alles bricht zusammen: Die Menschen werden zu einem Amphibiendasein verurteilt, Kommunikation und Transport sind nur noch mit und auf Booten und Schiffen aufrechtzuerhalten. Das Wetter ist so verläßlich und vorherbestimmbar, es wiederholt sich im selben Rhythmus sicher und genau von Jahr zu Jahr, daß die Seeleute sich daran halten und es als einzige Navigationshilfe nutzen.

Shampans
Bangladesh

Die Strömung im Golf läuft immer von Nord nach Süd, die Sonne zieht von Ost nach West, die Winde wehen, je nach Jahreszeit, beständig aus derselben Richtung, und die langsam nach Süden hin abnehmende rotbraune Farbe des Golfes, der bis zu 30 Meilen weit die Farbe der Flüsse hat, geben dem Seemann in Bangladesh gute Anhaltspunkte, um seinen Standort zu wissen oder zumindest, um zu bestimmen, wohin er seinen Bug zu richten hat.

Aus drei Planken entstanden

Shampans sind die segelnden Lastwagen Bangladeshs. In ihrem höhlenartig runden Laderaum befördern und transportieren sie fast alles, was über die Bay von Bengalen oder an die Westküste im Osten des Landes gebracht werden muß. Der Name Shampan kommt von dem chinesischen Wort »Sampan« und bedeutet soviel wie »drei Planken«. Die Urform des Shampan ist wohl ein Boot gewesen, das nur aus drei Planken bestand, einer Bodenplanke und zwei Seitenplanken. Irgendwann, weit zurück in der Entwicklungsgeschichte des Schiffsbaus, wurden dann immer mehr Planken »angebaut« und dazugefügt, und der »Dreiplanker« mauserte sich mit der Zeit zu einem richtigen Schiff. Zur Zeit, als die Chinesen noch eine Seemacht darstellten und ganz Südostasien beherrschten, hatten sie natürlich auch rege und regelmäßige Handelskontakte mit dem indischen Subkontinent. Als sich aber das Reich der Mitte vom Meer zurückzog und nach innen kehrte, ließen sie den Bengalen den Shampan zurück. Diese wiederum machten sich das Konstruktionsprinzip zu eigen, vergrößerten und verlängerten den Rumpf, rundeten das Heck und flachten den Boden, damit das so entstandene Schiff überall in Bengalen problemlos und ohne Schaden zu nehmen trockenfallen konnte. Die Veränderung oder Anpassung an das neue Revier war bedeutend und

fürs Überleben der neuen Shampans wichtig, denn Bengalens lange und im Norden so ausgefransten Küsten und Inseln bieten keine sicheren Häfen und haben wenig geschützte Ankerplätze. Bei Niedrigwasser sitzen die Shampans aufrecht am Strand wie Enten im Nest und werden auch im Schlamm und Matsch be- und entladen. Trotz ihrer Größe — Shampans gibt es bis zu einer Länge von 15 und 18 Metern — sind sie keine sehr stabilen Schiffe. Ihre runde Rumpfform, die die Schiffe eugentlich »korkensicher« machen sollte, läßt sie bei bewegter See torkeln und tanzen. Doch Shampans haben sehr schwache Stellen, und das sind ihre Bauweise, ihre schlechte Verarbeitung und das minderwertige Baumaterial. Ihre Rumpfform selbst steht sicherlich der Seefestigkeit der Hochseedschunken, mit denen sie ja artverwandt sind, in keiner Weise nach. Doch sind Shampans bekannt dafür, daß sie nach wenigen Jahren harter Arbeit bei extremen Bedingungen leicht auseinanderbrechen können.

Die ersten Shampans hatten mit Sicherheit ein chinesisches Dschunkenrigg, ähnlich dem Pearl-River-Typ. Doch die Bengalen waren, nicht zuletzt auf Grund ihrer geographischen Lage, eigentlich mehr vertraut mit dem Lateinersegel, und schon bald segelten die ersten Shampans mit einem daraus entwickelten dippenden Luggersegel. Vielfach findet man auch die Bezeichnung »Seteesegel« oder arabisches Lateinersegel. Der Unterschied liegt allein darin, daß das klassische Lateinersegel eine dreieckige Form besitzt, das Seteesegel aber viereckig geschnitten ist und je nach Stellung der Rah noch eine kleine schräg nach hinten laufende zusätzliche Kante hat. Das Unterliek dieses exotischen Segels läuft auch nicht parallel zum Deck nach hinten, sondern wegen des achterlichen Deckhauses schräg nach oben, um so das Schothorn freizuhalten. Auf achterlichen Kursen wird das eigentliche baumlose Segel mit einer Bambusspiere ausgebaumt. In dieser Ausführung ist das Seteesegel der Shampans einmalig und könnte als Zwischenstufe zwischen Lateiner- und Luggersegel bezeichnet werden.

Um der unbefriedigenden Stärke des Rumpfes gerecht zu werden, mußten die Bengalen auch ein spezielles Rigg erfinden. Da der zusammengenagelte Rumpf die seitlichen Zugkräfte des Mastes nicht aushalten würde, wenn diese Kräfte, wie bei Püttings, an nur zwei oder drei Stellen anpacken würden, hat man außenbords, über die ganze Rumpflänge hinweg, eine Art Bank gebolzt, an der die Wanten befestigt sind. Es ist ein ganzes System von Wanten, 14 bis 18 Stück, die den Druck jetzt über die ganze Rumpflänge gleichmäßig verteilen und den Mast abstützen. Da der Golf von Bengalen, das Segel- und Arbeitsrevier der Shampans, für seine plötzlichen Windböen bekannt und gefürchtet ist, die oft ohne Warnung auf unvorbereitete Segler treffen und dann Rahen wie Streichhölzer wegknicken, haben die meisten Shampans auf ihrer Fahrt über den Golf eine Reserverah mittschiffs gelascht. Die Spiere ragt dann wie ein Bugspriet weit über den Steven und dient auf »Am-Wind-Kursen« als Schotpunkt für die zweifache Talje, mit der die Rah steilgestellt wird. Bei achterlichen Winden wird von hier aus auch ein dreieckiges, fockartiges Vorsegel ausgebaumt.

Die Schwäche der Shampans liegt in der Nagelbauweise und dem Material, mit dem die Bengalen ihre Schiffe bauen müssen. Gutes Holz ist in Bangladesh Mangelware, selten, teuer, und sein Preis steigt zur Zeit schneller als der für Öl. Mag das Holz noch so verrottet und die Nägel noch so verrostet sein, jede Shampan, auch die älteste und verfallenste, hat noch ihren Marktwert. Ist ein Schiff nicht mehr seetüchtig und ließe sich nur noch mit sehr viel Aufwand und Geld wieder flottmachen, wird es abgewrackt und Stück für Stück, Planke für Planke verkauft und an den Mann gebracht. Irgendwann und irgendwie wird jedes dieser Gebrauchtteile schon wieder in den Rumpf eines neuen Schiffes mit eingebaut wer-

den. Diese neuen Schiffe sind dann in Wirklichkeit »neue-alte« Schiffe. Neuschöpfungen aus Überbleibseln und Resten aller Art: Holz, Nägel, Beschläge und Rigg — alles wird wiederverwendet und wieder auf See geschickt. Wie im hinduistischen Lebenszyklus wird eine Shampan immer wieder neu geboren — sie bewegt sich langsam, aber beständig durch das »Seeleben« im Rhythmus von vielleicht fünfzehn Jahren. Shampans werden nach dem fernöstlichen Konstruktionsprinzip gebaut; das heißt, die Rumpfschale — oder Haut — wird zuerst zusammengenagelt, dann das Gerippe aus Spanten, Wrangen und Bodenbrettern eingesetzt. Shampans werden nicht »auf Kiel« gelegt, sondern Bodenplanken werden Stoß an Stoß zusammengenagelt und der Rumpf dann langsam hochgezogen. In die jeweils oberen Planken werden am unteren Rand, im Abstand von vielleicht 40 bis 50 Zentimetern, kleine dreieckige Kerben ausgestemmt, in die dann der Nagel gesetzt und nach unten in die nächste Planke getrieben wird. Sind die Planken erst einmal zugeschnitten und angepaßt, geht das eigentliche Zusammennageln des Rumpfes relativ schnell vor sich. Eine Handvoll Arbeiter benötigt dafür nicht länger als zwei Monate. Es ist sicherlich eine einfache Bauweise, die keine allzugroßen Anforderungen an die Zimmerleute stellt, doch leider ist der Rumpf auf Grund dieser Bauweise doch schwach und nicht besonders zug- und verwindungssteif, was dazu führt, daß ältere Shampans fast alle leicht aufbuchten und Katzenbuckel zeigen. Da das Material, aus dem die Shampans gebaut sind, verhältnismäßig schlecht ist, müssen die Boote ganz besonders gepflegt und erhalten werden. Jedes Jahr werden die Rümpfe neu geteert, was ihnen den charakteristischen schwarzen Anstrich gibt. Nur so bleibt das Schiff trocken, das Holz stark und von Würmern verschont. Dann werden die Schiffe bei Höchstwasser auf Land gesetzt und mit Winden und Hebeln kielgeholt. Mit einem kontrollierten Feuer oder mit

Benzinflammen werden die Planken getrocknet und die eingedrungenen Würmer getötet. Der alte Teer läßt sich leicht abkratzen, und Arbeitskolonnen von 10 bis 15 Mann ersetzen Planken und kalfatern den Rumpf neu. Dann kommt der nächste Anstrich, und nach etwa zehn Tagen kann der segelnde Lastwagen wieder zu Wasser gelassen werden.

Rudersegeln auf dem Golf

Acht Männer laufen hintereinander einen kleinen Pfad hinunter, klettern den Damm hoch, stolpern auf der anderen Seite wieder herunter und arbeiten sich barfuß durch knöcheltiefen Schlamm vorwärts. Jeder der Männer trägt zwei schwere, mit Salz gefüllte Körbe – wie Milchkannen an einer Bambusstange geschultert. Sie laufen im Abstand von vielleicht zwei Metern; die Köpfe gesenkt, die Augen auf die Spuren des Vordermannes gerichtet, kennen sie den Weg zu ihrem Schiff, das in einem verschlammten Creek, halb auf dem Trockenen, liegt. Sie klettern eine wippende Planke hoch, und mit einer Drehbewegung der Schultern schütten sie das pappigfeuchte Salz in den tiefen Laderaum ihrer Shampan. Dann warten sie, bis auch der letzte Mann der Kolonne die leeren Körbe erneut geschultert hat und machen sich wieder in einer Reihe auf den Weg zurück in die Saline. Kein Wort wird gewechselt, kein Blick wird getauscht. Seeleute als Kulis. Über Tage läuft eine monotone Schlange menschlicher Salzträger auf das schwarze Schiff zu und füllt Korb für Korb, Kilo für Kilo den tiefen Rumpf. Eine Lademaschine, die nur zu Stunden des Gebets und zu Pausen für bitteren Tee und trockenen Reis zum Stillstand kommt. Das Salz ist graubraun, von der Farbe des Schlammes kaum zu unterscheiden. Auf den Märkten Bangladeshs schätzt man dieses Salz aus den Salinen des Südens und den Inseln nahe der burmesischen Grenze. Wenn die Seeleute nicht gerade Salz schleppen, dann ist es vielleicht Reis, und wenn sie nicht gerade Reis schleppen, dann sind es ganz sicher Säcke voll Holzkohle. Irgendwie verbringen die Seeleute der Shampans die Hälfte ihres Lebens damit, schwere Säcke oder Körbe über matschige Wege und Strände zu schleppen und mit staksigen Beinen ihre Schiffe zu beladen.

Seit gut einer Stunde sind wir jetzt unterwegs. 15 Tonnen feuchtes Salz drücken das Schiff tief ins Wasser. Der hochgezogene, scharf zulaufende Bug müht und schneidet sich durch die braune Brühe des Golfes. Während wir mit dem Käpt'n auf den Matten des Deckshauses sitzen und heißen Tee aus Blechdosen schlürfen, sind die Männer noch dabei, das Deck aufzuklaren und Salz und Dreck mit braunem Wasser wegzupützen. Von der Poop aus war das Seemannsleben schon immer besser als vor dem Mast, und das gilt für die Shampans ganz besonders.

Schwerbeladen sind diese Schiffe recht schwerfällige Segler, denen nur ein kräftiger Wind etwas Leben einhauchen und die nur ein erfahrener Käpt'n zum Laufen bringen kann. Ganz im Gegensatz zu ihren »Kollegen von der Flußschiffahrt« in Bangladesh, die ja nur bei und mit achterlichem Wind zu segeln vermögen, kennen die Shampan-Männer jede Menge Tricks und ausgetüftelte Methoden, um auf allen Kursen und bei allen Windrichtungen das Beste aus dem Schiff zu holen. So baumen sie das Großsegel aus, riggen einen Behelfsbugspriet, setzen Vorsegel, die mit Aufholer, Niederholer und Einholer fast so kompliziert ausgebaut werden wie ein Spinnaker. Um dem Schiff den letzten Trimm zu geben, kennen sie sogar ein kleines Segel, das, ähnlich einer Windfahne, drehbar auf einer Verlängerung des Ruderschaftes sitzt.

Langsam lernen wir die Grundprinzipien des Shampan-Segelns kennen, und als wir uns am späten Nachmittag Chittagong nähern, meint der Käpt'n, jeder Eigner würde jetzt ganz sicher auch uns ein

Kommando übergeben. Auf jeden Fall haben wir an diesem Tag den Schritt vom (Be-)Hindern zum Helfen recht schnell getan. Solange der Wind das namenlose Schiff am Laufen hielt, war es für alle an Bord eine angenehme Fahrt. Wir segelten zwischen den flachen, reisgrünen Inseln, begegneten Segelschiffen mit exotischen Rumpf- und Riggformen — vom echten Dschunkensegel bis zum zweimastigen Bermudarigg — und erfreuten uns am Segeln auf dem »roten Teich«, wie der Golf von Bengalen auch genannt wird. Zum erstenmal konnten die Männer sich ausruhen, und sie taten es in vollen Zügen; erschöpft schliefen und dösten sie auf dem Deck und auf Bambusmatten. Sie wußten sehr wohl, was sie am Abend noch erwarten würde. Wir hatten uns schon gewundert, weshalb ein Schiff, das problemlos von vier bis fünf Männern gesegelt werden könnte, über eine Mannschaft von zehn Seeleuten verfügt. Sicher, sie alle wurden und werden gebraucht, um das Schiff zu beladen und zu löschen; doch dafür hätte man ja auch Kulis und Schauerleute anheuern können. Als dann langsam mit der untergehenden Sonne auch der Wind einschlief, wurden die Männer wach und unruhig. Auf Befehl des Alten wurden die Ruder bemannt. Acht Männer, jeder mit einem langen Riemen aus Bambus bewaffnet, nahmen am Bug Aufstellung, laschten die Riemen lose an Holzpfosten und begannen zu rudern. Zuerst wollten wir kaum glauben, daß acht Männer in der Lage seien, dieses tonnenschwere Schiff auch nur eine Meile weit zu rudern. Doch aus der Meile wurden zwei, drei, fünf; dann war uns klar, daß diese »Rudermaschine« nur auf Geheiß des Käpt'n wieder zum Stillstand käme. Die Männer ruderten im Stehen, machten einen Schritt vorwärts, setzten das Blatt ins Wasser und zogen es mit einem ruckartigen Schritt nach vorne.

Bald war aber auch dem Käpt'n klar, daß wir auch unter Rudern und Segeln Chittagong an diesem Abend nicht mehr erreichen würden. Das Wasser fiel schnell, und nur mit dem Stauwasser der Tide war es möglich, den Fluß hochzusegeln. Also entschied er, für diese Nacht das Schiff in einer Biegung der Flußmündung auf Grund zu setzen und erst am nächsten Morgen den Karnafuli-Fluß bis nach Chittagong hochzusegeln. Die Ruderer legen sich noch einmal ins Zeug, der Steuermann richtet den Bug aufs Land. Sobald das zwei Meter tiefgehende Boot die erste Grundberührung hat, fällt der Heckanker. Weich und leicht sucht sich die Shampan ein Nest im schlammigen Untergrund. Wir helfen die Segel zu bergen, während einige Männer über Bord springen und mit einem Anker auf der Schulter durch das Wasser an Land waten. Bald wird das Wasser weiter weichen, und unsere Shampan wird trocken und hoch wie ein Haus auf dem Strand sitzen, so als hätte sie nie den Stürmen und Zyklonen des Golfes erfolgreich getrotzt.

Piraten und Schmuggler

Der alte Maji lehnt sich gemütlich gegen den Mastfuß, läßt sich eine Wasserpfeife bringen und beginnt zu erzählen. Ein angenehm süßlicher Duft strömt aus seiner Pfeife. Der Alte macht keinen Hehl daraus, daß er diese Geschichte schon viele Male erzählt hat; sie sei aber so gut, meint er, daß er sie selbst immer wieder hören möchte. Und das sei auch der Grund, weshalb er sie uns erzähle: »Das alles hier ist ›Schmugglerland‹. In Hunderten von Creeks und schmalen, engen Buchten kann man seine Shampan verstecken, ohne daß sie von See aus gefunden werden kann. Mit etwas Glück und gutem Wind ist man schon nach wenigen Stunden in burmesischen Hoheitsgewässern. Die Leute dort sind ganz scharf auf Zigaretten, Uhren, Seife, Radios und Kleider. Sie zahlen gut und manchmal sogar mit echtem Gold. Wir können den kleinen Zugewinn gut gebrauchen, und so ist fast jeder Seemann hier ein kleiner Gelegenheitsschmuggler. Aber was ist schon dabei! Es gibt natürlich auch professionelle Schmuggler, die treiben ihr Geschäft im großen Stil. Wir dagegen machen nur hin und wieder mal eine Fahrt. Da kann man dann in einigen Tagen unter Segel mit der richtigen Ladung und dem richtigen Kurs leicht mehr verdienen, als wenn man wochenlang Salz und Kohle fährt. Wir sind nur kleine Schmuggler und tun niemandem etwas zuleide. Aber es gibt auch Piraten und richtige Räuber in diesen Gewässern. Und die haben es dann auf die Schmuggler abgesehen, denn von den Fischern in dieser Gegend ist ja außer dem Netz und vielleicht einem Korb stinkender Fische nichts zu holen. Die vermaledeiten Kerle sitzen einfach weit draußen auf dem Golf und warten auf ihre Beute. Sie kennen eine ganze Menge Tricks, und wir nennen sie deshalb hier auch die ›Füchse‹-Füchse, die manchmal aussehen wie ganz biedere Fischer. Einmal kamen wir aus Burma zurück und sahen mitten auf dem Golf ein kleines Fischerboot. Zwei Männer saßen drin, winkten mit den Rudern und riefen um Hilfe. Was soll man da machen? Einfach weitersegeln? Das geht nicht, kein Seemann würde das tun. Vielleicht brauchten sie wirklich Hilfe, und außerdem waren es ja nur zwei, für Piraten ein bißchen wenig, oder? Wir änderten also den Kurs und hielten auf sie zu. Doch ganz plötzlich tauchten die Ruder wieder ins Wasser, sieben oder acht Männer saßen auf einmal im Boot — sie hatten sich einfach in der Bilge des Ruderbootes versteckt —, und das Boot, jetzt von 16 Rudern getrieben, flog förmlich auf uns zu. Als wir gemerkt hatten, was sich da abspielte, war es eigentlich schon zu spät. Wir versuchten zwar noch, das Ruder umzulegen und wegzukommen, aber schon waren die Piraten längsseits, kletterten an Bord und übernahmen das Kommando. Was sollten wir tun? Sie waren alle bewaffnet, und wer will schon seinen Kopf riskieren. Das Ende vom Lied war, daß sie uns Schiff und Ladung nahmen und wir mit deren Boot an Land rudern durften. Ich war damals noch einfacher Seemann; als ich dann Jahre später mein erstes eigenes Kommando hatte und mit einer Ladung Kohle nach Khulna unterwegs war, passierte etwas ähnliches. Diesmal fanden wir weit draußen ein kleines Ruderboot mit gleich fünf Männern drin — und sie winkten und schrien um Hilfe. Die ganze Nacht zuvor hatte es kräftig geblasen, und ich dachte zuerst, sie seien weit abgetrieben worden. Doch dann erinnerte ich mich an das Husarenstück vor vielen Jahren und roch den Braten. Ich änderte zwar den Kurs, um mir die Sache genauer ansehen zu können, hielt aber mit unverminderter Geschwindigkeit und großem Sicherheitsabstand auf das Ruderboot zu. Wir hielten sie immer in Luv, so daß wir jederzeit schnell weggekonnt hätten. Als wir in Rufweite waren, befahl ich ihnen, das Netz über Bord zu hängen. Das würde sie erst einmal festhalten und hätte ein schnelles Rudern unmöglich gemacht. Dann mußten sie die Wasserreserven über Bord gießen, und schließlich befahl ich den Männern auch noch, ihre Ruder treiben zu lassen. Damit waren sie so gut wie bewegungsunfähig, und es bestand wohl keine Gefahr mehr. Trotzdem mußten sie noch ihre Dotis, Sarongs, runterlassen, als sie an Bord kamen. Denn nur zu leicht hätten sie darunter Pistolen oder Messer versteckt haben können. Aber alle Sorge war umsonst. Es waren ehrliche Fischer, die in der Nacht vom Wind weit abgetrieben worden waren. Wir nahmen ihr Boot ins Schlepp und setzten sie in Küstennähe wieder ab.«

Unter Kohlentauchern

Am frühen Morgen dümpelten und schwojten wir bei Hochwasser vor Anker. Mit frischem Wind und Ruderunterstützung arbeiteten wir uns noch etwa zwei Meilen durch das von der Flut des Golfes gestaute Wasser flußaufwärts. An einem hölzernen

Jetty, einem Hafendamm, machten wir fest. Die Reise war zu Ende. Doch nicht für die Männer unserer Besatzung. Löschen sollten wir erst am nächsten Tag. Dies bedeutete jedoch nicht, daß sich die Mannschaft jetzt auf die gegerbte Seemannshaut legen konnte.

Als einige junge Männer alte verrostete Drahtkörbe hervorkramten, sich mit einem Tampen je zwei Steinbrocken um die Hüfte banden und mit den Körben ins Wasser sprangen, standen wir mit ungläubigen Augen da und wunderten uns, was denn das wohl bedeuten solle. Es dauerte Minuten, bis sie wieder auftauchten oder den Kameraden an Bord mit der Leine ein Zeichen gaben, den Korb hochzuziehen.

Als der Drahtkorb die Wasseroberfläche durchbricht, ist er angefüllt mit schwarzen Klumpen und braunen Brocken. Der Korb wird an Deck entleert und wieder ins Wasser geworfen. Die Männer im Wasser tauchen und tauchen, bringen Korb für Korb an die Oberfläche, mal leer, mal halbvoll, bis sie vor Erschöpfung und Kälte zittern und dann an Bord geholt werden. Jasmi klärt uns schließlich auf: »Das hier ist normalerweise der Ladeplatz von großen Kohlefrachtern, hier werden sie entladen. Wenn die Aufpasser mal weggucken oder gerade Tee trinken, dann platzt schon mal ›unbeabsichtigt‹ ein Sack, oder es gehen einige Körbe über Bord. Wenn's ganz schnell gehen muß, werden die Brocken auch einfach mit der Hand ins Wasser geworfen. Wenn die Ladung dann gelöscht ist, hat sich so einiges auf dem schlammigen Flußbett an ›Köhlchen‹ angesammelt. Ist das Schiff gelöscht und der Platz wieder frei, dann tauchen die Kulis und Seeleute, bringen Brocken für Brocken nach oben und verkaufen den ›Fang‹ auf dem Markt, um sich so eine Kleinigkeit dazuzuverdienen. Ich habe diesen Job früher auch gemacht; es ist grausam, es ist absolut dunkel in der Brühe, du siehst nichts, tauchst, von dem Stein gezogen, nach unten, stehst auf dem schlammigen Grund und tastest mit den Händen den Boden nach den Kohlebrocken ab. Die Lungen wollen dir platzen, du tastest weiter; die Stirn hämmert, du tastest weiter, weiter und weiter — es könnte ja ein großer Klumpen direkt vor deinen Füßen liegen. Aber nichts ist. Und wenn du dann Stunden im Wasser verbracht hast und nachher vor Erschöpfung kaum stehen kannst, dann mußt du noch mit den anderen teilen — dem Käpt'n, dem Hafenmeister und tausend anderen —, jeder will seinen Teil von der ›Kohle‹ haben.«

Überall auf den Meeren ist das Leben an Bord eines Arbeits- oder Frachtenseglers hart, entbehrungsreich und sehr schlecht bezahlt. Doch ein Shampan-Seemann ist ein Sklave. Schlechtes Essen, wenig Schlaf, Lasten an Land oder Deck schleppen und wuchten, rudern und pullen bis zur Erschöpfung — und für diese schwere Arbeit werden sie mit fünfzig Mark im Monat abgespeist. Und dabei haben sie noch nicht einmal die Gewißheit, ob sie für die nächste Reise wieder einen Arbeitsplatz an Bord bekommen. Sie jammern und beklagen sich nicht, revoltieren nicht und mucken nicht auf! Denn nur zu gut wissen sie, daß für jeden einzelnen, der das »Handtuch wirft«, gleich dreißig andere auf der Warteliste stehen, und daß sie mit Leichtigkeit in jedem Hafen, an jedem Strand, ja, sogar auf offener See ersetzt werden können.

43

41. Wie ein geschwungenes Schwert schneidet der scharfe Bug einer schweren Shampan in die braunen Wasser des Golfs von Bengalen. Der Wind greift in die zerfetzten Segel und treibt das Schiff nach Norden.

42. Das gelohte Lateinersegel wird an einer gewachsenen Rah gefahren und bei achterlichen Winden mit einer gebogenen Spiere ausgebaumt.

43. Shampans haben ein ganzes System von Wanten, das den Mastdruck gleichmäßig über die ganze Bootslänge verteilt und verhindert, daß die senkrecht genagelten Planken auseinandergezogen werden.

44. Die Shampan-Männer sind so alt wie ihre Schiffe.

45. Bei Flaute werden die Shampans von der Besatzung zum Ziel gerudert.

46. Bei Niedrigwasser sitzen die Shampans wie fette Enten im Schlamm. Oft können die Männer ihre Schiffe nicht einmal verlassen, weil sie im Schlamm versinken würden.

44

45

47

48

49

51

47. Bart und Turban sind der ganze Stolz des Eigners und Kapitäns.

48 – 51. Zur Zeit des Monsuns werden die Schiffe oft an Land in Sicherheit gebracht. In kleinen »Kolonien« zusammengelegt, wird die Zeit genutzt, um Reparaturen auszuführen und die Schiffe für die nächste Saison herzurichten. Planken werden ersetzt, der Rumpf neu kalfatert und dann mit Teer »shampanschwarz« gestrichen. Während dieser Zeit lebt die Crew weiter an Bord.

52. Die Abendsonne verwandelt den drekkigbraunen Schlamm am Ufer in strahlendes Gold.

50

Lanchas Chilotas

Chile

Es ist kalt, es regnet und stürmt. Die Hand, fest um die Pinne gekrallt, schmerzt. Die Füße sind angeschwollen und taub; zu kalt, zu feucht, zu tot stecken sie in den viel zu großen Gummistiefeln. Zeitungen und Fußlappen, die den Raum zwischen Strümpfen und feuchtkaltem Gummi ausfüllen, wärmen schon lange nicht mehr. Dünne graue Regenfäden erschweren die Sicht, kaum sind die Gipfel der Berge zu sehen, kaum ist das Platschen der Bugwelle zu hören – der Regen dämpft und ersäuft alles. Wie in einer Regenglocke gefangen, torkelt das Schiff durch den Fjord.

Der Mann am Ruder hat die grobgestrickte Mütze aus rauher Wolle tief in die Stirn gezogen. Kaltgrauglitzernde Regentropfen hängen am Umschlag der Mütze – wie eine Kette leuchtender Perlen säumen sie den Rand. Immer wenn der Mann seinen Blick hebt, um den Trimm des Segels zu prüfen und sorgenvoll das von böigen Fallwinden gequälte Rigg zu begutachten, immer wenn er den Kopf dreht und mit zusammengekniffenen Augen nach den grauen Schneespitzen der Kordilleren Ausschau hält, fällt aus der Kette ein Regentropfen und verschwindet im graubraunen Poncho oder verliert sich im graufeuchten Bart des Steuermanns. Er bewegt sich kaum. Den Kopf tief zwischen die Schulterblätter gezogen, scheint er an der Pinne erstarrt oder erfroren. Der Poncho liegt schwer auf seinen Schultern. Aus dicker Wolle, dicht gewebt, ist er wie eine zweite Haut, hält den Regen ab und den Körper warm. Der Steuermann zählt die Tropfen an seiner Mütze, manchmal schüttelt er sogar absichtlich den Kopf, nur um zu sehen, wie viele Perlen er mit einemmal loswerden kann. Er freut sich, es ist ein unterhaltsames Spiel.

Auch wenn er gegen den trostlosen, grauen Himmel, gegen die kontrastlose Wolkendecke, gegen das graubraune Segel wie eine konturlose Statue wirkt, ist er dennoch hellwach.

Gespannt folgen seine Augen jeder Farbveränderung im Wasser, aufmerksam beobachtet er den Wind, wie er mit Katzenpfoten oder Tigerpranken über das Wasser läuft, und liest die Muster, die der kalte Regen auf das graue Wasser peitscht.

Er weiß genau, wie gefährlich es ist, ein schwerbeladenes Segelboot bei diesem Wetter, bei auslaufender Tide, bei den vielen versteckten und verborgenen Untiefen, von Wind, Weg und Richtung befohlen und aufgedrängt, durch die Fjorde am Fuße der Kordilleren zu steuern. Viel zu plump sind die Schiffe, zu nahe die Felsen und Klippen, zu stark Tide und Strömung, zu hart und erbarmungslos die vielen versteckten Untiefen und Felsgründe, zu schnell die aus verschiedenen Höhen, Höhlen und Tälern fallenden Winde – und viel zu teuer und wertvoll ist das Boot –, um auch nur einen einzigen Augenblick unachtsam zu sein. Jedesmal, wenn eine geballte Windböe in das triefende Segel greift, wenn die Gaffel mit hölzernem Schuh ächzend in der Nock schlägt, das ausgereckte Vorsegel am gewachsenen Bugspriet zerrt, dann fiert der Mann am Ruder, ohne sich von der Stelle zu rühren, gekonnt die Großschot und nimmt mit einer geschickten Bewegung der Pinne die Gefahr aus dem Boot. Endlich öffnet sich der Fjord, die »Insel der Ziegenböcke« liegt querab. Nach dem Kanal Llancahue gilt es nur noch, das »Kap der Waldkäuzchen« zu umrunden, dann endlich liegt der Golf von Ancud offen und gibt den Weg frei nach Puerto Montt, dem Bestimmungshafen des tapferen Seglers.

Eine Slup und 13 Monate Regen

Weit unten im Süden Chiles, mit seinen wildzerklüfteten Küsten, wo die Berge mit ihren ausgespreizten Fingern nach dem Meer greifen, wo der Ozean seit ehedem versucht, mit Sturm und Flut das Land in Stücke zu sägen, und gierig an jeder Klippe nagt, die trotzig dem Meer die Stirn bietet, wo die Wasser unersättlich an den Küsten fressen und der ewige Kampf der Gezeiten unerbittlich tobt, da ist die Welt kleiner gaffelgetakelter Segelboote, die Welt der Lanchas Chilotas. Im Westen eingegrenzt von der Insel Chiloé mit ihrem Archipel kleiner felsiger Inseln, im Osten umrahmt von den ewig schneebedeckten Gipfeln der Kordilleren mit ihren eisigen Fjorden, reicht die Arbeits- und Segelwelt dieser Frachtensegler nach Süden bis tief in das Hoheitsgebiet der »brüllenden Vierziger«. Kälte, Sturm, Regen und Nebel sind an der Tagesordnung in der patagonischen Inselwelt. Die Winde sind die ungekrönten Könige, kalt, feucht und unmenschlich beherrschen sie die Natur und schwingen ihr luftiges Zepter. Von Norden und Osten fallen sie über die schneebedeckten Andengipfel, von Süden treiben sie die Kälte und den Frost des Kap Hoorn vor sich her, und von Westen brüllen sie aus den »Vierzigern« und schreien aus den »Fünfzigern«. Und genau da, wo es laut Statistik 13 Monate im Jahr regnen und stürmen soll, da müssen eine kleine Flotte von etwa zwölf Meter großen, gaffelgetakelten Sluips und ihre Besatzungen überleben.

Lanchas Chilotas haben einen sehr geringen Tiefgang, sind dickbauchig, eher für Robustheit und Laderaum gebaut, als dafür bestimmt, Geschwindigkeit und Rekorde zu ersegeln. Der Rumpf mit seinem langen geraden Kiel und seinen weitausholenden Spanten liegt eigentlich viel sicherer und bequemer an Land, als daß er sich plump im Wasser wiegt. Und Lanchas Chilotas liegen oft an Land. Fast die Hälfte ihres Lebens verbringen sie auf dem Trockenen, an felsigen Stränden, in steinigen Flußläufen oder in trockengefallenen Häfen. Sie sind so gebaut, daß sie in beiden Elementen leben können. Der grobe Kiel, die starken Rippen und Planken nehmen es viele Jahre mit den Stößen und Schlägen auf Steinen und Felsen auf, und Rumpfform und übergroße Breite garantieren auf See große Stabilität, auf die die kleine Sluip bei den häufigen Stürmen in Pata-

gonien auch angewiesen ist. Daß man bei diesem Design nicht auch noch große Am-Wind-Fähigkeiten erwarten kann, braucht wohl kaum noch erwähnt zu werden. Der völlige Löffelbug ist rund und fast ohne Überhang, das Spiegelheck senkrecht und breit, mit guten Lademöglichkeiten, doch schlechtem Wasserablauf. Der Rumpf einer Lancha Chilota wirkt auf dem Trockenen plump, korpulent, ungelenk und schwerfällig. Die Tatsache, daß »lebendes und totes Werk« − Unter- und Überwasserschiff − meist schwarz gestrichen sind, macht das Schiff noch kürzer, noch dicker, noch weniger schiffig. Diesen Eindruck kann auch hier und da ein weißer, gelber oder grüner Streifen am flachen Schanzkleid nicht verwischen. Deck, Süll und Ladeluke werden nie gestrichen und nehmen mit den Jahren eine immer dunklere, feuchtgraue Farbe an. Das Deck der Lanchas Chilotas ist flach und glatt, nur durch eine große Ladeluke mittschiffs und einen kleinen Einstieg auf dem Vorschiff unterbrochen, und bietet somit eine gute Lade- und Arbeitsplattform. Es gibt keine Inneneinrichtung auf diesen Schiffen, der ganze Raum gehört der Ladung. Die Menschen leben darauf, darunter und dazwischen, wo immer ein Plätzchen zum Schlafen freigeblieben ist. Die Lanchas Chilotas, die Segelboote der Chiloten, sind gaffelgetakelt, das heißt europäischen Ursprungs. Die Gaffel aus gewachsenem Holz überragt steil die Mastspitze, der hölzerne Schuh hängt lose am Mast. Das Großsegel aus schwerem Leinen, eher gedacht, eine kräftige Böe heil zu überstehen, als bei dem leisesten Windhauch zu ziehen, wird mit Mastringen aus Weidegeflecht gefahren. Daumendickes Liektau hält das Segel in Form und gibt ihm größte Festigkeit. Das Rigg ähnelt ein wenig den englischen Austernfischern, doch fahren Lanchas nur ein Vorsegel und sind somit Sluips und keine Kutter; außerdem sind Toppsegel bei ihnen unbekannt. Der relativ kurze, aber stämmige Mast aus gewachsener Alerce, einem haltbaren und starken

Lanchas Chilotas
Chile

Edelholz Patagoniens, ist mit Drahttauwerk abgestagt. Noch vor wenigen Jahren wurde diese Aufgabe von Tampen und Tauen erfüllt. Neben alten, verbogenen und verrosteten Wantenspannern, die vielleicht auf einem gestrandeten Frachter einmal zur Verspannung von Deckscargo dienten oder bei einer Baufirma Gerüste zusammenhielten, findet man Kettenteile, Schäkel und Jungfern, die die Wanten mit den handgeschmiedeten Püttings verbinden. Die Beschläge an Bord einer Lancha haben ihre eigene Geschichte und Vergangenheit. Sie sind selbstgemacht, roh zusammengebogen oder geschweißt, mit Draht zusammengehalten, mit Seil repariert, aus Autoteilen gebastelt, aus verlassenen Dampfmaschinen entliehen — kaum ein Teil hat eine »maritime Vergangenheit«. Doch sie erfüllen ihre Aufgabe, haben das Vertrauen ihrer »Erfinder« und Besitzer und werden bei jedem Neubau wieder mit eingebaut. Lanchas Chilotas sind wie ihre Besitzer: roh, derb und ungeschlacht. Doch wer das Glück hat, sie kennenzulernen, sieht schnell ihren Charme, bewundert ihre Kraft und Stärke und wird sich in sie verlieben.

Halb Schiff — halb Haus

Seit Tagen sind wir unterwegs. An Bord eines Patrouillenbootes haben wir den Golf überquert. Mit Fähren und Motorlanchas sind wir von Insel zu Insel gehüpft, haben auf dem harten Rücken kurzbeiniger Pferde Flüsse und Niederungen durchritten und sind bei Ebbe viele Stunden an steinigen und glitschigen Stränden entlanggelaufen, haben uns die Gummistiefel an scharfen Muscheln aufgeschnitten und versucht, uns mit Plastiktüchern und Zeltplanen vor dem Regen zu schützen. Immer auf der Suche nach Lanchas Chilotas. Nur zu schwimmen brauchten wir bisher noch nicht. Zweimal waren wir einem unfreiwilligen Bad allerdings schon sehr nahe, als

wir in einem alten rissigen Kanu einen Fjord überquerten. Es ist nicht leicht, diese Schiffe zu finden, sie haben keine festen Segelrouten, keine bestimmten Häfen, keine Werften und keine festen Ankerplätze. Die Menschen, die die Lanchas segeln, sind keine Seeleute; die Männer, die die Boote bauen, keine Schiffsbauer, und wer die Segel schneidet und näht, ist noch lange kein Segelmacher. Wer hier, in diesem Klima und in dieser Umwelt leben und überleben will, ist alles gleichzeitig — und noch mehr. Sie sind Bauern, Holzfäller, Fischer, Muscheltaucher und Viehzüchter, mit einem Bein an Land, mit dem anderen stehen sie im Wasser und sind Seeleute, Bootsbesitzer und Schiffsbauer. Die weltweite und traditionelle Dichotomie — hier Seemann, dort Landmann — hat hier weit unten im Süden Chiles keine Gültigkeit. Für diese Menschen sind die Schiffe Werkzeuge, Arbeitspferde, Lastesel, ein Transport- und Kommunikationsmittel, um das, was sie herstellen, erarbeiten, anbauen und züchten, auch auf den Markt bringen zu können.
Werden die Schiffe gerade nicht gebraucht, liegen oder sitzen die Männer am Strand oder in Flußläufen und warten auf den nächsten Einsatz, auf die nächste Reise nach Castro, Puerto Montt oder Calbuco. Die Mehrzahl der Chiloten in »Chiloé Continental« — dem Festlandteil der Provinz Chiloé — lebt vom Holzverkauf. Weit über die Hälfte des Monats verbringen sie in den Wäldern, schlagen und sammeln Holz, das sie dann mit Ochsenkarren oder in unwegsameren Gegenden auf dem Rücken an den Strand bringen und dort stapeln. Ist die Ladung zusammen und der Wind gut, werden die Boote beladen, und auf geht es, oft mit der ganzen Familie, zu den Märkten, um die Ware feilzubieten. Diese Verkaufsreise dauert nicht selten ein bis zwei Wochen. Vom Erlös werden Lebensmittel, Ausrüstung, Kleider und Medizin gekauft, und dann werden Anker gelichtet und Segel gesetzt zur Reise in den heimischen Fjord. Dieser Rhythmus wiederholt

sich Monat für Monat, Jahr für Jahr, und fast könnte man sagen, daß sich die Menschen schon zu Amphibien entwickelt haben, die halb an Land leben und die andere Hälfte ihres Lebens an Bord verbringen. In Rio Negro, einer kleinen Ansammlung von fünf bis sechs moosbewachsenen Holzhäusern, einem halbverfallenen, dampfgetriebenen Sägewerk und einer mit Schindeln gedeckten Kirche — zu klein und unwirklich, um überhaupt Dorf genannt zu werden, versteckt am Ende des Hornopiren-Fjordes —, wird eine Lancha Chilota beladen. Dunst und Dampf liegen über den Häusern, Rauch steigt aus den Schornsteinen, Nebelschwaden ziehen über das flache Ende des Fjordes. Das ablaufende Wasser zerrt an Boot und Anker. Seit Tagen haben Carlos und seine Familie kleingehacktes Feuerholz, handgesägte Schindeln und behauene Balken aus den Bergen an den Strand geschleppt. Jetzt muß das Holz, Fuhre um Fuhre, mit einem kleinen Beiboot an Bord der ANNA gerudert und dort verstaut werden. Seit gestern gehören wir zur Mannschaft. »Natürlich nehme ich euch mit nach Puerto Montt, zu bezahlen braucht ihr nichts«, meinte Carlos am frühen Morgen. »Ihr helft mir einfach beim Beladen, das reicht.« Und ob das reichte. Noch selten haben wir eine Drei- oder Vier-Tage-Reise so überbezahlt. Das Holz ist naß und schwer, das Beiboot bei jeder Fuhre so überladen, daß das Wasser überschwappt, nasse Füße und kaltgekrümmte Hände machen das Beladen zu einer Tortur, nur unterbrochen von Notpausen hinterm nächsten Busch. An Muscheln und Meerestieren haben wir uns so übergegessen, daß schließlich Magen und Darm rebellieren. Die Pausen werden gegen Abend immer länger, die Ladezeiten immer kürzer, doch noch ehe es ganz dunkel wird, ist auch das letzte Hölzchen vom Strand aufgelesen und an Bord verstaut.

Es ist an Bord sehr eng geworden. Der Laderaum ist bis oben hin mit Holz zugestopft, und vorne im Bug muß der Schlafplatz von Carlos und seinem Sohn jetzt durch vier geteilt werden. Feste Kojen gibt es an Bord der Lanchas Chilotas nicht. Jedes Crewmitglied besitzt ein mit Stoffetzen und Fellresten vollgestopftes und zugenähtes Lammfell und legt diese Matratze dahin, wo gerade Platz ist. Aber trotz Lammfellmatratze und Felldecken ist es feucht und kalt unter Deck. Längst haben wir uns daran gewöhnt, in unseren durchschwitzten Kleidern zu schlafen. Der Geruch fällt keinem mehr auf, wir riechen alle gleich.

»Die Enge gibt wenigstens etwas Wärme«, meint an diesem Abend Carlos, als er sich sein Lager bereitet und sich sein Fell über die Ohren zieht, »und ob ihr es glaubt oder nicht, wenn ich ganz allein reise, nehme ich mir manchmal ein lebendes Schaf mit, nur um nicht so zu frieren.«

Am frühen Morgen lichten wir Anker und lassen uns von der Ebbe in die Mitte des Fjordes nehmen. Kein Wind, absolute Windstille. »Wenn wir erst einmal hier aus dem Kessel sind, dann kommt der Wind schon von ganz alleine, macht euch mal keine Sorgen«, beruhigt uns Carlos, umfaßt mit beiden Händen ein fast drei Meter langes Ruder und versucht damit, das Boot weiterzuwriggen und in Fahrt zu halten. Es ist eine Knochenarbeit, doch Carlos scheint überhaupt nicht zu ermüden. Nach drei Stunden sind die Häuser von Rio Negro immer noch zu sehen, noch immer kann man die Menschen am Strand mit bloßem Auge ausmachen. Das schlaffe Segel hängt kraftlos am Mast, und nur gelegentlich zerrt es an den Mastringen aus Weidegeflecht. Unseren Versuch, Carlos beim Wriggen abzulösen, beendet er mit einem müden Lächeln. »Laßt mich mal wieder ran, das wird ja doch nichts, ihr brecht mir noch mein Ruder, oder einer von euch fällt über Bord.« Na ja, so ganz zur Crew scheinen wir ja nicht zu gehören, auch wenn wir mehr Knoten kennen, mehr Logbücher vollgeschrieben und mehr Yachthäfen gesehen haben. Wir können aber nicht wriggen — und das macht den kleinen Unterschied.

Jetzt bricht die Sonne durch den grauen Schleier, der Himmel erblaut in den Wolkenlichtungen; nur ein bißchen Wind fehlt noch, und man könnte es ideales Segelwetter nennen. Wir schälen uns wie Zwiebeln aus den einzelnen Hemden und Pullover-schichten und hängen die »gequälten« Kleidungs-stücke zum Lüften ins Rigg. Langsam driften wir an den zerklüfteten Felswänden entlang, umgestürzte Bäume hängen ins Wasser, die Wurzeln bizarr nach oben gestreckt. Von der Fjordmitte sehen die steilen Felswände aus wie ein weicher, grobgewebter Tep-pich, doch aus der Nähe ist es ein wirres, undurch-dringliches Dickicht von Bäumen, Hecken und Sträuchern. Eine Seelöwenfamilie sonnt sich auf glit-schigen Klippen, graue Schatten von Robben und Tümmlern umgarnen spielend das Boot, eine unge-nannte Anzahl von See- und Landvögeln belebt das friedliche Bild des Segelns. Vier Tage später sind wir am Ziel. Es war eine Reise ohne besondere Vor-kommnisse. Wir haben gefroren und geschwitzt, trockenes Brot gegessen und heißen Matetee getrunken. Wir haben an der Pinne gestanden und auf unseren Fellsäcken geschlafen. Das Schiff gab uns keine Probleme auf und das Wetter keine dem Schiff. Dennoch sind wir froh, als wir in den Tenglo-Kanal einbiegen und kurze Zeit später in Angelmo, dem Segelboothafen von Puerto Montt, auf Grund laufen. Noch tief steckt uns Carlos Geschichte in den Knochen:

Ein Seemannsgrab

»Wir alle hier haben ziemlichen Respekt vor dem Meer. Doch wir haben uns an die Gefahren gewöhnt oder zumindest gelernt, mit ihnen zu leben und aus-zukommen. Doch dabei darfst du nie leichtsinnig werden, das verzeiht dir das Meer nie. Es ist gerecht, haßt Hochmut und kennt kein Erbarmen. Auch wenn du schon 50 Reisen nach Puerto Montt oder Castro gemacht hast, ist das immer noch keine Garantie, nicht bei der 51. erwischt zu werden. Ich war damals gerade 16 Jahre alt und hatte zusammen mit meinem jüngeren Bruder schon zweimal unser Boot allein und ohne Probleme nach Castro gese-gelt. Doch diesmal war es kein Kinderspiel, wir hat-ten etwas ganz Besonderes vor. Vater hatte weit oben in den Bergen einen riesigen Akazienbaum gefällt und mit zwei Ochsen runter an den Strand geschleppt. Es war wirklich ein Riesenbaum: 15 Meter lang und bestimmt 80 Zentimeter im Durch-messer, ein idealer Kiel für eine Lancha. In Castro und Puerto Montt wären wir den Baum schon losge-worden, noch ehe wir Anker geworfen oder festge-macht hätten, doch hier in dieser gottverlassenen Gegend gab es natürlich keine Käufer. Vielleicht hät-ten wir ihn hier bei uns lagern sollen, um ihn dann irgendwann selbst zu verarbeiten, doch wir brauch-ten das Geld sofort. Es blieb uns also keine andere Wahl, wir mußten das Ding auf den Markt bringen. Zuerst versuchten wir noch den Stamm irgendwie an Deck zu wuchten. Doch das war wohl nicht mög-lich. Auch mit zwei nebeneinander festgebundenen Schiffen, mit Flaschenzügen von beiden Masten und allen Händen zwischen zehn und 80 — es war nichts zu machen, der Stamm war einfach zu schwer. Es war schon schwierig genug, den Baum überhaupt ins Wasser zu kriegen; ohne die Flut hätten wir nicht einmal das geschafft, denn der Strand fällt steil ab, und wir konnten die Ochsen auch nicht zu tief ins Wasser treiben.

So entschied Vater damals, den Baum mit einer lan-gen Trosse am Heck festzumachen und ihn über den Golf von Ancud hinüber nach Castro zu segeln. Ich kann mich noch gut daran erinnern, daß Onkel Roberto damals meinte, das sei viel zu gefährlich, das Boot würde das nie aushalten, die Trosse sei viel zu schwach, der Baum sei viel zu schwer und würde das Schiff einfach in zwei Teile reißen. Er schlug vor, den Baumstamm längsseits zu schleppen und auf der anderen Bordseite noch einen zweiten Stamm festzubinden. Der müsse etwa dieselbe Länge haben, denn dann könne man die beiden Stämme, die ja viel länger wären als das Schiff, miteinander verbinden, und das Schiff würde wie in einem Gestell schwimmen. Es sei dann nicht mehr so wendig, meinte Onkel, aber bei halbem Wind würde es schon gehen. Auf jeden Fall sei das viel sicherer. Vater war das alles viel zuviel Aufregung und Getue, er wollte den Stamm möglichst schnell in Castro haben und setzte die Abreise für den nächsten Tag fest. Der Wind war nicht sonderlich stark an diesem Tag. Das Schiff tat sich schwer, wir kamen kaum vorwärts. Ich hätte nie gedacht, daß unser Schiff auf einmal so schwierig zu steuern sein würde, aber der Baumstamm war wohl wirklich eine Nummer zu groß. Als am Mittag der Wind auffrischte und die Schleppleine ganz schön an der Klampe zerrte, kam Vater auf die Idee, die Trosse am Mast zu belegen. Wir hatten bis zum Fjordausgang etwa die doppelte Zeit gebraucht als normal, doch Vater war zuversichtlich und freute sich, daß seine Schleppmethode so gut funktionierte. Auch wenn er verschiedentlich bemerkte, daß die Schleppleine etwas länger sein könnte. Als wir dann in den Golf einliefen, überschlugen sich die Ereignisse. Es stand eine rauhe See, der Wind drehte, und in wenigen Minuten blies es mit Sturmstärke von achtern. Normalerweise kein Problem, auch mit einer vollen Ladung Holz hätte sich unser Boot wohl gefühlt und wäre nur so dahingeflogen. Doch mit diesem Riesenklotz am Bein bzw. am Heck war das schon etwas anderes. Das Schiff wollte, konnte aber nicht. Es wurde festgehalten, segelte unruhig, lag schlecht am Ruder und versuchte immer wieder, wie ein bockiges Pferd, die Last abzuschütteln und nach rechts und links auszubrechen. Als die Wellen dann immer gewaltiger wurden, hoben sie nicht selten den Stamm mit in die Höhe und warfen ihn mit Gewalt vorwärts. Für einen Moment schien das Schiff von

seiner Last befreit und sauste los. Doch dann spannte sich die Trosse wieder, riß und zerrte unser Boot zurück. Der Mast zitterte und vibrierte gefährlich, das ganze Schiff stöhnte unter dem Schmerz. Vater war nicht wohl zumute, aber jetzt aufgeben und die Trosse kappen, das gab's nicht für ihn — da mußte es schon anders kommen. Und es kam anders. ›Vielleicht müssen wir die Schleppleine doch noch verlängern, denn so kann der Stamm dem Schiff gefährlich werden, oder wir müssen versuchen, ihn ganz heranzuziehen und festzulaschen‹, meinte Vater besorgt, als er sah, wie der Stamm von den Wellen schon zum zweitenmal gefährlich nahe ans Schiff geschleudert wurde. ›Aber erst gehe ich mal nach unten und mache eine Tasse Tee für uns, dann müssen wir eine Entscheidung treffen.‹ Doch dazu kam es nicht mehr. Die Entscheidung wurde für ihn getroffen, und zwar von einer riesigen Welle. Ich war an der Pinne, als sie von achtern anbretterte. Sie hob den Stamm und schoß ihn wie einen Pfeil auf unser Boot ab. Ich sah ihn kommen, brachte vor Schreck nicht einmal einen Schrei heraus. Der Stamm erwischte unser Boot, zertrümmerte das Heck und riß den ganzen Spiegel ein. Es war dies genau die Stelle, wo Vater unter Deck dabei war, Tee zu kochen. Ich schrie und schrie, als das Heck absackte, der Bug sich hob und das Schiff volllief. Ich versuchte, mich an den Wanten festzuhalten, stolperte aber und rutschte ins Wasser. Von Vater kam kein Laut. Der Stamm steckte tief im Rumpf. Ich weiß nicht, was mit Vater passiert war. Ob er nur eingeklemmt oder von dem Baum direkt getroffen wurde, ich weiß es wirklich nicht. Ich versuchte, zurück an Deck des schon halbabgesoffenen Bootes zu klettern und nach Vater zu sehen, doch ich schaffte es nicht mehr. Plötzlich sackte es weiter ab und versank. Das Beiboot, das an Deck gestanden und zum Glück nicht festgebunden war, schwamm, so, als sei nichts geschehen, über der Unglücksstelle. Das war meine Rettung, denn im kalten Wasser hätte ich kaum eine halbe Stunde überleben können. Ich weiß noch genau, daß ich eigentlich gar nicht wegrudern wollte. Immer und immer wieder blickte ich verzweifelt auf die Stelle, wo unser Schiff gesunken war, doch Vater kam nicht mehr nach oben. Zwei Stunden später schleppte ich mich und das Beiboot auf eine Insel.«

Im Reich der Geister

Für die Menschen in Patagonien ist das Meer eine lebendige Welt, beseelt und bevölkert von einer Unzahl übernatürlicher Geister und Lebewesen. Mit seinem großen Kontrahenten und Erbfeind, dem Land, liegt es in immerwährendem Krieg. Alle im Wasser lebenden Götter, Geister und Dämonen, alle Lebewesen im »Wasserpantheon« Südchiles werden von einer riesigen Seeschlange, Coicoi-vilu genannt, dem Obergott des Meeres, angeführt. Diese lebt mit Tenten-vilu, der Landschlange und Führerin der Landgeister, in ewiger Feindschaft. Der Mensch, schwach und unvermögend, gefangen zwischen beiden Göttern und deren Hoheitsgebieten, wird zu einem amphibischen Lebewesen, das in keines der beiden Heerlager gehört. Gezwungen, auf dem Wasser und auf dem Land zu leben, muß der Mensch versuchen, mit beiden Elementen in Frieden auszukommen. Die Überlieferung besagt, daß vor langer Zeit, als die Menschen noch nicht Tage und Jahre zählten, der ganze südliche Kontinent — heute in viele tausend Inseln zersplittert — noch aus einer einzigen, zusammenhängenden Landmasse bestand. Doch die Seeschlange war nicht so recht zufrieden mit der Aufteilung der Welt, sie wollte mehr. Also rief sie die Krieger des Meeres zusammen und erklärte dem Land den Krieg. Die Urschlacht begann. Mit Erdbeben, Flutwellen, Vulkanausbrüchen und Wirbelstürmen bewaffnet, zogen die Elemente zu Felde. Über Jahrhunderte

wogte der Kampf unentschieden hin und her. Dann irgendwann schien das Land zu unterliegen. Tenten-vilu streckte die Waffen und gab auf. Voller Triumph nahm sich die Meeresschlange ihre Beute und überflutete weite Gebiete des Landes. So wurde die Insel Chiloé vom Festland getrennt, und es entstanden die vielen tausend Inseln des Archipels, ehemals stolze Gipfel eines Gebirges. Doch obwohl ein Waffenstillstand zwischen den Elementen vereinbart wurde, geht der Kampf weiter. Es scheint keinen Frieden zwischen den Elementen geben zu können. Täglich aufs neue versuchen die beiden Schlangen, sich mit Gewalt Teilgebiete des Gegners anzueignen. Mit endloser Kraft schlägt Coicoi-vilu schwere Wellen und gefährliche Brecher gegen den Strand. Tenten-vilu macht sich stark gegen die Wasser der Flut, hebt sich aus ihrem Element und beansprucht das durch die Ebbe freigelegte Gebiet für sich. Schlag und Gegenschlag der beiden Giganten, Ebbe und Flut, der Kampf nimmt kein Ende.

Doch es gibt auch weniger kriegerische Wesen in den Gewässern Südchiles. So erzählt man von dem Geisterschiff »Galeuche«, das ruhe- und ziellos seinen Kurs zieht. Viele Seeleute haben es schon gesehen, wenn es des Nachts über das Wasser schwebt. Unter vollen Segeln soll Galeuche einer spanischen Galeone nicht unähnlich sein. Von hundert Lampen erleuchtet, kann das Geisterschiff so schnell segeln, wie es bis heute kein anderes Schiff je vermochte. Galeuche hat bis heute noch jedes Schiff niedergesegelt und in seiner Heckwelle verschwinden lassen. Ungeachtet der Windrichtung segelt es immer berauschend schnell. Manchmal segelt es so nahe an einem vorbei, daß man die Mannschaft sehen und weiche, zarte, verführerische Musik aus den Bullaugen hören kann. Ist ein Schiff in Seenot geraten, von einem Sturm in die Falle gelockt oder von einer Leeküste verführt, kann es von Galeuche gerettet werden. Plötzlich zeigt sich dann sein Segel

Lanchas Chilotas
Chile

und weist dem bedrängten Schiff und seiner Besatzung den rechten Weg oder schleppt es aus der Gefahr. Und sollte ein Seemann ertrinken, schickt Galeuche nicht selten seine Helferin Pincoya, eine traumhaft schöne Sirene, die den Bedrängten empfängt, sobald die Wasser über seinem Kopf zusammenschlagen. Unverzüglich bringt sie ihn zu Galeuche, und sobald er die Planken des Geisterschiffes betritt, ist ihm ewiges Leben gegeben. Von nun an gehört er zur Mannschaft und lebt in einem segelnden Paradies.

Aus diesem Glauben heraus erklärt es sich auch, daß bis heute nur wenige Seeleute der chilenischen Inselwelt schwimmen können oder sich bemühen, schwimmen zu lernen. Warum sollten sie auch schwimmen können. Zum Baden sind die von eisigen Gletschern gespeisten Fjorde viel zu kalt, und

sollten sie einmal über Bord fallen, dann ist ja Pincoya zur Stelle, von deren Umarmungen sie ja schon träumen, seit sie von Frauen zu träumen gelernt haben.

Doch es gibt noch viele andere Lebewesen und Geister, die dem Seemann die Zeit vertreiben: menschenähnliche Seehunde, Nixen, riesige Seepferdchen, Seekühe, schwimmende Kobolde und eine Unmenge von Hexen und auf dem Meeresgrund lebenden Zwergen. In den Wassern der südchilenischen Inseln ist ein Seemann nie allein. Und solange Galeuche über Menschen, Schiffe und Tiere wacht, solange der Kampf der beiden Schlangen nicht endgültig entschieden ist, solange wird es auch Lanchas Chilotas geben, die zwischen den Fronten hin und her pendeln und den Menschen in diesem vergessenen Winkel der Welt das Leben ermöglichen.

58

59

60

61

53. Sobald der Morgendunst sich lichtet und die Bergspitzen der Anden sichtbar werden, macht sich die Lancha reisefertig.

54, 55, 56. Mit Lanchas, den gaffelgetakelten Frachtenseglern Chiles, wird Bau- und Feuerholz, das an den unzugänglichen Hängen der Anden geschlagen wird, zu den Märkten der Städte gesegelt.

57. Noch ist das Deck nicht geklart, schon fällt der Morgenwind von den Bergen in die Fjorde und füllt das Segel, das an den Mastringen aus geflochtenen Weiden zerrt.

58 – 61. Schiffe, Menschen und Landschaft sind rauh in Südchile. Alles ist aus Holz oder lebt vom Holz: Boote, Häuser und auch der Stock des Ankers.

62. Das Segelrevier der Lanchas liegt in den brüllenden Vierzigern. Wenn es hier einmal kräftig bläst, müssen Schiffe und Männer ihre ganze Segelkunst aufbringen und zeigen, was in ihnen steckt.

Saveiros

Brasilien

Das Boot giert mächtig und rollt mit oft ruckartigen Stößen vor dem Wind. Bei jeder Schwingung fegt der schlanke Mast weit und schnell von einer Seite zur anderen, die leicht gebogene Gaffel schlägt wild um sich. Gleichmäßig, wie das Pendel einer Uhr, taucht mal die Steuerbord-, dann wieder die Backbordseite tief ins Wasser. Die Dünung steht stark, der Wind weht nur schwach. Die Wellen quälen das Schiff; Rigg und Männer leiden unter dem Schaukeln. Ungestüm rollen sie an die Wogen des Südatlantiks, mit rundem Kamm und weichem Tal, nicht gejagt, gepeitscht und gepeinigt von Wind und Sturm. Das große, viereckige Segel mit geschwungenem Unterliek hängt baumlos weit außenbords. Jedesmal, wenn das Schiff von den nachlaufenden Wassern ins Torkeln gebracht wird, legt es sich auf die andere Seite, so, als wolle es den Angriff parieren und den Stoß geschickt auspendeln. Dann weicht der Druck aus dem Segel, es fällt zusammen, hängt, für einen Moment nur, wie eine wellige Haut von der schwankenden Gaffel, um sich dann mit einem dumpfen stoffigen Knall erneut bauchig zu blähen. Legt sich das Schiff weit über, dann biegt sich der hohe unverstagte Mast wie eine Peitsche. Dann beißen die Wellenkämme in das ins Wasser hängende Schothorn, lecken sich das Segel hoch und versuchen ganze Fetzen aus dem Tuch zu reißen. Doch jedesmal wenn sie sich ihrer Beute sicher sind, legt sich das Boot geschickt auf die andere Seite. Die schlaffe Schot spannt sich und springt aus dem Wasser, das Segel wird emporgerissen, unerreichbar für die feuchte Meute. Die nächste Welle will an Bord steigen, schon klammert sie sich an den geraden Spiegel, doch als Gischt und Boray schon dem Mann an der Pinne den Rücken nässen, reißt sich das Heck los, befreit sich von der Umklammerung und hebt sich noch einmal frei.

Der Himmel dämpft das Licht des frühen Nachmittags, eine kalte Wärme steht über dem bewegten Wasser und belegt alles mit einem leichtbläulichen, streifig-stumpfen Glanz. Wolken, Wasser, Boot und Segel — ein fremder Blauton, nur der gelbgestrichene, knorrige Mast ragt wie ein schwankender Zeiger aus dem Wasser. Gekonnt und gelassen wiegt der Mann an der Pinne die weichen Bewegungen seines Schiffes aus; er weiß, daß sein Boot gefährlich überladen, der Laderaum vollgestopft, jeder freie Platz an Deck mit Säcken und Kisten zugestellt ist. Er weiß auch, daß sein Schiff sich unter der Last nicht wohl fühlt, daß der kräftige, aber stumpfe Bug kaum noch seinen stumpfen Steven aus dem Wasser hebt, daß das runde Unterwasserschiff nur noch schwer den Kurs hält und daß der schwache Wind die Lage noch verschlimmert.

Doch er gibt sich gelassen. Er kennt sein Revier, kennt sein Schiff und weiß von vielen Reisen, welch feinfühlige Geschöpfe diese Schiffe sind. Man muß ihnen ihren Willen lassen, nicht das eigene Wollen aufzwingen, sondern die eigenen Wünsche nur äußern. »Wenn du Schiffe mit viel Verständnis behandelst, so werden sie dich nie enttäuschen.« Schon liegt der Leuchtturm von Salvador da Bahia voraus, schon öffnet sich querab die Bucht von »Todos os Santos«, und dann schlüpft mit einer geschickten Halse ein schwer beladener Saveiro, einer der ruhmreichsten Frachtensegler Brasiliens, vom aufgewühlten Atlantik in die ruhige und geschützte Bucht »Allerheiligen«.

Bahia — Braut des Meeres

Über zwei Jahrhunderte lang war Salvador da Bahia die Hauptstadt von Brasilien. Doch auch nach ihrer »Entthronung« im Jahre 1763 schlägt hier immer noch das eigentliche Herz des Landes. Regierungspaläste und Verwaltungen lassen sich eben leichter verpflanzen als Herzen. Im Jahre 1500 schickte der portugiesische König eine Expedition über den Atlantik, um die Küsten dieses neuen Landes zu erforschen. Am Tage Allerheiligen lief die Flotte südlich des Äquators in eine weite Bucht ein, und seither heißt dieses kleine Binnenmeer mit einer schmalen Öffnung zum Atlantik »Bahia de Todos os Santos« — die Bucht der Allerheiligen. Bahia, die Braut des Meeres, wird von der Natur verwöhnt, wie sonst keine andere Stadt in Brasilien. Eingerahmt von zuckerweißen Dünen, Boca do Rios und Itaparica, beherrscht und bestimmt die Stadt auch das Leben der ihr zu Füßen liegenden Bucht. Dieser paradiesisch-schön gelegene Ort war in seiner wechselvollen Geschichte für viele Jahre ein Tempel der Grausamkeit. Noch im vergangenen Jahrhundert machten hier Schiffe an den Kais fest, die insgesamt fünf Millionen kaum noch lebende Sklaven aus Afrika an Land spien. Salvador, die Stadt des Erlösers, war über Jahrhunderte die größte Verladestation des Sklavenhandels auf dem ganzen Kontinent, und jeder Schritt durch die Stadt macht deutlich, daß hier Europäer, Afrikaner und Indianer zu einer Mestizenbevölkerung zusammengeschmolzen sind, die sich ihre eigene Kultur, ihre eigene Lebensform, ihr eigenes Denken und Fühlen geschaffen hat. Man betet in katholischen Kirchen, und kurz danach schneidet man aus religiösen Gründen Hähnen den Kopf ab, gießt das Blut ins Meer, vergräbt die Kadaver am Strand und gibt die Köpfe den Männern mit an Bord, damit sie sie auf dem offenen Meer versenken. Es ist verständlich, daß die Nachkommen der afrikanischen Sklaven, nach dem Leidensweg über den Atlantik, ein ganz besonderes Verhältnis zum Meer, seinen Gefahren und Tiefen haben. Ihre Ängste und Nöte vor den ungebändigten Gewalten des Meeres, seinen grausamen Göttern und Geistern, leben in den Vorstellungen und Riten ihrer Religionen weiter, sind feste und unerschütterliche Bestandteile ihrer Candomblé- und Macumba-Riten und -Zeremonien.

Der Fischer kommt nur mit prallen Netzen vom Meer nach Hause, und der Seemann beendet nur glücklich seine Reise, wenn die Frauen daheim es verstanden haben, die Götter auch zu besänftigen, ihnen also die richtigen Geschenke und Opfer gebracht haben. Das Blut eines geköpften Hahnes, Blumen oder Früchte können die Männer vor dem grausamen Zugriff von Yemanja retten, der Herrscherin über Leben und Tod, der Göttin der Meere und der Winde, des schönen Wetters und des gnadenlosen Sturmes. Yemanja ist ein Ungeheuer, eine Sirene in verführerischer Gestalt einer Frau, mit weißer Haut und langen blonden Haaren. In ihrem Unmut und Ärger über jedes Schiff, das ihr Reich betritt und mit seinem Kiel eine Furche in ihr Hoheitsgebiet schneidet, verlangt sie Opfer und Sühnegaben und ist nur durch Geschenke von ihrer blutrünstigen Rachsucht abzubringen. Einmal im Jahr feiern auf dem Wasser der Bucht Zehntausende von Menschen ein heidnisch lärmendes Fest zu Ehren und zur Besänftigung der blonden Sirene. In orgienhaften Tänzen, wilder Musik, Drogen und ekstatischen Ausbrüchen huldigen sie der grausamen Göttin. Menschen stehen bis zur Brust im Wasser und lassen sich mit Meerwasser segnen. Priesterinnen dieser rachsüchtigen Megäre schmücken große Standbilder, tanzen, zucken, fallen in Trance. Jetzt sind sie im Reich ihrer Herrin, jetzt können sie ihre Wünsche hören, ihre Befehle empfangen. Yemanja mit ihrer hellen Haut und ihren blonden Haaren ist für die »Afrikaner aus Brasilien« von unbeschreiblicher Schönheit — doch Ungeheuer und Todessymbol zugleich. Das Fest und die Geschenke haben die Herrin besänftigt, sagen die Priesterinnen. Um der Königin des Meeres zu schmeicheln, werden noch am letzten Tag des Festes große Anstrengungen unternommen. Ihrer weiblichen Eitelkeit zollen die Menschen Tribut, indem sie ihr Parfüme, Duftwasser, Lippenstifte, Hygieneartikel und Deodorants opfern. Dann werden die Boote beladen und Segel gesetzt. Die Geschenke müssen gebührend übergeben werden.

Unter heißen Sambaklängen formiert sich eine lange Prozession; schwerbeladen treiben die Boote aufs Meer. Hunderte von Abbildern der Göttin, aus Holz kunstvoll geschnitzt oder aus Papier und Pappe zusammengeleimt, werden mit auf das Meer hinaus genommen. Haben die Priesterinnen die richtige Stelle bezeigt, springen die Männer mit den Figuren im Arm ins Wasser und tauchen so lange, bis ihnen die Luft wegbleibt. Dann setzen sie die Figuren »vor der Tür« ihrer Herrin ab. Die göttlichen Abbilder versinken in der Tiefe des Ozeans. Sollte ein Taucher nicht wieder nach oben kommen oder von einem Hai angefallen werden, dann hat die grausame Blonde mit den langen Haaren wieder zugeschlagen. Blumenkränze und Körbe voller Früchte treiben noch stundenlang auf dem Wasser und markieren den Eingang in das Reich der Geister. Für ein weiteres Jahr ist Yemanja besänftigt, für weitere 365 Tage können die Fischer ihre Netze wieder auswerfen, können die Seeleute die Anker lichten und mit ihren stolzen Saveiros Flüsse und Meere befahren. Sie alle haben heute ihren Tribut entrichtet, sich ihren Schutz erkauft.

Prototyp des Gaffelsegels

Saveiro heißt soviel wie Boot, Schiff — mit Segeln natürlich —, das zum Fischen und zum Transport von Waren aller Art, von Menschen und Tieren, auf Binnen- und in Küstengewässern geeignet ist. Saveiros sind keine Schiffe indianischer oder brasilianischer Herkunft, sondern wurden im 16. Jahrhundert von den Portugiesen nach Südamerika »mitgebracht« und sind — wie der Name schon sagt — eine Weiterbildung eines iberischen Fischerbootes, des Savaleiro. Die Portugiesen, mit ihrer maritimen Begabung, verfuhren nach einem sehr einfachen und wirksamen Prinzip, um die Transport- und Kommunikationsprobleme in ihrem »Vier-Kontinent-Handelssystem« zu lösen. Sie exportierten »Know-how« und Technologie und brachten gut ausgebildete und erfahrene Schiffszimmerleute und Handwerker in die Kolonien, wo es selbst gutes Holz und Arbeitskräfte in Hülle und Fülle gab. So ist etwa Mitte des 16. Jahrhunderts der Saveiro als eigener Schiffstyp in Brasilien entstanden. Ein Schiff, das, den lokalen Gegebenheiten und Anforderungen angepaßt, schnell auf den weiten Flüssen heimisch wurde, sich in Buchten und Bays bewährte und auch zur Küstenfahrt eingesetzt werden konnte. Der Rumpf mußte große Warenmengen aufnehmen können, durfte andererseits aber nicht zu tief gehen, um in den flachen Flüssen und bei dem großen Tidenfall nicht aufzulaufen. Außerdem sollte die Rumpfform auch noch gute Segeleigenschaften haben und sich sicher und problemlos in den Küstengewässern bewegen können. Auch an die Größe und die Art des Riggs wurden große Anforderungen gestellt. So mußte es hoch genug sein, um auch noch den letzten Wind über Wäldern und Hügeln zu fangen, durfte aber andererseits nicht zu groß sein, um die frischen Meereswinde nicht zu sehr herauszufordern. In seiner jetzt 400jährigen Geschichte hat sich der Saveiro, den man auch gerne den »schwimmenden Planwagen Bahias« nennt, tapfer über Wasser gehalten. Das Schiff wurde nur wenig verändert oder verbessert und ist zu einem echten und wichtigen Bestandteil der historischen, ökonomischen und auch kulturellen Entwicklung Bahias geworden.

Saveiros von heute sind bis zu 14 Meter lang, vier Meter breit und können bis zu 15 Tonnen Zuladung tragen. Der knorrige Mast, der oft, krumm und gewunden, einem Korkenzieher ähnelt, hat nicht selten eine Länge von bis zu 17 Metern und wird völlig unverstagt direkt auf den Kiel gesetzt. Es ist ein Eukalyptusstamm, der, roh und unbehauen, den Eindruck erweckt, als sei er erst gestern irgendwo im Urwald gefällt worden. Einen Mast von dieser

Länge — er ist immerhin ein gutes Stück höher als das Boot lang ist — mit einem Segel von fast 120 Quadratmetern ohne Wanten und Stage zu sichern und zu schützen, scheint fast unmöglich. Doch wer einmal einen Saveiro bei Seegang und Wind vollbeladen die Bucht von Salvador hat überqueren sehen, der weiß, warum Saveiro-Masten keine Abstützungen brauchen. Der Eukalyptusstamm ist so biegsam und elastisch, daß er problemlos jeden Winddruck und jeden Wellenschlag federleicht abfängt. Das ganze Rigg, Masten, Segel und Gaffel schwanken und schwimmen, daß man Angst hat, jeden Augenblick müsse »alles« von oben kommen. Doch nichts kommt; Mastbrüche sind bei Saveiros sogar außerordentlich selten. Ein Saveiro ist ein starkes Schiff, robust, grobschlächtig, mit mächtigem Kiel, kräftigen Spanten und dicken Planken. Die Wirbelsäule dieses Frachtenseglers ist ein Kielklotz mit gewaltigen Ausmaßen, 40 Zentimeter hoch und 50 Zentimeter breit. Die Spanten sind im Abstand von etwa 80 Zentimetern gesetzt, und die Beplankung ist bis zu zehn Zentimeter dick. Diese Daten zeigen, daß ein Saveiro sehr wohl in der Lage ist, schon einige Stöße und Schläge auszuhalten, täglich trockenzufallen und sich gegen Steine und Felsen zu verteidigen.

Das Segel mit seiner waagerecht stehenden Gaffel, dem baumlosen Unterliek und in der Form eines aufrechtstehenden Dominosteins, ist eine Art Prototyp aus der Entwicklungsgeschichte des Gaffelsegels und wurde von den Holländern »mitgebracht«, denen man ja bekanntlich die Entwicklung des Gaffelsegels zuschreibt. Durch ihre Kontakte in Asien kannten die Holländer das indonesische Sprietsegel mit zwei beweglichen Spieren. Sie nahmen nun einen Sprietbaum, befestigten ein Ende mit einer Klau oder einem Stropp am Mast im unteren Bereich des Vorlieks und hielten mit dem anderen Ende das Piek des Segels hoch. Damit war das Gaffelsegel schon halb geboren. Jetzt mußte nur noch eine andere Methode gefunden werden, das Spriethorn

hochzuhalten. Man verzichtete einfach auf die lange Spiere und reihte am Kopf des Segels ein »kurzes Holz«, die Gaffel, an, die durch ein Blocksystem geheißt und gehalten wurde. In den früheren Formen war der Schnitt des Gaffelsegels noch dem des Sprietsegels sehr ähnlich; quadratisch oder rechteckig, hoch und schmal, mit waagerecht stehender Gaffel. Diese frühen Gaffelsegel wurden baumlos gefahren, das Unterliek war gerade, später leicht geschwungen. Es dauerte dann immer noch etwa 100 Jahre, ehe in Europa die ersten Gaffelsegel mit schräger bis steiler Gaffel gebaut wurden. Es war dies wohl ein logischer Schritt, denn beim Segeln mit waagerechter Gaffel braucht man einen wesentlich höheren Mast, um ein Segel mit gleicher Fläche setzen zu können. Und so wie sich die ersten Gaffelsegel im 16. Jahrhundert in Europa gezeigt hatten, mit waagerechter Gaffel, rechteckigem Segel und baumlosem Unterliek, so segeln heute noch die Saveiros mit ihrem seit über 400 Jahren unveränderten Rigg auf den Binnengewässern und in den Küstenregionen Brasiliens. Es wurden allerdings zu einer Zeit auch Zwei- und Dreimaster gebaut, mit zwei hohen Gaffelmasten und einem dschunkenähnlich nach vorne geneigten Rahsegel am Bug; doch sind diese »Saveiros de Reconcavo« inzwischen ganz von der Bild- und Wasserfläche verschwunden. Bis auf ein kleines dreieckiges Vorsegel, das gelegentlich gesetzt und auf der Kreuz das Überstaggehen erleichtert, blieb der Saveiro von allen Fortschritten und Weiterentwicklungen »verschont«. Diese »taschentuchgroße« Fock hat selbst kein Fall, sondern ihr Kopf ist in die Marlleine des Großsegels mit eingeschoben. Der Deckplan ist einfach und funktionell. Um die Ladekapazität zu erhöhen, ist das Deck zur Mitte hin wie ein Dachfirst steil erhöht, zwei kleine Ladeluken, eine vor dem Mast, die zweite achtern, erlauben Einstieg und Beladen. Da die Transportgüter der Saveiros — Obst, Gemüse und Lebensmittel aller Art — weder mit Regen noch mit Spray oder Seewasser in Berührung kommen dürfen, wird schon bei der kleinsten Reise die vordere Luke dichtgemacht und werden mehrere Schichten Kanvas oder Segeltuch über den Deckel genagelt. Vollbeladen liegen die Saveiros tief im Wasser, und überkommende Seen sind keine Seltenheit. Von einer kleinen Arbeitsfläche am Bug, die zum Segelsetzen und zur Ankerarbeit freigehalten wird, laufen an Back- und Steuerbordseite Gangbords, die zum Staken des Bootes dienen, zu einem offenen, flachen Cockpit. Hier spielt sich während der Fahrt das ganze Bordleben ab. Hier wird auf offenem Feuer gekocht, geschlafen, hier sitzen die Männer, dösen, spielen Karten, würfeln, hören Musik aus alten Transistorradios, und von hier aus bedient der Steuermann die Pinne.

Noch etwa 200 dieser oft buntbemalten Frachtensegler halten den Handel und Warenaustausch zwischen kleinen, in Flußläufen oder in abgelegenen Winkeln der Bucht versteckten Dörfern und den Märkten Salvadors aufrecht. Es sind lebendige Schiffe und mit ihnen lebendige Menschen, die sich bis heute tapfer und erfolgreich gewehrt haben, ins Lee abgedrängt zu werden. Seit über 400 Jahren sind sie nicht müde geworden, ihre gereckten Masten und eckigen Segel auf den Flüssen, Seen und Buchten Bahias zu zeigen. Bis auf den heutigen Tag haben sie sich in ihrer reinen Urform erhalten, haben sich nach schweren Zeiten wieder eine neue ökonomische Basis geschaffen, haben gute und schlechte Tage gesehen und sind mit dem Wohl ihrer Besitzer für immer verkettet. Denn das Leben eines Saveiro-Mannes ist wie das seines Schiffes: Mal schwimmt er im Süßwasser, mal im Salzwasser.

Von hoher See auf flache Flüsse

Nute, Eigner und Kapitän des Saveiros Vendaval II, zieht und beißt entspannt auf dem schon weichge-kauten Mundstück seiner langen, schwarzen Brasil, während er das Beladen überwacht. Er hat genügend Frachtaufträge bekommen, hat auch von seinem eigenen Geld ausreichend, günstig und gut eingekauft, und nun gilt es, alles auch möglichst schnell und sicher zu verstauen. Natürlich kommt die Fremdfracht zutiefst in die Bilge, obenauf dann die eigene Ware. Sicher ist sicher, denkt sich Nute, Vendaval II ist ein trockenes Schiff, und das weiß auch jeder Händler, aber man kann ja nie wissen. Über 20 Saveiros haben Seite an Seite an dem halbverfallenen Kai von Maragojipe festgemacht. Es ist Niedrigwasser. Löwe des Meeres, Seufzer der Freiheit, Treuer Freund, Schatten des Mondes, Segelndes Glück, Neuer Tarzan und Gott ist Licht und Schatten liegen Bauch an Bauch im Schlamm, sitzen aufrecht auf breitem Kiel im trockengefallenen Fluß. Die Boote sind beladen; auf einigen kann man nicht einmal mehr die Deckplanken sehen, so wurden sie mit Früchten und Obst »zugeschüttet«. Die Arbeit ist fürs erste getan, doch das Niedrigwasser hindert die Männer loszusegeln. Die Stangen, die wie Heckanker die Boote festgehalten haben, liegen an Deck, die Bugleinen sind eingeholt, die Segel angeschlagen, und auch der Wind ist schon zur Stelle, aber immer noch liegen die Boote fest. Wir sitzen mit Nute und einigen Männern von anderen Schiffen im Cockpit von Vendaval II und rauchen genüßlich lange, schwarze Garuchos. Jeder ist bemüht, Eifer, Hast und Hektik des Einkaufens und Ladens zu vergessen, und mit Zigarre und breitkrempigem Strohhut, dem Statussymbol der Saveiro-Männer, bietet sich uns eine fröhliche Runde. Schließlich ist es soweit. Das steigende Wasser bohrt und drängt sich zwischen Kiel und Erde, langsam greift der Flußgott dem Schiff unter die breiten Schultern und hebt es vorsichtig aus dem Schlamm. Ein Boot nach dem anderen setzt Segel, und behäbig treibt und schleicht die kleine Flotte auf den Fluß hinaus. Auch der Kapitän muß beim Segelsetzen mit anpacken, denn mechanischen Vorteil durch Taljen oder Winschen gibt es nicht. Auf Kommando springen die Männer hoch, greifen nach dem Fall und reißen Gaffel und Segel jedesmal ein Stück höher. Der Mast ist krumm und gewunden, die lose Marlleine rutscht schlecht. Bis die Klau oben ist und die Gaffel waagerecht steht, sind die Männer ganz schön außer Atem geraten.

Schon nach wenigen Stunden auf dem Fluß ist uns klar, daß mit den Segeleigenschaften eines vollbeladenen Saveiros wirklich kein Staat zu machen ist. Um das Schiff überhaupt erst in Fahrt zu bringen und dann in Fahrt zu halten, muß ein Saveiro im flachen Wasser stundenlang gestakt werden. Zwei Männer setzen lange Stangen auf den Grund und laufen dann wie Maschinen, Stunde um Stunde, vom Bug den Gangbord entlang zum Heck, wo sie die Stangen wieder aus dem Wasser ziehen, um dann erneut zum Bug vorzulaufen. So stoßen sie das Schiff vorwärts und halten es am Laufen. Erst als der Wind etwas aufbrist und die Strömung stärker wird, braucht der Saveiro die Hilfestellung der Männer nicht mehr. Es ist aber auch ein schwieriges Revier, das muß schon zur Ehrenrettung dieser tapferen »Ladeesel« gesagt werden. Auf den Wind ist wenig Verlaß; Berge und hohe Wälder nehmen oft jeden Druck aus den Segeln. Ohne die extrem hohen Masten könnten die Segler, zumindest auf diesen Flüssen, wenig ausrichten und wären wohl die ganze Zeit nur am Trudeln und Treiben. Auch die Strömung ist launisch, drückt und schiebt uns, speziell in langen Biegungen, immer wieder gefährlich nach außen.

Auf einem Frachtensegler, dessen Bauch vollgestopft ist mit Obst, Gemüse und Lebensmitteln aller Art, läßt es sich schon aushalten. Selten haben wir an Bord so gut gelebt — wie Maden im Speck. Die Männer machen sich einen Spaß daraus, mit immer neuen und uns unbekannten Früchten aufzuwarten, und hängen mit großen und neugierigen Augen an unserem Gesicht. Denn so sicher sind sie sich anscheinend auch wieder nicht, ob wir jetzt vor Wohlgeschmack vergehen oder den ganzen Kram über Bord spucken möchten. Wir brauchen nicht zur Reling zu rennen. Mangos, Papayas, Ananas, Melonen und Jackfruit gehörten für uns schon zum täglichen brasilianischen Brot, aber Mombinpflaumen und Pitangakirschen sind auch uns neue Exoten. Zum Nachtisch gibt es luftgetrocknetes Fleisch. Es gehört weder Nute noch der Mannschaft, es ist einfach Ware, Transportgut, 17 zugenähte Leinensäcke mit feinem Lammfleisch. Wie auf allen Frachtenseglern der Welt gehört ein Teil der eßbaren Ladung der Mannschaft. Es ist sicher kein offizielles, aber altes, angestammtes Recht, vielleicht auch nur Konvention oder Tradition — oder auch ganz einfach Diebstahl. Auf jeden Fall essen sich alle an Bord erst einmal satt. Die Händler wissen davon, aber was wollen sie machen außer gute Miene zum bösen Spiel; sie beziehen diese natürliche Warenschrumpfung einfach ins Kalkül oder in die Kalkulation mit ein. Es ist ja sicher ein gutes Gefühl für jeden Seemann, sich wenigstens einmal den Bauch mit fremdem Gut vollzuschlagen, dabei fröhlich zu sein und kein schlechtes Gewissen haben zu müssen. Fein säuberlich werden die Säcke wieder zugenäht und verstaut. Zum zweiten Nachtisch gibt es dann für jeden Mann an Bord eine Brasil, diesmal muß der Kapitän herhalten. Inzwischen haben wir uns mit VENDAVAL II den Fluß hinuntergearbeitet, und als die Sonne hinter den Palmenwäldern untergeht, laufen wir in die Bucht »Todos os Santos« ein. Jetzt endlich greift frischer Wind in das schwankende Segel, und VENDAVAL II spurtet los, als habe man ihm die Sporen gegeben. Das schwerbeladene Troßpferd fällt in einen frischen, wippenden Trab. Durch die vielen Biegungen und Windungen des Flusses wurde die Flotte der Saveiros weit auseinandergerissen, nur ganz selten war noch ein anderes Segel zu sehen. Jetzt, auf dem weiten Wasser der Bucht, trudeln sie alle wieder ein. Auf einem kleinen, offenen Feuer wird Kaffee gekocht. Die Nacht ist hereingebrochen, und das Feuer flackert gespenstig im gewölbten Segel. Fast gleichzeitig gehen auch auf den anderen Booten »die Lichter«, das heißt die Feuer, an. Man kann die Schiffe zählen, jedes zieht einen feurigen Funkenschweif hinter sich her. Es ist ein friedliches Bild, und es wird eine friedliche Nacht werden, in der die Männer Yemanja-Geschichten zum besten geben:

Die Regatta der Frachtensegler

»Wir sind nur noch eine kleine Flotte von 20 Saveiros aus Maragojipe, die den Markt São Joaquim und den Mercado Modelo in Salvador mit Obst, Gemüse und anderen Lebensmitteln versorgt. Es ist noch nicht allzulange her, da waren an jedem Markttag die Häfen gerammelt voll, und man mußte sich schon auf See sputen, um einen guten Liegeplatz zu ersegeln. Unser Schiff ist ja auch gleichzeitig unser Verkaufsladen, und wenn du Obst, Mehl und Hühner verkaufen willst, dann mußt du schon einen guten Platz in der ersten Reihe haben. Wenn du in der zweiten oder dritten Reihe liegst, gehst du am besten erst mal einen Caipirinha trinken. Denn du mußt eh warten, bis die Schiffe vor dir leergekauft und schon auf dem Heimweg sind. Doch die Zeiten haben sich geändert. In den letzten Jahren ist unsere Zahl beträchtlich zusammengeschrumpft. Überall in den Creeks und Seitenarmen der Flüsse liegen Wracks und ausrangierte Saveiros. Alle waren ganz verrückt nach Autos und Lastwagen, und viele Händler wollten ihre Waren nur noch mit diesen stinkenden Knatterautos transportiert haben. Sogar zwei von meinen Kollegen haben sich gemeinsam einen Lastwagen gekauft. Es waren harte Zeiten, und es wurde viel geflucht. Aber seit einiger Zeit ist wieder etwas Wind im Geschäft. Öl, Benzin und Ersatzteile sind ganz schön teuer geworden, und die Transportpreise sind entsprechend schnell die Masten hochgeklettert. Mit einemmal sind die Kunden wieder da und vertrauen ihre Waren wieder Wind und Wellen an. Einige meiner Freunde haben auch schon mit dem Gedanken gespielt, einen umgebauten Lkw-Motor in ihren Saveiro einzubauen, aber nach langem Palaver und vielen Cachaças kamen wir alle zu der Einsicht, daß dies ganz sicher der falsche Kurs sei. Es wäre viel zu teuer geworden und außerdem geschäftlich ein unsinniger Entschluß gewesen. Schließlich bestreiten wir unseren Lebensunterhalt damit, daß wir die Waren transportieren, die für andere aus Kostengründen uninteressant sind. Unsere Chance besteht allein darin — und das hat sich zumindest bis heute bewahrheitet —, daß wir nur dort Geld verdienen können, wo Handelsgüter billig, sicher und natürlich langsam transportiert werden können. Jetzt Motoren in die Schiffe einbauen und mit der Straße in Konkurrenz zu treten, das wäre reiner Selbstmord, und früher oder später würden wir uns selbst ruinieren. Es lohnt sich ja noch nicht einmal, schneller zu segeln als die Kollegen. Angenommen, ich bin ein paar Stunden früher auf dem Markt als die anderen, was dann? Dann sind die Kunden ja noch nicht einmal da, was soll's also. Wir haben unseren Rhythmus gefunden, und alle haben sich daran gewöhnt. Die Händler wissen, wann sie uns die Ware bringen können, und die Kunden wissen, wann wir Markttag haben. Wir fahren alle zusammen los und kommen alle gemeinsam an. Da gibt es keine großen Probleme und Konkurrenzkämpfe mehr wie damals, vor langer Zeit, als wir die Plätze noch aussegeln mußten. Heute geht alles ruhig zu, vielleicht viel zu ruhig. Wenn ich an die kleinen Privatrennen denke, wird mir jetzt noch ganz warm. Zum Glück haben wir ja noch unsere große Regatta. Einmal im Jahr darf jeder gegen jeden kämpfen. Einmal im Jahr sind wir die ›Könige‹ der Bucht. Dann

Saveiros
Brasilien

sind Tausende von Menschen auf den Beinen oder auf Booten, um sich das Schauspiel anzusehen. Im vergangenen Jahr machten fast 150 Boote mit. Natürlich in verschiedenen Klassen. In unserer Klasse waren 49 Saveiros am Start. Schon Tage vorher greift die Nervosität um sich. Freunde sprechen nicht mehr miteinander, und in jeder Familie gibt es Streit. Die Schiffe werden herausgeputzt, bemalt, die Decks geschrubbt — alles wird auf Hochglanz gebracht, sogar die Masten werden gestrichen. Wenn nicht einmal im Jahr die Regatta wäre, unsere Boote würden bestimmt nicht so schön bunt und bemalt sein. Die Segel werden geflickt, Blöcke und Fallen überprüft und erneuert, denn jeder will gewinnen. Es geht über einen Dreieckskurs von etwa sieben Meilen. Das ist sicherlich nicht viel, aber bei diesem Rennen wird nicht nur Geschwindigkeit verlangt. Bei der Startaufstellung ankern alle Boote in einer Reihe. Die Segel sind noch festgelascht. Mit dem Schuß aus einer alten Muskete der brasilianischen Marine beginnt das Rennen. Segel setzen, Anker lichten, Fahrt aufnehmen — am besten alles zusammen und gleichzeitig. Oft wird das Rennen schon hier gewonnen. Auf dem Kurs selbst wird dann hart gekämpft. Besonders an den Wendemarken ist immer etwas los. Boote verhaken sich, rennen ineinander, es wird gebrüllt, es gibt Krach, und nicht selten splittert Holz. Alle sind wie aus dem Häuschen. Im vorigen Jahr ist Joa aus Mar Grande nach einem Zusammenstoß auf das neben ihm liegende Boot gesprungen und hat den Mann am Steuer, der ihn angeblich behindert und den Unfall verursacht hatte, regelrecht verprügelt. Okay, schließlich kann nur einer gewinnen. Aber wenn du auch als erster vor den anderen liegst, ist dir der Sieg noch lange nicht sicher. Dicht unter Land muß nämlich einer aus der Mannschaft ins Wasser springen, an Land schwimmen und dann noch eine gute Strecke laufen, bis er schließlich die Ziellinie erreicht. Wenn es in dieser Phase des Rennens hart auf hart geht und niemand hat einen echten Vorsprung, dann laufen die Boote ohne Rücksicht auf Verluste, unter Vollzeug bis auf den Strand. Es ist wirklich ein aufregendes Erlebnis, und die vielen Zuschauer machen alles noch viel schlimmer. Nur gut, daß diese Regatta nur einmal im Jahr stattfindet, sonst wären wir wohl alle verfeindet. So haben wir das ganze restliche Jahr, um uns wieder auszusöhnen. Na ja, so schlimm ist es auch wieder nicht, und nach der Preisverteilung wird der Ärger über sich selbst, die anderen und das eigene Schiff mit einigen kräftigen Caipirinhas runtergespült. Irgendwie gewinnt ja auch jeder. Die Mannschaften bekommen Bargeld, die Kapitäne Orden und Medaillen, und außerdem steht jedem Boot, das das Rennen beendet, ein Geldpreis zu, um damit die Schäden des Renntages zu reparieren.«

65

66

70

63. Von der aufziehenden Front verfolgt, hastet ein Saveiro dem schützenden Hafen von Salvador entgegen.

64. Ohne die Saveiros würde die Versorgung Salvadors mit frischem Obst und Gemüse zunächst einmal zusammenbrechen.

65. Der alte Sklavenmarkt liegt wie eine Insel vor der Hafeneinfahrt der Stadt.

66. Die Beiboote sind ebenso farbenprächtig bemalt wie ihre »Mutterschiffe«.

67, 68, 69. Saveiros sind so bunt wie die Früchte, die sie transportieren.

70. Die kleine Ladeluke wird bei jeder Fahrt fest verschlossen und dann zugenagelt, damit weder Salzwasser noch Regen die Früchte verderben können.

71. Ist der Laderaum vollgestopft, wird der Rest der Ladung an Deck verstaut.

72. Wie in vielen Häfen der Welt werden auch hier die Schauerleute nach Leistung bezahlt. Viele Säcke Mehl bedeuten viele Holzstäbchen und die wiederum viel Geld.

73. Obwohl der schlanke und biegsame Eukalyptusmast unverstagt ist, sind Mastbrüche bei Saveiros überaus selten!

71

Manzalas

Ägypten

Es ist noch früh am Morgen. Dichter Nebel liegt über dem Wasser. Die graue Faust hat alles im Griff: Rumpf, Mast, Segel. Den Männern ist der Atem genommen. Der kurze Mast ist als grauer Schatten nur zu erahnen, das Vorschiff scheint überhaupt nicht mehr da, das Segel hängt wie ein faltiges Leichentuch und läuft mit der Rah ins graue Nichts des Himmels. Gespenstern gleich sitzen und hocken die Männer in helle Gewänder gehüllt auf dem feuchten Deck und starren regungs- und bewegungslos in das wolkige Grau des dampfenden Wassers. Es ist unklar, ob sich Feuchte und Dunst auf dem Wasser niederlassen oder der See sich langsam in Luft auflöst. Wie in einer Momentaufnahme erstarrt, liegt das Boot auf dem Wasser. Nichts regt sich, und doch sind die Männer nicht allein. Sie wissen, daß vor ihnen, rechts, links oder achteraus noch zehn, 50, ja, vielleicht noch 100 andere Manzala-Boote liegen, ebenso vom Nebel gefangen, von der Flaute zu Untätigkeit verurteilt. Sie wissen aber auch, daß der Dunst sich lichten wird; in wenigen Minuten oder auch erst nach Stunden wird er den Kampf gegen Tag und Sonne verlieren, er wird seine grauen und feuchten Waffen strecken und Schiff und Männer freigeben. Doch noch gibt er sich nicht geschlagen. Langsam wird der Tag wach und beginnt sich zu regen. Er zieht, saugt und atmet die Nebel ein und stößt die Schwaden auseinander. Es wird lichter und heller. Der Blick versucht durch das weichende Grau zu dringen, gedämpft kommen Stimmen von den anderen Booten herüber. Die gebogenen Rahen schimmern und glänzen — wie spitze Stricknadeln scheinen sie steil im Wasser zu stecken. Noch sind die Umrisse der anderen Schiffe nicht auszumachen, ausgefranst und schemenhaft stehen die bewegungslos toten Segel im morgendlichen Dunst. Die frühe Sonne kämpft und beißt in die Feuchte der Luft — wohl wissend, daß sie auch heute wieder einen glänzenden und heißen Sieg davontragen wird. Während das Grau des Nebels weiter weicht und

vom sanften Hauch der Morgenbrise verdrängt wird, kommt das fahle Weiß der anderen Segel immer näher. Dann endlich hat sie sich durchgebissen, und die Segel, von den frühen Strahlen der Sonne gestreichelt und liebkost, speichern begierig das Licht und erglänzen im warmen Schein. Für einen Augenblick nur will man der rauhen Wirklichkeit des Arbeitstages entfliehen, die nüchterne Prosa des Alltags vergessen und sich ganz der Poesie dieses frühen Morgens öffnen. Doch keiner der Männer hat einen Blick für die Schönheit der Natur, für sie ist sie nur eine Fessel, die sie von der harten Arbeit um das tägliche Brot abhält.

Jetzt ist die morgendliche Zwangspause vorbei, die Arbeit kann beginnen. In die durchhängende Schot kommt ein lebendiges Zucken, das tiefhängende Segel »flappt« den Männern über den Köpfen. Der Steuermann wirft den Rest seiner feuchten Zigarette ins Wasser, drückt und reißt die Pinne einige Male ruckartig hin und her, und mit kräftigen Wriggbewegungen setzt er das Boot auf Kurs. Noch stockt dem Morgen der Atem, und mit langen Stangen stößt und stagt die Mannschaft das Boot auf den See hinaus. Der Anker, aus Eisenstangen zurechtgebogen und zusammengeschweißt — mit seinen vier krummen Flanken einem Enterhaken ähnlicher als einem Sinnbild des Vertrauens —, kommt an Deck, wird mit einer Pütz Wasser von Schlamm und Dreck befreit und am Mastfuß festgebunden. Der immer kräftiger werdende Morgenwind greift jetzt voll in das baumlose Segel und bringt Leben in das Schiff und die Männer. Noch ist der Horizont nicht zu sehen, doch zielstrebig hastet die Flotte der Manzala-Fischer den Fanggründen entgegen, gleiten ihre Boote mit milchiger Bugwelle weit auf den flachen See hinaus.

Der Al-Manzala-See liegt im östlichen Teil des Nildeltas. Im Westen begrenzt vom Dumjat-Arm, dem östlichen der beiden Mündungsflüsse des Nil, reicht er im Osten bis an den Suezkanal heran. Vom Mittelmeer ist der See durch eine langgezogene

Schwemmsanddüne getrennt. Vor noch nicht allzu-langer Zeit hatte der See einen Ausfluß ins Mittel-meer — oder das Mittelmeer einen Einfluß in die Manzala-Lagune. Durch die Ablagerungen des Nil stopfte sich die Mündung aber immer mehr zu, was zu großen Überschwemmungen führte. Dem »heili-gen« Hochwasser des Flusses mit seinen gewaltigen Wassermassen aus Äthiopien gelang es aber jedes Jahr, die selbstgebaute Sandbarriere zu durchbre-chen und den Ausgang zum Mittelmeer erneut frei-zuschwemmen. Doch seit dem Bau des Assuanstau-damms sind die Wasser des »schwarzen Flusses« gebändigt — es gibt keine großen Überschwem-mungen und Fluten mehr. Seither bleibt die Tür nach Norden geschlossen, der Al-Manzala-See konnte in seiner heutigen Form entstehen. Der so entstandene natürliche und gleichzeitig auch künst-liche Damm wurde befestigt, eine asphaltierte Straße führt heute über seinen Kamm nach Port Said; der etwa 700 Quadratmeilen große Al-Man-zala-See wurde geografische Realität. Die Bauern und Farmer, die hier gelebt und dieses Land bebaut hatten, standen mit einemmal förmlich im Wasser. Es reichte ihnen im wahrsten Sinne des Wortes »bis zum Hals«, denn viel tiefer wurde der See nicht. Von einigen Gräben und einem Kanal nach Port Said abgesehen, ist der See meist nur einen bis einein-halb Meter tief, auch wenn gelegentlich Tiefen bis zu drei Metern vorkommen. Die ganze Infrastruktur mußte sich ändern und sich dem neuen Wasser-stand anpassen. Nachbarn waren plötzlich durch Wasser getrennt, Güter, die früher mit Ochsenkar-ren an Flüssen oder Kanälen entlang transportiert wurden, mußten jetzt auf Booten bewegt werden. Farmer und Bauern mußten sich eine neue Heimat suchen oder mußten im wahrsten Sinne des Wortes zum »See«mann, das heißt hier zum Fischer, wer-den.

Dazu bedurfte es aber auch eines Bootes, das sich in diesen neuen Gewässern bewähren mußte. Wegen des flachen Wassers durfte es keinen großen Tief-gang haben, wegen der leichten Winde, der vielen Inseln und Kanäle mußte es eine große Segelfläche tragen können, um auch den leichtesten Wind ein-fangen zu können. Das neue Schiff mußte über aus-reichende Ladekapazität verfügen, mußte schnell, leicht zu handhaben und wendig sein. Große See-tüchtigkeit wurde nicht verlangt, denn Stürme und großen Wellengang gibt es auf dem See so gut wie überhaupt nicht. In vielen Dörfern und Siedlungen rund um den See hat man Boote gebaut, die all die-sen Anforderungen Genüge tun sollten. So kann man heute noch gondelförmige Schiffe mit schwungvoll hochgezogenen Enden, Kanus, die auf dem Rücken schwimmenden Bananen gleichen, offene, kastenähnliche Boote und schmale Gigs finden.

Wiege der Manzala Boote

Doch der Bootstyp aus El Matarîya, einer Stadt im Südosten des Sees, scheint das »Rennen gewon-nen« zu haben, ein zukunftsvoll anmutendes Design, das sich immer weiter verbreitet und wohl die beste Lösung des Segelproblems für die »See-bewohner« darstellt. Auch wenn der Matarîya-Typ jetzt überall gebaut wird, kann man doch schon von weitem erkennen, woher jedes einzelne Boot kommt. Jedes Dorf hat seine eigene Farbe. Blumen-muster, grafische Bemalung oder ganz einfache Wellenmuster zieren die flachen Schiffe in allen Far-ben. Nur in El Matarîya, der Heimat und der Wiege der Manzala-Boote, scheint man das reine »Yacht-weiß« zu bevorzugen.

In dieser kleinen, übervölkerten Stadt, halb auf den schwammigen Sandsümpfen des Sees gebaut, gibt es außer einigen alten Chevys und Fords aus den fünfziger Jahren, ein paar klapprigen Bussen, einer alten Eisenbahn aus der Zeit vor dem Ersten Weltkrieg eigentlich so gut wie nichts, was des Besuchers Auge reizen könnte. Die Straßen sind in quadratischen Blocks angelegt, die Häuser aus gebrannten und sonnengetrockneten Ziegeln meist zwei oder drei Stockwerke hoch. Das Leben in El Matarîya spielt sich im Schatten der Mauern ab, es wird auf der Straße gehandelt und gekauft. Zu jeder Tages- und Nachtzeit wird von dreirädrigen Radfahrern lauthals Tee angeboten. Und dennoch, El Matarîya, eine Durchschnittsstadt, am Rande eines künstlichen Sees entstanden, hat eine Attraktion, eine Besonderheit, die die Pyramiden von Gizeh, den Staudamm von Assuan und die Gräber im Tal der Könige für uns jedenfalls weit in den Schatten stellt: die Manzala-Boote. Wer einmal am späten Nachmittag an der Wasserfront El Matarîyas entlanggeht, glaubt seinen Augen kaum trauen zu können. Hunderte, ja, vielleicht Tausende von Segelbooten liegen am flachen Strand, haben in mehreren Reihen hintereinander am seichten Ufer festgemacht. Auf einer Uferlänge von vielleicht 800 bis 1000 Metern drängen sich die Rümpfe, weißlackiert mit gewölbtem Deck; kurzstummelige, meist viereckige Masten, leicht gebogene Rahen und Ruten, zum Trocknen aufgehängte Netze und Segel versperren den Blick auf das nahe Wasser. Ein Gewirr von Rümpfen, stehendem und laufendem Gut, ein völliges Durcheinander von Fischern, Händlern und Schaulustigen — und mittendrin, am weiten, flachen Strand, werden neue Manzalas gebaut, alte abgewrackt und andere gewaschen, gereinigt und gepflegt.

Manzala-Modell 2000

Die Rumpfform der Manzala-Boote mutet so zukunftsträchtig an, daß man zu glauben geneigt ist, dieses Schiff sei auf dem Reißbrett eines Designers entstanden, im Windkanal getestet und geprüft und für Probeschläge und Versuchsfahrten in diese gottverlassene Gegend gebracht worden. Nach vorne leicht geneigt, nach hinten langgezogen auslaufend, mit extrem negativem Sprung, einer abfallenden Wölbung zu den Seiten hin, einem kleinen windschlüpfrigen Deckshaus, das eher einer Motorradverkleidung als dem Bauelement eines Segelbootes ähnelt, so sehen die Manzala-Boote aus wie segelnde Gleiter, Rennboote aus den fünfziger Jahren, nur nicht von einem 90-kW-Motor, sondern von einem Segel angetrieben.

Nur das Rigg scheint nicht so ganz zu diesem aero- und aquadynamischen Rumpf zu passen. Manzala-Boote sind lateingeriggt. Ein kurzer, vierkantiger Mast steht im vorderen Drittel des Schiffes und trägt eine überlange Lateinerrah. Die Rah oder Rute hat nicht selten eine Länge von dreimal der Größe des Schiffes selbst. Bei einem Zehn-Meter-Schiff ist somit die Spiere etwa 30 Meter lang und wiegt mit angeschlagenem Segel etwa eine bis anderthalb Tonnen. Wie bei den Ayassas, den ebenfalls lateingeriggten Frachtenseglern des Nil, ist die Rute aus drei oder vier angeschrägten Balken zusammengelascht. Um nicht jeden Morgen dieses Gewicht hochwuchten zu müssen, bleibt die Rah der Manzala-Boote immer »oben« und kommt nur beim völligen Abtakeln an Deck. Einmal mit der Hilfe von Freunden und Nachbarn bis zum Masttopp vorgeheißt, wird sie im Hafen mittels einer oder zwei Taljen, die von der unteren Nock der Rute zum Bug führen, in steile Vorschlagstellung gebracht. Dabei reicht die Rah immerhin noch bis zu zwei Meter über den Bug hinaus.

Um die leichten Winde zu »fangen« und auch durch Kanäle und zwischen Schilfinseln segeln zu können, haben Manzala-Boote eine für ihre Schiffslänge ungewohnt große Segelfläche. 100 bis 120 Quadratmeter bei einem Zehn-Meter-Boot sind keine Seltenheit. Es ist dies eine so immense Fläche in nur einem einzigen Segel, daß man sicherlich den Rumpf drei-

oder viermal in dieses Tuch einwickeln könnte. Mit diesem Rigg sind die Fischerboote natürlich sehr schnell. Bei schon leichten Winden surfen und gleiten sie mit sechs bis sieben Knoten über das flache Wasser. Am frühen Morgen segeln sie mit achterlichen Winden zu den Fanggründen, und am Nachmittag kommen sie mit auflandigem Wind wieder nach El-Matarîya. Platt vor dem Wind wird dann die Bugtalje so weit gefiert, bis die Rah sich unter dem Winddruck quer zur Fahrtrichtung stellt und das Boot mit einem dreieckigen Rahsegel größte Geschwindigkeiten entwickelt. Bei halbem Wind oder auf Am-Wind-Kursen ist die Abdrift sehr groß, denn die Manzala-Boote haben keinen Kiel und werden somit sehr nach Lee versetzt. Das Segelbergen geht in zwei Schritten vor sich. Zuerst wird von Deck aus das Achterliek mittels Gordings zur Rute hin aufgegeit — der Block ist dabei am Masttopp befestigt —, dann klettern zwei oder drei Crewmitglieder die Rah hoch und bändseln den oberen Teil des Segels, der von dem Gordingsystem nicht erfaßt wurde, an der Rah fest. Um den Männern das Aufentern zu erleichtern, sind an der Vorder- oder Oberseite von Mast bzw. Rah kleine dreieckige Holzklötzchen als Stufen angenagelt. Dennoch verlangt das Hochklettern und Arbeiten auf einer schwankenden Rah in 30 Meter Höhe viel Mut und Geschicklichkeit, und natürlich sind dafür — wie überall auf der Welt — die Jüngsten und Kleinsten der Mannschaft auserkoren.

Der Mast ist nur mit drei Wanten gesichert, zwei davon an der Luvseite, nur eine in Lee. Vor- und Achterstage gibt es bei diesem Rigg nicht, Backstage sind unbekannt.

Um bei diesen flachgehenden Booten ausreichende Ruderwirkung zu haben, muß das Ruderblatt extrem lang sein. Nicht selten ist das Blatt bis zu zwei Meter lang, bei ebenfalls ganz geringem Tiefgang sitzt es in zwei Ruderzapfen am scharf zulaufenden Heck. Die Pinne läuft flach über das Deck und wird vom Mann am Steuer meist mit den Füßen bedient. Nähert sich das Schiff dem heimischen Strand, wird das ganze Ruderblatt aus der Halterung genommen und an Deck verstaut.

Manzala-Boote gibt es in zwei Ausführungen. Einmal als Transportfahrzeug, mit dem, bei einer Länge von bis zu 15 Metern und vier bis fünf Metern Breite, Baumaterialien, Getreide, Ziegelsteine, Sand, Salz und landwirtschaftliche Produkte zu und von den Märkten der umliegenden Dörfer und Städte transportiert werden. Diese Frachtensegler haben eine oder zwei große offene Ladeluken und werden von drei bis vier Mann gesegelt. Auch bei dieser respektablen Größe gibt es sie nur als Einmaster. Die Manzala-Fischerboote dagegen sind wesentlich kleiner. Bei Größen von fünf bis zehn Metern sind sie schlanker, haben ein geschlossenes Deck mit einem kleinen abgerundeten Deckshaus, in dem die Verpflegung verstaut wird, haben eine Crew von oft bis zu zehn Mann, um die schweren Netze einzuholen.

Fischen »zu Fuß«

Es dauerte immerhin drei Tage, bis wir alle die Papiere und Genehmigungen zusammenhatten. Polizei, Hafenbehörde, Bürgermeister und Militärs verlangten Ausweise und Sondergenehmigungen, und das alles nur, um auf einem See im Nordosten Ägyptens mit den Fischern auf Fang fahren zu können. Sicher, der See ist militärisches Sperrgebiet, aber der Krieg ist lange vorbei, und wir waren doch nur an den Manzala-Booten interessiert, aber irgendwie schien man uns das nicht anzusehen. Am vierten Tag endlich ging es auf den großen Fischfang. Die Fangmethode der Manzala-Fischer erinnerte uns an die Fischer in Goa an der Westküste Indiens. Dort segeln die Männer mit einem langen Netz im Schlepp, dessen eines Ende an Land festgemacht ist, einen großen Bogen und bringen das andere Ende dann in einem Abstand von vielleicht 100 Metern ebenfalls an Land. Vom Strand aus wird dann das Netz von den Männern des ganzen Dorfes eingeholt. Doch hier auf dem Manzala-See wird das Auslegen und Einholen des Netzes von Bord der Schiffe ausgeführt. Immer zwei Boote bilden ein Team. In Startaufstellung sind sie längsseits gegangen, Heck und Bug in entgegengesetzter Richtung. Das überlange Netz ist geteilt, eine Hälfte liegt auf dem einen Boot, die andere Hälfte auf dem Deck des anderen. Ein Mann springt ins Wasser und nimmt die Netzmitte in Empfang. Das Wasser ist nicht sonderlich tief und reicht ihm gerade bis zur Brust. Mit einer langen Holzstange hält er die Oberkante des Netzes aus dem Wasser und rammt den Pfahl in den weichen Untergrund. Jetzt segeln die beiden Boote in entgegengesetzter Richtung davon, schlagen einen großen Kreis, um sich dann, nachdem das ganze Netz ausgebracht ist, wieder zu treffen. Alle 20 bis 30 Meter wird ein weiterer Mann mit Holzpfahl »über Bord geworfen«, der das Netz an dieser Stelle hochhalten muß. Nachdem von jedem Boot vier Männer im Wasser sind und das Netz wie eine zaunähnliche Arena im Wasser steht, treffen sich die Boote wieder. Die Männer fieren die Segel, reffen mit einem Geitau das Schothorn bis zum Masttopp und nehmen so die Fahrt aus den Booten. Erneut gehen sie längsseits und machen aneinander fest. Auf ein Winken des »Fischmeisters« halten die Männer im Wasser die Netze mit den Stangen hoch, so daß die Netzunterkante mit den Gewichten gerade den Boden berührt und die Fische nicht mehr durchschlüpfen können. Wie ein Tennisnetz ist die Oberkante des Fangnetzes — von den Stangen hochgehalten — etwa 20 Zentimeter über der Wasseroberfläche gespannt, so daß sich die Fische auch nicht durch Springen retten oder befreien können. Wenn ein Fisch den Manzala-Fischern erst einmal ins Netz gegangen ist, gibt es für ihn kein Entkommen mehr. Mit Gesang bewe-

gen sich die Männer im Wasser langsam aufeinander zu. Nur der Fischer, der als erster im Wasser war und am Scheitelpunkt des Netzes steht, verharrt an seinem Platz und hält das Netz gespannt. Aus dem Kreis wird ein langer Schlauch, in dem die Fische gefangen sind und nicht mehr herauskönnen. Dann wird das Netz von Bord der beiden aneinandergebundenen Schiffe eingeholt. Die Fischer, die längsseits des Netzes im Wasser stehen, werden nicht mehr gebraucht, waten und schwimmen einer nach dem anderen an Bord, um ihren Kameraden beim Einholen des Fangs zu helfen. Jetzt wurden mir auf einmal auch Sinn und Funktion des so stark gerundeten und nach den Seiten abfallenden Decks klar. Wenn das Netz eingeholt wird, stehen alle Männer auf einer Bootsseite. Durch das Gewicht wird diese Seite tiefer ins Wasser gedrückt. So entsteht ein leichtes Gefälle, auf dem das Netz problemlos ins oder aufs Boot gezogen werden kann, ohne daß es an Kanten und Ecken des Decks hängenbleibt. Inzwischen lag die afrikanische Hitze flimmernd über dem See. In der Ferne glaubte man, das Wasser kochen zu sehen, der Dampf stieg wellig empor. Zweimal schon hatten wir die Netze ausgebracht, jetzt wollte auch ich einmal richtig mit dabeisein. Der erste Mann war schon im Wasser, der zweite wartete auf den Befehl zu springen, als ich schnell auf ihn zutrat, ihm die Haltestange aus der Hand nahm und damit ins Wasser sprang. Als ich auftauchte, mir die Augen wischte und das sandige Wasser aus meinem Mund lief, die Augen wischte, mußte ich wohl einen etwas kuriosen Anblick geboten haben, denn die Männer hielten sich die Bäuche vor Lachen, daß die Turbane nur so wackelten. Nur dem Käpt'n schien es nicht so ganz recht. Doch das Schiff lief weiter, das Ausbringen des Netzes konnte nicht unterbrochen werden. Schon sprang der nächste Mann ins Wasser, die Boote liefen wieder aufeinander zu, der Kreis stand. Als der Kapitän das Zeichen gab, das Netz hochzuhalten, steckte ich die

Stange in die vorgesehene Schlaufe im Netz und marschierte los. Ich hatte kein gutes Gefühl dabei, in diesem unbekannten und undurchsichtigen Gewässer einfach so draufloszulaufen. Der Boden war schlammig, und bei jedem Schritt sank ich einige Zentimeter tief ein. Der Gedanke an alte, verrostete Konservendosen, Blecheimer, Stacheldraht, Scherben und abgebrochene Flaschen ließ mein Herz nicht gerade vor Begeisterung hüpfen. Für einen Moment versuchte ich leichter aufzutreten, doch halb aus dem Gleichgewicht gekommen, kam ich ins Hintertreffen, und der Kreis schien sich zu einem Ei zu formen. Der Mann auf der gegenüberliegenden Seite kam immer näher. Ich sah nur seinen Kopf mit Turban und seine Arme, die die Stange hochhielten. Er lachte und winkte. Ich winkte und lachte. Große Schritte konnte ich nicht machen, da ich sonst in das Netz wie in den Saum eines langen Kleides getreten wäre. Nur nicht ausrutschen und hinfallen, dachte ich bei mir, dann wäre der ganze Fang futsch und ich hätte mich zu Tode blamiert. Inzwischen hatten die Männer ein Lied angestimmt. Ähnlich den Shanties beim Ankerlichten und Segelsetzen aus der Windjammerzeit, doch hier war die Melodie getragen und langsam, dem schleichenden Waten über den Grund angepaßt. Natürlich sang ich mit. Die Melodie war einfach, den Text machte ich mir selbst. Mit dem warmen Wasser bis zum Hals, mit der Stange in der Hand grölte ich irgend etwas vor mich hin. Es machte wahnsinnigen Spaß. Dann standen sich die Männer beider »Marschkolonnen« gegenüber, die Fische waren in dem fast 50 Meter langen Schlauch gefangen, von Deck wurde das Netz eingeholt. Als ich später an Bord kletterte und gerade noch mit anpacken konnte, um das Ende des Netzes mit dem zappelnden Fang an Bord zu ziehen, machte keiner der Männer mehr eine Bemerkung. Mit einemmal gehörte ich dazu, war mit rausgefahren und hatte mitgearbeitet – natürlich gehörten mir auch einige Fische.

Als wir später auf dem Nachhauseweg der blutroten, untergehenden Sonne entgegensegelten, erzählte uns Mohammed eine aufregende Geschichte:

Allah hat es so gewollt

»Es war an einem Tag wie heute. Die ganze Fangflotte war schon auf dem Heimweg. Auch das Boot aus unserer Gruppe hatte schon Segel gesetzt. Wir waren etwas zu spät dran; und immer wenn man sich besonders beeilt, geht irgend etwas schief. Wir zogen und zerrten das Netz an Bord und merkten gar nicht, daß es irgendwo auf dem Seeboden unklar angekommen war. Auf jeden Fall, das Netz war zerrissen, der größte Teil des Fangs ging uns durch die Lappen. Jussuf war fürchterlich wütend; das Netz war noch nicht ganz bezahlt – und natürlich, wie könnte es anders sein, gab er uns die Schuld. Es wurde diskutiert und rumgeschrien, bis jeder auf den anderen sauer war. Schweigend machten wir uns dann auf den Heimweg. Die Segel der anderen Boote waren gegen die untergehende Sonne kaum noch auszumachen. Keiner sprach ein Wort. Es waren mit Sicherheit noch etwa sieben Meilen bis nach El Matarîya, und bei dem schwachen Wind würde das noch gute zwei Stunden dauern. Das kann ja noch heiter werden, dachte ich bei mir, und wußte nicht, wie recht ich behalten sollte. Dann gab's einen fürchterlichen Schlag, der Bug hob sich aus dem Wasser, und das Schiff verharrte in dieser Himmelfahrtsstellung. Wir waren aufgelaufen. Zuerst wollte es keiner glauben, denn an dieser Stelle mußten doch mindestens zwei Meter Wasser sein. Momentan war aller Streit vergessen. Zwei Männer sprangen ins Wasser, die Köpfe tauchten unter – es war wirklich zwei Meter tief. Hassan hatte sich im trüben Wasser unter das Schiff getraut und tastete sich in der Dunkelheit an die Stelle vor, die unsere Fahrt so abrupt gestoppt hatte. Als er nach über einer Minute wieder auftauchte, wurde uns klar, was passiert war. ›Wir sitzen auf einem Wall, es kann auch eine Mauer sein, von einem Stein oder Baumstumpf aufgespießt. Ich glaube, wir haben uns einige Bodenplanken eingedrückt‹, berichtete Hassan. Als ich die Luke zurückschob, kam mir schon das Wasser entgegen. Was sollten wir machen? Alle Mann ins Wasser und versuchen, das Boot anzuheben und von diesem ›Haken‹ zu befreien? Doch dann würde das Wasser so schnell durch das Leck eindringen, daß wir sofort absaufen würden. Da war es doch ›auf dem Haken‹ noch am sichersten. Inzwischen war der Rumpf fast vollgelaufen, das Heck lag jetzt schon sehr tief im Wasser. Es würde nur eine Frage der Zeit sein, bis das Wasser das Deck überfluten würde. Nicht das ganze Deck natürlich, denn der Bug saß ja auf dem Haken und konnte sich nicht bewegen. So würde mit Sicherheit immer eine kleine Fläche vor dem Mast frei bleiben. Ich ahnte schon, wie wir die Nacht verbringen würden. Mit Hilfe war nicht zu rechnen. In der Stadt würde man zwar unser Fehlen schnell bemerken. Uns aber in der Dunkelheit und bei auflandigem Wind zu suchen, na ja, das erwartete niemand. Morgen früh wird man uns schon finden. Nachdem der erste Schreck vorbei war und es nichts mehr zu tun gab, brach der alte Streit wieder durch. Man konnte fast die Gedanken hören, so laut und eindeutig wurden sie gedacht: Wenn das Netz nicht . . . und wenn . . . und dann . . . dann säßen wir nicht hier. Also, wer das Netz zerrissen hat, hat auch die Schuld, daß wir hier aufgelaufen sind. Ist doch logisch, oder? Inzwischen war das Boot so weit abgesackt, daß nur noch ein kleines Dreieck am Bug frei war. Wie Tiere zusammengepfercht standen jetzt sechs Männer, alle total zerstritten, auf einer Fläche, die nicht größer war als ein Tisch, so dicht nebeneinander, daß sie sich irgendwie immer berührten. Auch mußten sie sich dauernd in die Augen schauen, wenn man nicht den anderen gerade den Rücken zudrehen wollte. Wenn es nicht so ernst gewesen wäre, ich hätte am liebsten laut losgelacht. Zum Hinsetzen war kein Platz, und die Beine konnte man auch nicht wegen des Wassers über Bord hängen lassen. Schließlich kam einer auf die Idee, daß sich wenigstens einer immer abwechselnd im Schneidersitz in die Mitte setzen könnte. Es klappte, und der jeweils Glückliche konnte sich dazu noch an den Beinen des hinter ihm Stehenden anlehnen. So verbrachten wir die Nacht. Zweieinhalb Stunden im Stehen, eine halbe Stunde im Sitzen. Manchmal war es nicht auszuhalten, der Rücken schmerzte, der Hals tat weh, die Beine wurden schwer. Den Fang einer ganzen Woche hätte jeder von uns gegeben, wenn er sich dafür nur fünf Minuten hätte hinlegen und ausstrecken können. Zur Sicherheit hatten wir uns alle noch mit einem dicken Tampen aneinandergebunden. Keiner durfte natürlich einschlafen, denn wenn er umgekippt wäre, hätte er uns alle mit ins Wasser gezerrt. Wir mußten also wach bleiben. Jussuf machte den Vorschlag, wir sollten uns mit Geschichten wach halten — keiner hatte Lust. Witze erzählen — keiner kannte welche. Von Frauen schwärmen — zu blöd und zu kalt. Gegen Morgen wurde es dann wirklich kalt. Unsere Glieder waren steif, unser Blut zirkulierte zu langsam. Wir steckten alle in nassen Kleidern, und die leichte Nachtbrise hatte jeden etwas unterkühlt. Vielleicht war auch niemand eingeschlafen, weil ihn das Zähneklappern des Nachbarn störte und wachhielt. Auf jeden Fall sehnten wir uns — jeder einzeln und alle zusammen — nach der Sonne. Schon am frühen Morgen standen wir alle mit dem Gesicht nach Osten und warteten sehnsüchtig auf den Sonnenaufgang. Endlich war es dann soweit. Strahl für Strahl erhob sie sich, sehnlichst erwartet, aus dem Wasser, durchbrach nach einer Weile Dunst und Tau. Die Männer in der zweiten Reihe drängelten wie im Kino und wollten nicht ewig im Schatten stehen.

Wir waren jetzt warm und zitterten nicht mehr, aber gefunden hatte man uns deshalb noch lange nicht. Damit die ersten Fischer uns auch sehen und finden würden, hißten wir das Segel und ließen das Tuch auswehen. Wir hatten Glück. Schon vom ersten Boot wurden wir gefunden. Wir sind auch heute noch zusammen und arbeiten in einer Mannschaft. Der Streit ist längst vergessen.«

Die Chancen stehen gut

Als wir am späten Nachmittag inmitten der Fischerflotte mit achterlichem Wind dem Ufer von El Matarîya zueilen, kommt Leben in die Stadt. Die Bewohner versammeln sich am Strand, harren der Schiffe und Fische, die da kommen sollen. Fischaufkäufer aus Kairo mit modernen Kühlwagen sind eingetroffen, Gemüse- und Obsthändler bauen im Schatten ihre Verkaufsstände auf, Teestuben stellen Tische und Stühle vor die Tür, in kleinen Strandkneipen werden Holzkohlefeuer entfacht, Hunde und Bettler warten auf einen kostenlosen Fisch. Keiner will das tägliche Schauspiel verpassen. Nach einem aufregenden Tag ist uns klargeworden, daß die Manzala-Boote ein gutes Beispiel dafür sind, daß die Windenergie noch nicht abgeschrieben werden kann und daß auch noch im 20. Jahrhundert eigenständige und ganz neue Segelboottypen entstehen können. Manzala-Boote sind Spezialfahrzeuge, die nirgendwo sonst auf der Welt — es sei denn in gleicher oder ähnlicher Umgebung — eine Überlebenschance haben. Sie sind zu flach, die Besegelung ist zu groß, das Ruder zu lang, das Deck zu rund, der Sprung zu negativ, der Freibord zu gering. Aber hier auf dem Al-Manzala-See kann es in seiner Aufgabe und Funktion von keinem anderen Segelfahrzeug der Welt geschlagen werden — hier hat es sich entwickelt, hier ist es zu Hause, und hier wird es überleben. Die Chancen stehen jedenfalls gut.

74. Wie eine Rennmaschine modernsten Designs mutet dieser Arbeitssegler vom Manzaka-See an.
75. Noch vor Sonnenaufgang, wenn noch tiefer Dunst über dem See liegt, segeln und staken die Männer zu ihren Fanggründen.
76 — 80. Manzala-Boote werden meist zum Fischfang benutzt. Größere Schiffe werden auch zum Transport eingesetzt. Ein futuristisch anmutender Rumpf ist hier mit einem traditionellen Lateinerrigg gepaart. Zum Segelsetzen, -bergen und Netzetrocknen müssen die Männer hoch ins schwindelnde Rigg.
81. Nach dem Tagewerk liegen 2000 Fischerboote im Hafen von Matarieh.
82. Am frühen Morgen herrscht großes Gedränge in den Fahrrinnen zwischen den Schilfinseln, denn die Männer wollen noch vor Sonnenaufgang am Arbeitsplatz sein.

76

77
80

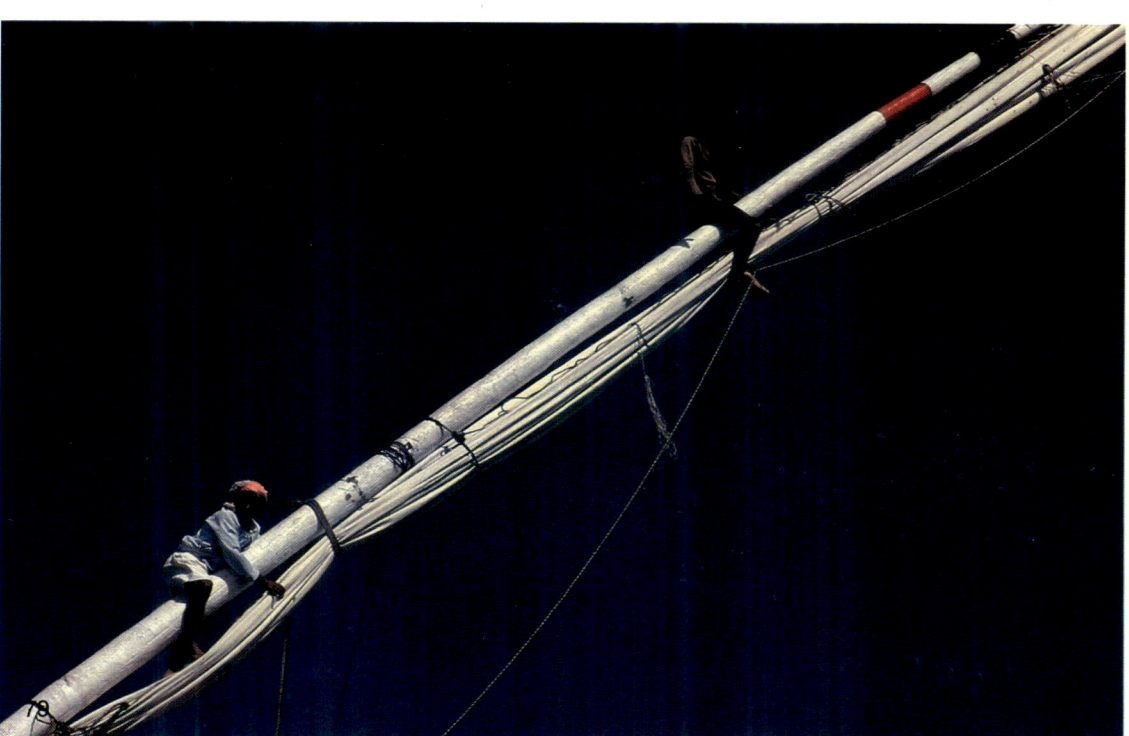

Dschunken

China

Drohend, wie eine undurchdringliche Wand, hängen schwarze Wolken tief am Horizont, so, als wollten sie dem tapferen Schiff den Weg versperren, es abschrecken und zur Umkehr zwingen. Das düstere Dunkel des niedrig-grauen Himmels wirkt erschreckend, die grünlich aufgewühlte See — eine unermeßlich weite Fläche mit tiefen Windfurchen auf dem Rücken einer jeden Welle — tobt, trägt und treibt das Schiff weiter. Dann bricht und platzt der Himmel. Wassermassen stürzen aus niedriger Höhe auf das Schiff. Es gießt in Strömen. Das Meer hat seine Oberfläche gesprengt und hebt sich hoch bis in den Himmel. Der geifernde Sturm schlägt zurück und schneidet sich gierig Schaumfetzen aus dem fremden Element. Die Natur tobt sich aus. Mit furchtbaren Böen und gnadenlosen Ergüssen schlägt, peitscht und quält sie sich, so, als wolle sie sich selbst vernichten. Harte Tropfen prasseln auf die breiten Bohlen des grauen Decks, Geschossen gleich trommeln sie gegen die nackten Masten und bohren sich tief in die geflochtenen Segel. Wahre Sturzbäche laufen von den Bambuslatten und verwandeln das Deck in eine weiß-schäumende Fläche. In den Speigatts drehen sich die Strudel. Mit beißendem Donner und höhnischem Zischen laufen die von achtern aufkommenden Brecher, greifen dem Schiff unter das gefährlich ausladende Heck, heben es hoch, um sich dann zu teilen und brüllend an den hohen Seitenwänden nach vorne zu schießen. Wie von magischer Hand gezogen, taumelt und torkelt das plumpe Schiff weiter und versucht, die Wellen wieder zu überholen; es wird schneller, scheint zu surfen — doch dann geht ihm jedesmal von neuem die Luft aus. Es verharrt, bleibt stehen, wird von den Unterseen zurückgesaugt.

Während der kantige Bug in den wirbelnden Schaum des Wellentals schlägt und versucht, eine Fahrspur in den nächsten Berg zu rammen und zu graben, steigen die Wellengiganten höher und höher und verdecken vorne und achtern den Horizont. Jedesmal, wenn sich das Vorschiff zum »Luftschöpfen« weit aus dem Wasser hebt, läuft in hellen Strömen und weißen Zotteln dreckiges Bilgewasser durch faustgroße Löcher und leckgesprungene Planken. Das Schiff liegt jetzt tief im Wasser, aus der Ferne scheint es hinter jeder Welle zu versinken. Der Kapitän, beide Hände um die holende Part der Rudertalje geklammert, schiebt den geschwungenen Strohhut tief in die Stirn, um sich vor den schmerzenden Tropfen zu schützen. Wohl kennt er das chinesische Sprichwort »Die See kann dich retten, das Land aber nicht«, und er weiß, daß es hier im Norden des Südchinesischen Meeres — wo Stürme und Taifune mit grausamer Faust regieren — ganz besondere Bedeutung hat. Er weiß aber auch, daß sein Schiff, leck- und wundgeschlagen, schwer Wasser macht und daß es nur noch im Lee einer Insel oder im Lauf eines Flusses gerettet werden kann. Er läßt die Segel stehen, will nicht sein Schiff, beigedreht und wie ein Blatt auf dem Wasser taumelnd, sich selbst überlassen. Tiefgerefft jagt die Dschunke nach Norden, versucht ihre hölzerne Haut in den Zhujiang, den Pearl River, zu retten.

Aus der Wiege der Seefahrt

Chinas Küste hat viele Gesichter. Südlich des Jangtsekiang, in den Provinzen Guangdon, Fujian, Zhejiang und Teilen von Jiangsu ist die Küste steil und felsig. Zahllose Inseln, rauhe Felsenriffe und tiefeingeschnittene Fjorde machen den Norden des Südchinesischen Meeres, die Taiwanstraße und Teile des Ostchinesischen Meeres zu einem gefährlichen Segelrevier. In den tiefen Küsteneinschnitten und Buchten findet man allerdings auch sehr sichere Häfen, in die sich die Schiffe zur Zeit der Taifune retten und zurückziehen können. Diese tropischen Wirbelstürme, die nicht selten bis hoch nach Shanghai laufen, fordern jedes Jahr zwischen Juni und

Dschunken
China

September viele Schiffe und Menschenleben. Nördlich des Jangtsekiang, in Jiangsu, Shandong und Hebei, ist das Land dagegen niedrig, eine Marsch, von vielen Flüssen und Seen durchsetzt. Die Küsten des Ostchinesischen und des Gelben Meeres sind flach, ungezählte Untiefen und Sandbänke wachsen weit ins Meer hinaus. So gibt es nur sehr wenige gutgeschützte Häfen, und diese sind dann noch durch Schwemmsand und Sandbänke schwer zugänglich. Die beiden doch grundverschiedenen Küstenformen der 2000 Meilen langen Wasserfront Chinas haben natürlich den Schiffsbau, die Geschichte und Entwicklung der Schiffahrt im Reich der Mitte ganz entscheidend beeinflußt. Da jedes Schiff immer der beste Kompromiß an die lokalen Gegebenheiten sein muß, haben die Dschunken des Nordens einen geraden, platten Bug und einen flachen Boden, um problemlos in den seichten Gewässern »trockenfallen« zu können. Die Häfen liegen meist in Flußläufen und Auflaufen, und häufig bleiben die Dschunken stecken. Es gibt im Norden eine Art von Dschunken, deren Rümpfe eine Kastenform haben, mit flachem Boden und geraden »Seitenwänden«, die sich zum Heck und Bug leicht verjüngen und vorne und achtern mit einem Vierkantspiegel abschließen. Sie haben keinen Kiel, weder Vorder- noch Achtersteven, und werden wie eine Kiste, Brett für Brett, zusammengenagelt. Erst Längs- und Querschotten geben dem Schiff Stabilität, und starke Scheuerleisten oder Wallschienen aus ganzen Bäumen, die vom Heck bis zum Bug reichen, bringen zusätzlichen Halt. Das Deck »springt« sehr stark und erreicht am Heck eine erhebliche Höhe. Auch im Segelplan haben die Norddschunken ihre Eigenart, und das Charakteristische für die Schiffe nördlich des Jangtsekiang besteht darin, daß die oberste Rah des Segels meist waagerecht steht und das Segel die Form eines Parallelogramms oder Trapezes hat, da Vor- und Achterliek oder Luv- und Leeliek fast parallel verlaufen. Die Dschunken des Südens werden, wie ihre Vettern im Norden, fast immer ohne Kiel und Spanten gebaut, sind aber in der Regel nicht so eckig, haben einen schärfer zulaufenden Bug, größeren Tiefgang und verlaufen nach achtern gewölbt und gerundet mit unterschiedlichen Heck- und Bugabschlüssen. Oft haben gerade die Dschunken aus Hongkong und Guangzhou und Umgebung einen angesetzten Kiel sowie Mittel- oder Leeschwerter, um die Segeleigenschaften zu verbessern. Das Deck läuft zum Heck hin stark an und bildet eine regelrechte Heck mit oft noch darüberliegendem Balkon. Die Rah des Luggersegels steht in einem gaffelartigen Winkel und hält etwa ein Drittel der Segelfläche vor und zwei Drittel hinter dem Mast. Auch haben die Segel des Südens wesentlich weniger Segellatten als die des Nordens. Der Unterschied reicht von vier oder fünf Latten in der Guangzhou-Gegend bis zu 30 und 40 Latten pro Segel auf dem Jangtsekiang. Als Faustregel kann man in etwa feststellen: Je größer die Anzahl der Segellatten und je waagerechter und flacher der Segelkopf sind, desto nördlicher liegt der Heimathafen einer Dschunke. Insgesamt unterscheidet man etwa 70 mehr oder weniger verschiedene Dschunkentypen. Die Chinesen selbst kennen allerdings keine großen Klassifizierungen und Kategorien, sie benennen die unterschiedlichen Typen ganz einfach nach dem Herkunftsort jedes einzelnen Schiffes. So ist die »Tam-Kok-Teng-Dschunke« eben der Schiffstyp aus Tam Kok, einem kleinen Hafenstädtchen am Pearl River. Der Name Dschunke ist bei den Chinesen so gut wie überhaupt nicht gebräuchlich, ein verwirrender Terminus europäischen Ursprungs, der, ähnlich dem Ausdruck »Kanua« in Polynesien, ganz einfach »Boot« bedeutet — Boot im chinesischen Meer.

Für ein europäisch geschultes »Segelauge« sind Dschunken, gleich welcher Herkunft, topplastig, erscheinen verhältnismäßig breit und kurz und somit plump und schwerfällig. Der kastenförmige und abgerundete Rumpf mit plattem Bug und gefährlich ausladendem Heck sitzt wie eine Ente auf dem Wasser. Den ungewohnt exotisch geschnittenen Segeln, den nichtabgestagten Masten und der gebrechlich anmutenden Ruderanlage traut man eigentlich nicht zu, auch nur den kleinsten Sturm zu überstehen.

Doch auch die Geschichte zeigt, daß Dschunken ganz besonders seetüchtige Schiffe sind, die die Endstufe ihrer Entwicklung schon vor vielen hundert Jahren erreicht haben und die bis zum heutigen Tag, nur unwesentlich verändert, weiterhin gebaut werden. Zu einem Zeitpunkt, als sich die Europäer noch krampfhaft an ihre Küsten klammerten, lange bevor sie sich mit kaum seetauglichen Schiffen auf das offene Meer wagten und sich Gedanken machten, was denn hinter dem Horizont wohl liegen möge, hatten sich die Dschunken schon zu ausgereiften Hochseefahrzeugen entwickelt. Bereits im 1./2. Jahrhundert bestand ein Seeweg nach Indien, der im 7./8. Jahrhundert routinemäßig befahren wurde. Mit riesigen Dschunkenflotten machten die Chinesen zu Beginn des 15. Jahrhunderts Handels-, Forschungs- und Kriegsreisen, landeten 1418 an der Ostküste Afrikas, besuchten den Golf von Oman, trieben Handel mit Indien und Ceylon und dehnten ihr Handelsreich bis nach Indonesien aus. Und das alles mit Schiffen, deren Größe, Bauweise und technische Details uns heute noch ins Staunen versetzen.

Marco Polo, der selbst an Bord einer Dschunke von China zum Persischen Golf segelte und 1294 die Straße von Hormus am Golf von Oman erreichte, weiß zu berichten, daß es im 13. Jahrhundert seegehende Dschunken gab, die »unter einem Deck 60 Kabinen haben, jede der Wohn- und Schlafraum eines Kaufmannes. Durch dichtgefügte Planken sind die Schiffe in dreizehn Abteilungen unterteilt, zu dem Zweck, das Fahrzeug zu sichern, wenn es durch Auflaufen auf einen Felsen oder beim Zusammenstoß mit einem Wal leck springt. Sie haben vier feste und zwei umlegbare Masten, sind gut kalfatert, haben lenzbare Bilgen, sind mit doppelter Beplankung gebaut und haben bis zu 300 Mann Besatzung.« Für die damalige Zeit muß man von einem Handelsschiff ausgehen, das bei einer Länge von 46 Metern etwa 9 Meter breit ist und 400 bis 600 Tonnen Ladung aufnehmen kann. Es hat aber im 15. Jahrhundert auch »Riesendschunken« gegeben, die für Holzschiffe eine fast unwahrscheinliche Länge von 120 Metern hatten und ihre Segel an neun Masten trugen.

Das Handelsimperium der Chinesen wurde nicht durch Einzelreisen eines verwegenen Kaufmanns oder die Abenteuerlust eines Kapitäns erreicht, sondern es waren genau geplante, auf mehrere Jahre angelegte »Seeoperationen«, die dem chinesischen Hof viel Geld einbrachten und chinesische Waren in aller Welt bekannt machten. So die sieben Reisen des Admirals Cheng Ho, die er von 1405 bis 1431 unternahm, wobei er mit einer Flotte von 62 Schiffen und 27 800 Mann sogar die ostafrikanische Küste erreichte. Cheng Hos Dschunken waren über 100 Meter lang, hatten mehrere Decks, trugen bis zu 600 Mann Besatzung und besaßen eine Tragfähigkeit von etwa 3000 Tonnen. Doch kurz nach dem Tode des Kaisers Chengzu endeten die großen Seereisen des Reiches der Mitte. Der Hauptgrund dafür war die vorrangige Aufgabe der Abwehr der Mongoleneinfälle aus Zentralasien, die aller Ressourcen des Reiches bedurfte.

Die Chinesen sind trotz größter Erfolge eigentlich nie so recht ein Seefahrervolk gewesen. Sie waren immer Bauern und Landwirte, und das Meer spielte nur gelegentlich, je nach der politischen Konstellation, eine besondere Rolle. Mit den Nachfolgern Young Los änderte sich auch die Meinung des Hofes. Seefahrt und Handel im großen Stil wurden mit einem Bann belegt, und es wurde ein Gesetz eingebracht, in dem es hieß, daß sich jeder strafbar mache, der eine Dschunke mit mehr als zwei Masten baue. Damit hatte China die Tür zum Meer zugeschlagen.

Ein Ohr für den Wind

Lee, der Kapitän, ist etwa dreißig Jahre alt, kräftig, mit breiten Schultern und schlanken Hüften. Er trägt einen gewölbten Strohhut und einen schwarzen Drillichanzug. Die Jacke läßt Lee immer offen. Vielleicht fehlen die Knöpfe, oder sie ist zu klein, oder aber der Käpt'n möchte den Wind mit seinen starken Brustmuskeln fühlen. »Ein Schiff ist wie ein Haus« heißt ein altes chinesisches Sprichwort, und mit genau dieser Selbstverständlichkeit hat uns Lee eingeladen, an Bord zu kommen. IM MONDLICHT LEUCHTENDES WASSER heißt seine Dschunke. Auch am hellichten Tag, bei gleißender Sonne, leuchtet an Lees Dschunke nichts, aber vielleicht ist das bei Mondschein alles ganz anders. Die Planken sind grau, von Wind und Wasser ausgelaugt, gestückelt, mit eingesetzten Keilen und Dreiecken. Wie zottige Bärte hängt Kalfaterwolle in langen Streifen aus geplatzten Planken und Stößen. Die Masten sind rissig und alt, tote Segellatten und graues Tuch hängen schlaff in den Bauchgordings, die gebrochene Ruderpinne ist roh geschient, ein verbogener Anker mit hölzernem Stock baumelt am Bug, und rostige Streifen von eisernen Nägeln laufen — getrockneten Blutbahnen gleich — gerade die Bordwand herunter. Lees Dschunke ist ein Schiff, das selbst weiß, wie es um seine Sache steht, das Schiff ist ein Greis — grau und weise. Wieviele Stürme und Taifune mag es schon überstanden haben, wie oft wurde es entmastet oder hat sich mit starken Planken gegen Felsen und Riffe gewehrt.

In einem kleinen Shampan nähern wir uns langsam der vor Anker liegenden Dschunke, beklommen und voll Ehrfurcht vor diesem Veteran. Etwas unsicher noch reichen wir unsere Sachen über die hohe Bordwand. Große, unbekannte Augen der Mannschaft ruhen neugierig auf uns, helfende Hände strecken sich uns entgegen. Etwas verunsichert klettern wir in eine völlig neue Welt, diesmal die Welt der Dschunken.

Auf viele Arten haben wir auf unseren Reisen Anker gelichtet; wir hatten uns in Capstane gesonnt, an spanischen Winden gedreht, mit reiner Muskelkraft in Reihen von 20 Mann gezogen und Anker von Korallen freigetaucht — doch hier an Bord von Lees Dschunke lernten wir eine neue Variante des Ankerlichtens kennen. Direkt hinter dem sich leicht nach vorne neigenden Vormast steht eine große, hölzerne, haspelartige Winde mit drei Reihen von je vier armlangen Spaken. Die Trommel, die Lager und das Fundament sind aus Holz — ein hölzernes Monstrum, das mit seinen langen Stacheln eher einem Igel gleicht als einer Ankerwinde. Sechs Männer, in zwei Dreiergruppen aufgeteilt, drücken bzw. ziehen an den »Griffen« und wickeln die Ankerleine langsam auf. Die Trommel wird dicker und dicker, noch ist kein großer Widerstand zu spüren, die Männer drehen einfach vor sich hin. Doch dann ist die Trosse dichtgeholt, jetzt heißt es, mit Hebel und Muskelkraft das Werk zu vollenden. Mit Händen und Füßen, mit krummen Rücken und gebogenen Beinen ziehen, drücken, stoßen und hängen wir wie Klammeraffen an den Spaken. Dann erlöst uns ein leichter Ruck, die Dschunke treibt frei. Noch ehe der Anker die braune Oberfläche des Wassers durchbrochen hat, wird die Winde blockiert, und in Zweiergruppen laufen die Männer zu den einzelnen Masten, um Segel zu setzen. Am Fuß eines jeden Mastes steht eine der Ankerwinde ähnliche Haspel. Schnell spult sich das Fall auf die Trommel, die Segellatten rutschen und reiben den Mast hoch, und der Wind greift in die Segel. Es dauert einige Zeit, ehe der Wind die Strömung besiegt hat, dann rauscht IM MONDLICHT LEUCHTENDES WASSER los, die Bugwelle wie einen Schnurrbart vor sich herschiebend.

»Ein Segel lauscht wie ein Ohr nach dem Wind«, sagen die Chinesen, und als wir mit achterlichem Wind die vom Pearl River braungefärbten Wasser des Südchinesischen Meeres durcheilen, scheinen die Segel zu wachsen, sich zu verformen und wie großlappig aufgerichtete Ohren jeden »Windlaut« des Meeres aufzunehmen. Wenn auch die begeisterte Feststellung eines Reisenden aus dem 17. Jahrhundert, »Dschunkensegel werden nie herabgelassen, man dreht sie, der Richtung entsprechend, aus der der Wind bläst«, doch sehr vereinfacht ist und nicht ganz den Tatsachen entspricht, so merkt man doch nach wenigen Stunden Dschunkensegeln schnell, daß es sich hier nicht etwa um eine alte Segelkonstruktion aus dunkler Vorzeit der Segelschiffahrt handelt, sondern um ein leistungsfähiges, seetüchtiges Rigg, das sicher, zuverlässig und billig herzustellen und einfach zu bedienen ist.

Hauptmerkmal des Dschunkensegels sind neben Form und Material die Verstärkungen durch Segellatten. Hier einige Vorteile dieser »Knochen« des Segels: Die Schot, wohl das einzige Teil des Dschunkenriggs, das etwas komplizierter ist als bei einem Rigg europäischen Ursprungs, verzweigt sich über mehrere Blöcke und greift an jede Segellatte einzeln an. Dadurch läßt sich das Segel optimal trimmen, es »steht« besser und kann auf »Am-Wind-Kursen« extrem dichtgeholt werden. Beim Reffen bringt das Gewicht der Latten das Segel in Sekundenschnelle nach unten, es fällt von oben und wird von einem Gordingsystem aufgefangen. Diese schnelle und problemlose Handhabung erlaubt auch, das Segel bei Aufzug von schlechtem Wetter noch bis zum letzten Moment stehenzulassen.

Durch die Unterteilung in einzelne Segmente — von den biegsamen Bambuslatten unterstützt — wird der Druck des Windes aufgefangen, verteilt und macht das Segel stärker und widerstandsfähiger. Das wiederum erlaubt, leichteres und billigeres Segeltuch zu verarbeiten.

Und sollte das Segel dennoch eines Tages Löcher haben und halbzerfetzt am Mast hängen, dann wird es immer noch durch die Latten in Form gehalten und kann zumindest »Teilkräfte« entwickeln.

Menschenhandel

Eine Flotte von vier Fischerdschunken aus Macau überholt uns. Die schweren Dieselmaschinen übertönen das feine Spiel des Windes mit den Segellatten, lassen das sanfte Rauschen des braunroten Wassers des Pearl River unter dem Heckbalkon verstummen. Dieselqualm steht in der Luft und dringt in die Nase. Es sind zwar noch Dschunken, der Rumpfform nach, doch ohne Masten und Besegelung. Sie haben viel von ihrer — wenn auch plumpen — Schönheit verloren. Trotz Fernseh- und Radioantennen wirken diese modernen Fischerdschunken »kopflos« und »entmastet«.

Lee scheint unsere Gedanken in unseren Gesichtern gelesen zu haben: »Es sind auch keine richtigen Fischer mehr«, meint er, als sich der stinkende Qualm verzogen hat und man wieder sein eigenes Wort verstehen kann. »Mit Fischfang allein können diese Leute diese teuren Boote niemals unterhalten, sie müssen Geld dazuverdienen. Und wie machen sie das? Ganz einfach, sie schmuggeln. Diese Schiffe sind oft in China und gleichzeitig in Macau oder Hongkong registriert, und die Männer haben auch meist zwei verschiedene Papiere. Sie kommen und gehen, bringen und nehmen, ganz wie es ihnen beliebt, keiner weiß genau, wo sie ihre Spuren ziehen. Aber ich bin mir ganz sicher, die haben oft mehr Transistorradios, Uhren, Taschenrechner, Alkohol und was weiß ich sonst noch an Bord als Fische in ihren Netzen. Seit einiger Zeit gibt es aber noch eine ganz besondere und einträgliche Schmuggelware, und das sind die Flüchtlinge aus Vietnam, die ›boat people‹, wie sie genannt werden.

Dschunken
China

Seit sie ihr Land nicht mehr in Richtung Süden nach Malaysia oder nach Westen zu den Philippinen verlassen, weil sie dort wegen der Piraten kaum noch Chancen haben, heil und ungerupft anzukommen, segeln sie jetzt in kleinen Dschunken, offenen Motorbooten, oder was sonst irgendwie seetüchtig erscheint, in Richtung Norden an Hainan vorbei, um nach Macau oder Hongkong zu kommen. Diese Leute sind natürlich meist Chinesen, die seit vielen Jahren in Vietnam gelebt haben. Wenn sie dann auf hoher See von den Fischern gefunden werden, fängt das Geschäft an, und es klingelt in der Kasse. Verpflegung, Wasser, Abschleppen − alles gegen Geld oder Gold. Oft werden sie auch von den Fischern an Bord genommen und heimlich in Hongkong an Land gesetzt. Das ist natürlich besonders teuer. Für mich ist das ganz eindeutig Menschenhandel. Natürlich gehen die Fischer auch ein großes Risiko ein. Werden sie geschnappt, wird das Boot beschlagnahmt, und es hagelt deftige Strafen. Aber wann passiert das schon mal; eigentlich nie. Letzte Woche wurde ein Fischerboot von einem Schnellboot auf offener See aufgebracht. Die Polizei hatte einen Tip bekommen, daß sich menschliche Ware an Bord befinde. Das Boot wurde nach Macau geschleppt und gründlich untersucht, doch man fand keine Seele an Bord. Wegen anderen Schmuggelkrams konnte man die Besatzung erst einmal festhalten und verhören. Es dauerte immerhin zwei Tage, bis ein Mann auspackte, die Polizei an Bord führte und das Versteck verriet. Man fand vier Männer und zwei Jugendliche. Sie lagen im Laderaum unter dem Eis, das man zum Frischhalten des Fangs gebunkert hatte. Es war ein Zwischendeck eingezogen worden, und darunter mußten sich die Flüchtlinge verkriechen. Nun, durch eine Holzwand von den schweren Eisblöcken getrennt, kann man es schon einige Stunden aushalten, aber nach zwei Tagen − es muß ein grausames Bild gewesen sein, als man das Versteck öffnete.«

Den ganzen Tag über konnten wir Dschunken beobachten, wie sie mit gespreizten Flügeln − Schmetterlingen gleich − langsam die Küste entlang nach Nordosten zogen. In Shanghai, Tientsin oder am gewaltigen Jangtsekiang, wo mag ihr Anker wohl fallen? Graue Fotos und düstere Erzählungen drängen sich auf. Doch wie so oft sind wir auf falschem Kurs. Lee muß nach Hongkong. Doch beklagen können wir uns nicht. Mit weichen, bequemen Bewegungen wiegen und torkeln wir dem Ziel entgegen. Dschunken sind ideale Reisefahrzeuge, geräumig, bequem, ruhig und ausgeglichen geben sie uns das Gefühl großer Sicherheit.

Chinesische Patente

Auf der Kreuz dann werden wir zu echten Dschunkenfans. Wer erlebt hat, wie im Indischen Ozean 20 Mann eine halbe Stunde hart arbeiten müssen, um eine Thoni unter Vollzeug über Stag zu bringen, der traut seinen Augen nicht, wenn der Steuermann einer Dschunke das Ruder hart umlegt: Langsam dreht sich der Bug durch den Wind, die Segel springen um in den Mastleinen − und weiter geht's auf neuem Kurs. Nur der Rudergänger, und niemand sonst an Bord, hat das Manöver ganz allein gefahren, hat einen 25 Meter großen Frachtensegler über Stag gebracht. Es gibt keine Wanten, man braucht keine Backstagen durchzusetzen, keine Taljen zu fieren und keine Bullstander zu lösen; die Masten einer Dschunke stehen einfach »da« und bieten dem Wind die Stirn. Erst modernen Untersuchungen ist es gelungen nachzuweisen, wieso es auch ohne Verstagung so wenig Bruch gibt: Druck und Zug der Segel verteilen sich auf die gesamte Mastlänge, und bei übergroßer Beanspruchung geben die Masten elastisch nach.
Wir schlafen mit der Mannschaft zusammen in einem flachen Raum unter dem »Balkon«. Der Eingang ist klein, wie der einer Hundehütte, auf allen

vieren muß man hineinkriechen. Die Wände sind niedrig, der Raum ist leer und die Luft schlecht. Ein muffiger Geruch von feuchtem, faulem Holz kommt aus jeder Ritze. Ein Öllämpchen flackert unruhig, auch ihm fällt das Atmen schwer. Wir schlafen auf dem Fußboden. Eine feingeflochtene Bambusmatte ist unsere Unterlage, eine feuchte Steppdecke mit blauem Bezug dient zum Zudecken. Erst im Liegen, wenn sich die Augen nicht mehr am Horizont festhalten können, merkt man, wie stark eine Dschunke rollt. Man muß schon auf dem Rücken schlafen und die Beine spreizen, um nicht bei jeder Bewegung des Schiffes durch den Raum oder auf den Nachbarn zu rutschen. Es ist hart, aber schön.

Als wir nach dem Frühstück der Mannschaft helfen, mit ungeschickten Fingern Bambuslatten, Stoffbahnen und fingerdicke Leinen zu einem neuen Vorsegel zusammenzunähen, wird mir auf einmal bewußt, wo wir sind, was wir hier tun und mit wem wir zusammen sind. Meine Gedanken laufen mir aus dem Ruder. Ein Gefühl von Traurigkeit und bedrückender Ratlosigkeit läßt sich nicht mehr unterdrücken. Waren diese Schiffe nicht noch vor 400 Jahren die modernsten und fortschrittlichsten Designs — die Avantgarde der Hochseefahrt —, so können sie sich jetzt kaum noch über Wasser halten. Hätte es damals schon Patente oder Preise für »besondere Erfindungen« oder für »Verbesserung der Sicherheit auf See« gegeben, der chinesische Bootsbauer oder Seemann hätte sich den Schiffsbauch mit Orden, Auszeichnungen und Preisen vollstopfen können. Sie bauten mit die größten Holzschiffe, die je die Meere befuhren, und erreichten somit die Grenzen des Holzschiffbaus; sie machten ihre Schiffe durch wasserdichte Abschottungen sicherer, bauten mit Doppelbeplankung, erfanden und perfektionierten ein balanciertes Heckruder. Tausend Jahre vor dem so fortschrittlichen Europa erfanden die Chinesen den Kompaß, zeichneten Sternenkarten, benutzten Kerzen als »Uhren« und wußten ihre Geschwindig-

keit mit einem Log zu bestimmen. Durch senkbare Ruder, angebolzte Kiele, Mittel- und Leeschwerter steigerten sie die Segelfähigkeit ihrer Dschunken; sie experimentierten mit Masten, die man von der Schiffsmitte nach Back- oder Steuerbord versetzen konnte, trimmten ihre Schiffe mit neigbaren Masten und entwickelten schließlich ein Segel, das, über Jahrhunderte belächelt, bis heute eines der genialsten und durchdachtesten Segel der Seefahrtsgeschichte geblieben ist. Und sollte es eines Tages einmal nicht mehr funktionieren, dann bewegten die Segler des Reiches der Mitte ihre Schiffe mit »Paddelmotoren«, angetrieben von der Muskelkraft Dutzender von Männern.

Doch dann, vor etwa 400 Jahren, blieb die Entwicklung stehen. Die Chinesen hatten ein Schiff entwickelt, das allen Anforderungen genügte. Man war mit dem Erreichten zufrieden. Unterstützt von der altchinesischen Philosophie, die in allem perfekt Erscheinendem die Angleichung an ein existierendes göttliches Modell sah, fragten sie sich wohl, warum sie ihr so vollkommenes Schiff noch weiterverändern sollen?

Irgendwie ist Lee zu beneiden. Selbstbewußt, stark, sich und seiner Sache sicher, steht er an der langgebogenen Pinne. Er weiß nur wenig von der ruhmreichen maritimen Vergangenheit seines Volkes; er weiß, was er von seinem Vater gelernt und was er seinen Kindern weiterzugeben hat. So, als ginge ihn das, was morgen ist, nichts an, steuert Lee sein Schiff in die Zukunft. Auch er kennt das Sprichwort nur zu gut: »Sobald das Schiff auf See ist, wird der Kapitän zum König, auch wenn er noch jung ist, gilt er als ein alter Mann.«

Zwei Welten

Durch den flimmernden Dunst der Mittagshitze zwängen sich die Umrisse von Lantau und Hongkong. Es ist schon ein eigenartiges Gefühl, an Bord einer alten chinesischen Dschunke, gebaut nach jahrtausendealten Plänen, mit Händen und Werkzeugen, die sich ebenfalls seit Generationen nicht verändert haben, mit vollen Segeln in das 20. Jahrhundert hineinzusegeln und mitten in einem Meer von Hochhäusern, einem Gewirr von Stadtautobahnen, dem Wucher und Wildwuchs von Stahl, Zement, Glas und Plastik Anker zu werfen. Eine silbrigglänzende Düsenmaschine zieht einen weiten Kreis über unseren Köpfen und setzt auf einer Bahn mitten in der Bucht zur Landung an. Jetfoils, Tragflächenboote und Fähren peitschen das Wasser auf, Kriegsschiffe und eine Kette von Frachtern, Tankern, aus aller Herren Länder scheinen uns den Eingang versperren zu wollen. Gegen einen leichten Wind kreuzen und arbeiten wir uns durch die Flotte der Frachter; verloren und unsicher tastet sich die Dschunke mit gelber Heckwelle langsam ins fremde Revier. Die Mannschaft eines bundesdeutschen Schiffes aus Hamburg lehnt an der Reling, mit Bierdosen in der Hand bewundern sie unser Manöver dicht unter der steilen Bordwand. Als wir ihnen ein »Hummel — Hummel« und »HSV« zurufen und mit den Strohhüten winken, verschlägt es ihnen die Sprache. Verdutzt, als sei ihnen der Teufel begegnet, rufen und winken sie hinter uns her.

Kurze Zeit später fällt der Anker, die Spaken der Winde drehen sich frei. Die Flunken suchen und suchen, finden keinen Halt, wollen sich nicht eingraben. Im Mondlicht leuchtendes Wasser zerrt, schwojt und zieht am Anker, so, als wolle sie sagen: Hier ist es nicht gut, hier kann ich nicht atmen, ich will zurück!

83. Eine Dschunke mit Schilfmattensegel kreuzt auf dem Pearl River.

84. Durch die grauen Wasser des Südchinesischen Meeres wuchtet sich eine Dschunke.

85. Das Hubruder einer Dschunke kann nur mit Hilfe von Taljen bewegt werden.

86. Neben den wasserdichten Abschottungen, Hubkielen und dem Achterruder haben die Chinesen auch den Kompaß erfunden.

87. Die Mannschaft einer Dschunke lebt an Deck. Die Schlafräume sind klein und meist schlecht belüftet.

88. Wie ein Schmetterling gleitet eine Dschunke über das braune Wasser. Ein Bild, das sich im Chinesischen Meer seit vielen hundert Jahren täglich wiederholt.

89. Das Dschunkensegel ist eines der am genialsten konstruierten Segel in der Geschichte der Seefahrt, das auch heute noch gegenüber modernen Designs viele Vorteile aufweisen kann.

85

86

87

Batiments

Haiti

Mit einem krummen Ast ist das Vorsegel ausgebaumt, das Großsegel hängt bauchig zur anderen Seite. Tiefbeladen schleicht das Schiff auf die Hafeneinfahrt zu. Es rollt leicht, von der achterlichen Dünung bewegt; der lange Baum torkelt, und mitunter scheint die Nock die Wasseroberfläche zu berühren. Mit den ausgestellten und weit gespreizten Segeln gleicht es einem müden Vogel, der nach langem Flug mit ausgebreiteten Flügeln zur Landung ansetzen will. Es taucht den Bug tief in die See, schlingert und stampft den kleinen Rest bis ins Ziel. Jedesmal, wenn sich das Heck langsam senkt, steigt der gerade Bug hoch und zeigt seinen narbigen Steven. Mit fünf oder sechs Knoten hat das Schiff den Golf von Gonaïves durchpflügt, jetzt läuft es mit verminderter Geschwindigkeit auf die auseinandergebrochenen, von Wind, Tide und Dünung ausgewaschenen und geschliffenen Wellenbrecher von Cité Simone zu. Schwarze, dreckige Säcke sind in mehreren Schichten an Deck gestapelt, obenauf sitzen 20, vielleicht 30 Marktfrauen in bunten Kleidern und farbigen Kopftüchern. Der nichtausgefüllte Raum ist mit Körben, Früchten, Gemüse, an den Krallen zusammengebundenen Hühnern, Ziegen und einer Kuh zugestellt und zugestopft. Ein Mann klettert auf den wippenden Bugspriet, hängt sich mit beiden Händen an das Vorliek, zerrt mit aller Kraft am Vorsegel. Mit einemmal kommt es wellig von oben, hüllt den Mann ein, das Schothorn tanzt und springt schlagend und flappend auf dem Wasser, dann wird das wildgewordene Segel von mehreren Händen gebändigt. Der Mann am Ruder drückt jetzt mit aller Kraft die Pinne herum, dreht die Nase des Schiffes in den Wind, um ihm so die Restfahrt zu nehmen. Der Fall schlägt frei, die lange Gaffel schwankt und schlägt, so, als wolle sie mit einem Hieb die Wanten und alles, was sich ihr in den Weg stellt, durchsäbeln. Zwei Männer stolpern zwischen den schreienden Frauen hindurch, hängen und klammern sich an das Achterliek des Großsegels, um so die Gaffel zu beruhigen. Die Klau rutscht, klemmt, zuckt, dann sausen Gaffel und Segel mit einemmal an Deck und begraben Marktfrauen und Hühner unter sich. Die Männer haben jetzt keine Zeit, sich um das Gekreische der Weiber zu kümmern. Das Schiff ist zum Stehen gekommen, verharrt einen Augenblick und wird dann langsam vom Wind in Richtung Mole, vor der eine Reihe Segelschiffe ankern, gedrückt. In der Aufregung ist der Anker nicht gefallen. Der Käpt'n brüllt und gestikuliert mit den Armen, wie ein wildgewordener Oktopus — niemand hört ihn.

Gleich zwei Männer hasten jetzt plötzlich nach vorne, zerren den Anker unter dem noch nicht aufgetauchten Vorsegel hervor; hart schlägt er gegen die Bordwand, bleibt am Wassersteg hängen, kommt endlich klar und versinkt ohne Spritzer in der Brühe des Hafenbeckens. Inzwischen ist das Heck mit dem weit achteraus herausragenden Baum den vor der Mole ankernden Schiffen bedenklich nahe gekommen, die Männer rennen nach hinten, um mit Armen, Beinen und Stangen den unausweichlichen Aufprall abzufangen. Immer noch hängt die Ankerleine schlaff und verspricht wenig Hoffnung, doch noch rechtzeitig die Drift zu stoppen. An zwei Schiffen ist das Heck gerade noch vorbeigekommen, eine Leine wird geworfen, verfehlt ihr Ziel und fällt ins Wasser; für einen zweiten Versuch bleibt keine Zeit. Man sagt, die See verzeihe keinen Fehler, der Hafen aber auch nicht. Der Baum bohrt sich wie eine Lanze durch die Wanten des nächsten Schiffes, stößt gegen das Deckshaus, biegt sich für einen Moment wie ein Flitzbogen, dann birst er mit einem lauten, knackenden Knall. Das Ruder rammt in die Flanke, krachend splittert Plankenholz. Mit roher Gewalt scheint das Rückgrat des Schiffes zu brechen. Lähmende Ruhe, doch nur für einen Moment. Dann schreien, brüllen sich die Mannschaften der beiden ineinander verhakten Schiffe an, gestikulieren wild mit den Armen — es wird noch eine ganze Weile dauern, bis die Gemüter sich beruhigt und der Zorn sich gelegt haben. Ein Batiment, ein Frachtensegler der Küstengewässer Haitis, ist auf seine ganz eigene Art in den Hafen von Cité Simone, nahe Port-au-Prince, eingelaufen.

Gaffelschnitt mit Sprietbaum

Die Karibik, die die unterschiedlichsten Schiffstypen geboren hat, vom Windward-Island-Schooner bis zu den Fishing-Sloops der Bahamas, hat hier in Haiti keine besondere Phantasie entfaltet. Neben kleinen Kanus und grob zusammengebauten Fischerbooten in Dingigröße sind die Batiments die einzigen Schiffe, mit denen sich die Haitianer von ihrer Küste fortbewegen, mit vorgelagerten Inseln Handel treiben und Waren zu den Häfen der Nord- und Südküste transportieren. Es ist sicher kein außergewöhnlicher oder exotischer Schiffstyp mit einem Rumpf, den man als Allerweltsrumpf bezeichnen könnte und der als Frachtensegler sicher an vielen Küsten seinen Dienst verrichten könnte. Zehn bis fünfzehn Meter lang, vier bis fünf Meter breit, mit geradem Bug und senkrechtem Spiegelheck, eine Konstruktion aus wenig seetauglichem Holz, wie Bayhonde und Fichte, die wenig Anforderungen an die Kunst des Baumeisters und an den Geldbeutel des Eigners stellt. Das Deck ist flach, es hat eine große Ladeluke hinter dem weit vorne stehenden Mast. Irgendwie scheint dem Batiment-Rumpf die echte Schiffsform zu fehlen, der Bug ist zu steil, das Heck zu gerade, das Deck zu flach, die Seiten einfach zu senkrecht. Es fehlen die anmutigen Rundungen, die etwas Schwimmendes erst zu einem Schiff, und besonders zu einem Segelschiff, machen. Ein Deckshaus, in Form und Größe einer Hundehütte nicht unähnlich, und ein viel zu hohes Schanzkleid tun das Ihre, um den Batiments den letzten Flair eines Seeschiffes zu nehmen.

Wenn Batiments auch immer Einmaster sind, muß man dennoch zwei grundverschiedene Riggarten unterscheiden. In der Regel sind Batiments gaffelgetakelt – als Kutter oder Sloop. Doch auch hier gibt es einige Besonderheiten, die sie von einem gaffelgetakelten Segler europäischen Zuschnitts unterscheiden. So ragen Baum und Gaffel, die beide etwa gleichlang sind, bis zu zwei Meter und mehr über das Heck hinaus. Wird das Segel gesetzt und die Gaffel vorgeheißt, rutscht die Klau, der Gaffelschuh, nur etwa ein Drittel der Mastlänge hoch. Wird dann am Wind die Gaffel extrem steil gestellt und der Baum mit einer doppelten Dirk fast 40 Grad zum Deck hin angehoben, hat man den Eindruck, als handle es sich um ein frühes peruanisches Sprietsegel, das an einem speziellen Mast gefahren wird und bei dem Gaffel und Baum die beiden Spriets sind. Es gibt aber eine noch weit abenteuerlichere Variante des Batiment-Riggs. Von weitem glaubt man, ein Gaffelsegel mit sehr hohem Vorliek vor sich zu haben, ein viereckiges Segel, das in Größe und Form dem klassischen Gaffelsegel entspricht. Doch beim Näherkommen stellen sich dann einige Ungereimtheiten heraus, denn bei diesem Mast fehlt oben ein Stück, wo normalerweise das Piekfall hingeführt wird, um so die Gaffelnock hochzuhalten. Man sieht, daß das Segel bis zum Masttopp reicht und eigentlich kein Gaffelsegel ist. Die Erklärung ist einfach, aber ungewohnt bei Schiffen dieser Größe. Batiments fahren ein Sprietsegel, das die Form eines Gaffelsegels hat und nicht, wie ein klassisches Sprietsegel, quadratisch oder rechteckig geschnitten ist. Die Pieck wird hier von einem armdicken Sprietbaum hochgehalten, der den Mast noch um einige Meter überragt. Die Nock dieser Spiere ist mit der Pieck verbunden, und das untere Ende steht entweder an Deck und ist an den Mastfuß gelascht oder wird, je nach Kurs, mit einem speziellen Fall bis zu einem Meter hochgehoben. Auf »Am-Wind-Kursen« wird die Spiere, die eben noch die Piek in einem bestimmten Winkel zum Mast hochgehalten hat, längs an den Mast gelascht, überragt den Masttopp und gibt dem Segel fast die Form eines Bermudasegels. Dieser Segelplan steht entwicklungsmäßig direkt zwischen dem Spriet und dem Gaffelsegel. Es ist kein reines Spriet mehr und noch kein richtiges Gaffelsegel. Für die Entwicklungsgeschichte der Segelformen und Riggarten ist dieses Batiment-Segel eine wichtige Stufe und ein einmaliges Beweisstück für die Tatsache, daß sich das Gaffel- aus dem Sprietsegel entwickelt hat. Doch eines haben alle Batiments, gleich welcher Größe und welcher Riggart, gemeinsam: Ihr Zustand ist so schlecht und seeunwürdig, daß man befürchten muß, jede Fahrt, auch die bei bestem Wetter, könnte die letzte sein. Kalfatwolle, Gummi und Teerfetzen hängen von den Planken, Farbe und Anstrich sind reine Verschwendung, gebrochene Planken sind mit Holzbrettern übernagelt, Lecks mit dünnen Bleiplatten oder Zinkblech geflickt. Die Wanten der Batiments bestehen meist aus Drahttauwerk; jede zweite hat sicherlich schon eine Notreparatur hinter sich, doch nach einer Weile wird die Notreparatur zur permanenten Reparatur, und die Flickstelle bleibt für immer. Steifgesetzt werden die Wanten mit Taljen, unechten Jungfern oder selbstgebastelten Laschings, »made in Haiti«. Die Segel sind aus schwerem Kanvas, reichlich »gepatscht« und gestückelt. Liektaue aus alten Festmachern, Kauschen aus angenähten Kettengliedern und Schoten, so schlecht und geschamfielt, daß man damit noch nicht einmal einen Kasten Bier in die Bilge ablassen würde. Sicher, es sind abenteuerliche Schiffe, wenn sie vollbeladen mit Fracht, die sonst niemand mehr transportiert, zu Inseln, die niemand mehr anläuft, und zu Preisen, die sich sonst niemand mehr erlauben kann, unterwegs sind. Oft sind sie so zugeladen mit Bausteinen, Zement, Ölfässern, Bierkästen, Bettgestellen, Wellblech, Holzkohle und Passagieren, daß dem Segel förmlich die Luft wegbleibt. Doch wider alle physikalischen Gesetze schwimmen auch die heruntergekommensten Batiments unter ihnen und sind auch in nächster Zukunft sicher nicht unterzukriegen. Vielleicht sind es ja ihre Namen wie GOTTES HOFFNUNG, HERR UND MEISTER, DANK DEM ALLMÄCHTIGEN, HAB ERBARMEN oder GÖTTLICHE LIEBE, die den Schiffen den letzten Auftrieb geben und sie immer wieder in die Häfen zurückbringen. Haben dann nach 15 bis 20 Jahren Wasser und Karibiksonne das Ihre getan und das Leben aus dem hölzernen Schiff gewaschen und gebrannt, dann werden sie in irgendeiner Bucht oder in der schmutzigsten Ecke des Hafenbeckens auf Grund gesetzt und langsam abgewrackt.

Die schwimmende Arena

Sie gehen aufeinander los, schlagen wild mit den Beinen um sich. Jeder versucht, höher als sein Gegner zu springen, um dann mit der gefährlich angespitzten Kralle zu treffen und zu töten. Die Männer brüllen, schlagen sich auf die Schenkel und feuern die Kämpfer an. Schon färben sich die Hälse nach gezielten Schlägen blutrot, doch noch schwächt es die Kämpfer nicht, sondern macht sie nur noch wilder und angriffslustiger. Einer dreht ab, läuft an den Füßen der im Kreis sitzenden Zuschauer entlang; sein Gegner, kampferprobt und erfahren, schneidet ihm den Weg ab und zwingt ihn, sich erneut dem Kampf zu stellen. Federn und Fetzen fliegen, wie Spitzhacken schlagen die Schnäbel zu, reißen, beißen und hacken auf den Feind ein. Die Zuschauer werfen glühende Zigaretten und brennende Streichhölzer auf die Tiere und versuchen sie so anzufeuern oder zu erschrecken. Mit Gebrüll, Gejohle und Händeklatschen wird jede Attacke und jede gelungene Abwehr belohnt. Die Tiere tun uns leid. Wir versuchen in den Gesichtern der Männer, die dieses grausame Schauspiel inszenieren, zu lesen. Verzückt und von unbegreiflicher Begeisterung gefangen, haben Seeleute und Passagiere die Welt um sich herum vergessen, gebannt verfolgen sie die immer schwächer und immer blutiger werdenden Kämpfer. Auch wenn wir jetzt auf Kollisionskurs liefen, wenn Wasser über die Bodenbretter schwappen und der Mast brechen würde, zuerst müßte der Kampf entschieden sein, ehe man an die Rettung des Schiffes dächte. Der haitianische Hahnenkampf findet an Bord statt, an Bord einer Batiment, eines Frachtenseglers, auf der Reise von Port-de-Paix an der Nordküste Haitis nach Port-au-Prince, der Hauptstadt des Inselreiches. Sicherlich eine ungewöhnliche Arena für einen Hahnenkampf, doch in Haiti darf einen überhaupt nichts wundern — Haiti ist anders.

In Port-de-Paix, einem alten Piratenschlupfwinkel, waren wir an Bord gegangen und mit uns noch ein Dutzend Haitianer, Männer und Frauen, die in Gonaïves oder der Hauptstadt Geschäfte oder Besuche machen wollten. Einer brachte einen Kampfhahn mit, der ihm in Port-au-Prince Ruhm, Geld und Ehre einbringen sollte. Das ganze Jahr hatte er seinen Hahn mit rohem, teurem Fleisch gefüttert und ihn mit in »Clairin« getunktem, scharfem Pfeffer kampfstark gemacht. Es ist eine angenehme und friedliche Reise; der kräftige Passat trägt uns schnell und bequem über das wellige Wasser des Golfes von Gonaïves. Ein hellgrauer Rochen, der mit weiten Schwingen direkt vor unserem Bug die Wasseroberfläche durchbricht und mit einem lauten Klatschen wieder eintaucht — und diese Übung uns zuliebe viermal wiederholt —, ist die einzige Abwechslung dieser Fahrt. Doch das ändert sich mit einem Schlag, als bei einer Zwischenlandung in Gonaïves, neben zwei Bettgestellen und einigen Ölfässern, auch noch ein zweiter Passagier mit einem Kampfhahn auf dem Arm an Bord kommt. Der Käpt'n schien schon nichts Gutes zu ahnen und wollte ihn zuerst nicht an Bord lassen. Aber Geld ist Geld, dachte er wohl, und so segeln wir kurze Zeit später mit zwei Kampfhähnen los. Wir liegen auf einem alten Segel, das uns der Bootsmann gegen Aufpreis überlassen hat, und braten in der Karibiksonne. Die beiden Kampfhahnbesitzer beachten sich nicht und strafen sich gegenseitig mit Verachtung. Die Mannschaft, unterstützt von den männlichen Passagieren, ist es schließlich, die den »Kampfkontakt« herstellt. Irgend jemand muß einem der Kampfhahnbesitzer wohl gesagt haben, der Hahn des anderen sei ja eigentlich viel kräftiger, und er könne sich mit seinem schwachbrüstigen Hühnchen die Weiterreise nach Port-au-Prince ruhig ersparen! Dann geht alles recht schnell. Noch ehe wir uns versehen, stehen sich die beiden menschlichen Kampfhähne gegenüber. Mit wilden Gebärden und lauten Beschimpfungen halten sie ihre »Kampfvögelchen« hoch, fuchteln damit dem anderen vor der Nase rum und versuchen, sich selbst und den eigenen Hahn aufzustacheln und den Gegner mitsamt Herrn einzuschüchtern. Als diese noch mit Imponiergehabe und Drohgebärden voreinander stehen, fangen die Männer bereits an, eine Arena zu bauen. Kisten werden weggeräumt, Säcke nach vorne geschleift und die Frauen mit ihren Obstkörben vertrieben. Wetten werden abgeschlossen. Die Männer sitzen jetzt im Kreis, der Kampf kann beginnen. Als nach vielen ausgeglichenen Runden immer noch keine Entscheidung gefallen ist und keiner der beiden Kampfhähne einen Vorteil erkämpft hat, hält es auch der Kapitän am Ruder nicht mehr aus. Er winkt uns herüber, zeigt mit der Hand nach vorne, »da müssen wir hin«, und wir übernehmen das Kommando. Das Schiff liegt schwer am Ruder. Die lange Pinne hängt lose im Ruderkopf und droht jeden Moment herauszurutschen. Das Ruder selbst hat soviel Spiel im Beschlag, daß das Blatt fürchterlich zittert und vibriert. Der Wind schiftet leicht, und um auf Kurs zu bleiben, müßten die Segel getrimmt werden. Aber die Mannschaft und der Kapitän kümmern sich überhaupt nicht um ihr Schiff — jetzt geht der Kampf in seine Endphase, jetzt geht es ums Geld. Wir versuchen zu zweit, das Großsegel dichtzuholen, doch die Talje ist zu schwach. Anluven wollen wir auch nicht, wer weiß, wie das Schiff reagiert. So wie die Mannschaft ihr Schiff zu vergessen scheint, so haben wir, seit wir an der Pinne sind, den Hahnenkampf vergessen. Wir laufen jetzt schon eine Weile auf falschem Kurs, und der nach unten gebogene Bugspriet zeigt auf die Insel Gonaïves. Es gibt keine Karte an Bord, kein Lot, nichts, was uns über die Wassertiefe aufklären könnte. Natürlich kennen wir die Bedeutung von hellgrünem, grünem, dunkelgrünem und hellblauem Wasser, wissen, welcher Untergrund blau, braungrün oder braunschwarz schimmert, doch darauf wollen wir uns eigentlich gerade hier in diesen Gewässern nicht so gerne verlassen. Keiner der Männer ist zu bewegen, die Pinne und das Kommando zu übernehmen. Mit gut sechs Knoten laufen wir auf die Insel zu. Als Schiff mit Kapitän und Mannschaft — denn als Schiff mit Zucht und Ordnung kann man diese schwimmende Hahnenkampfarena wohl nicht mehr bezeichnen.

Wer schließlich das Schiff rettet, ist einer der Kampfhähne. So, als ob er gewußt hätte, daß sein Schicksal mit dem des Schiffes eng verknüpft sei, gibt er auf, opfert sich, und macht die Männer wieder zu Seemännern, die ihre erste und vorderste Pflicht erfüllen: »Halte das dir anvertraute Schiff flott.«

Zombies an Bord

Wenn ein haitianischer Seemann aufs Meer hinausschaut, erblickt er ein Paradies, eine heilige Welt, ein Reich der Geister und Götter, und die alle sind für ihn genauso wirklich wie das Schiff, das er gerade steuert. Er weiß, daß er vorsichtig zu sein hat, denn sobald er den Hafen verläßt, bewegt er sich auf fremdem Territorium, das von übernatürlichen Kräften und Mächten verwaltet und regiert wird. Er fürchtet sich zwar nicht, ist aber voller Ehrfurcht und hat Respekt vor dem fremden Reich. Wasser ist für jeden Haitianer heilig, Salzwasser ganz besonders, und in jeder Voodoo-Zeremonie spielt es eine wichtige Rolle. Denn es ist der Lebensbereich vieler Götter und das Medium, durch das sie sich bewegen. Ähnlich der griechischen Mythologie gibt es im Voodoo ein regelrechtes Pantheon mit Hunderten von Göttern. Die genaue Anzahl ist auch den Eingeweihtesten unbekannt, aber jeder Gott hat seinen Sinn, seine eigene Aufgabe und sein Symbol. Wenn die griechischen Götter ihre Burgen und Paläste auf Bergen und Höhenspitzen aufgebaut haben, so leben ihre Vettern des Voodoo-Glaubens tief unten auf dem Grund des Meeres. Voodoo, der Mischglaube aus Christentum und mystischen Lehren aus Schwarzafrika, hat in Agwé einen Herrscher des Meeres, einen Poseidon der Karibik. Er schwingt den Dreizack über dem Meer; Lebewesen und Pflanzen, Schiffe und ihre Besatzungen, sie alle haben ihm Tribut zu zollen. Agwé trägt die Uniform eines hochdekorierten Admirals, hat die Gesichtszüge eines Mulatten, doch seine Haut ist hell und seine Augen sind tiefgrün wie die Farbe des Karibischen Meeres. Er ist der Beschützer aller Seeleute, die sich ihm anvertrauen, seiner Hilfe bedürfen und seine Dienste bezahlen. Um sich Schutz und Zuneigung Agwés zu erkaufen, müssen die haitianischen Seemänner mindestens zweimal im Jahr große Opfer bringen. Dann lassen sie von ihren Frauen teure Mahlzeiten kochen, kaufen Wein, Früchte, Sekt und legen nicht selten auch noch Geld mit zu den Weihgaben. Alles wird feinsäuberlich verpackt, in ein weißes Tuch eingeschlagen, und dann segelt der Seemann aufs offene Meer hinaus, um Agwé die Gaben darzubringen. Ist er ein reicher Seemann, vielleicht sogar Eigner mehrerer Schiffe, dann muß er sich etwas Besonderes einfallen lassen und standes- und einkommensgemäß opfern. In diesem Fall dürfte Agwé wohl mit einer lebenden Ziege zufrieden sein. Sind die Gaben versenkt oder das Tier ins Wasser geworfen, gilt es, ohne den Blick auch nur noch einmal zu wenden, sofort an Land zurückzukehren. Sollte es dem Tier gelingen, an Land zu schwimmen und sich so zu retten, oder sollte das Paket mit den reichen Gaben irgendwo an Land geschwemmt werden, dann hat der Herr des Meeres das Opfer nicht angenommen, und unser Seemann tut gut daran, noch besser und teurer kochen zu lassen, noch besseren Wein, vielleicht sogar Champagner zu besorgen und den ganzen Ritus zu wiederholen; will er doch sein Verhältnis zu Agwé nicht aufs Spiel setzen und das nächste Jahr oder den nächsten Sturm überleben. Agwé lebt natürlich nicht allein in seinem Wasserreich. Verheiratet mit La Sirene, der Göttin der Musik, hat er selbst als alter Seemann und Beschützer aller Meerfahrensleute natürlich auch eine oder mehrere Geliebte, die zusammen mit ihm in einem gläsernen Palast auf dem Meeresgrund wohnen. Ähnlich den Comdomblé-Vorstellungen in Brasilien erstreckt sich im haitianischen Voodoo der Machtbereich des Meeresgottes bis über die Meeresoberfläche hinaus, und er gebietet auch über Regen und Sturm, Blitz und Donner.

Die Houngans und Mambos, Priester und Priesterinnen des Voodoo, haben die Kraft und Fähigkeit, aus einem gestorbenen Seemann all sein Wissen, seine Talente und Erfahrungen herauszuzaubern und aufzubewahren. War er ein guter Seemann, der sein Schiff schadlos durch Stürme und Hurrikane geführt, der es immer sicher in den Hafen gesegelt und der nie einen Mann auf See verloren hat, wußte er das Wetter zu deuten und hielt das ihm anvertraute Schiff in gutem Zustand, dann ist sein Geist wertvoll, und es lohnt sich für den Priester, ihn in ein Glas oder eine gutverschließbare Dose einzufangen und dem ältesten Sohn zu übergeben. Der Priester kann aber auch ohne das Wissen der Verwandten diesen »wertvollen« Geist heimlich bei Nacht und Nebel von dem Toten absaugen und für viel Geld verkaufen. Dann wird der Tote zu einem Dämmerleben erweckt, wird zu einem starken und mächtigen Geist, er wird zu einem Zombie. Er ist nicht mehr tot und auch nicht lebendig, er weilt in der Grauzone zwischen Leben und Tod — und das für immer. Der Zombie wandelt umher, er ißt, hört und versteht, was man zu ihm sagt, kann sogar sprechen. Wer die Dose mit seiner Seele besitzt, ist sein Herr, dem er dienen, gehorchen und all sein Wissen und seine seemännischen Erfahrungen zur Verfügung stellen muß. Doch der Herr und Besitzer behandelt seinen Zombie meist schlecht, läßt ihn hart arbeiten, und sollte der Geist einmal versagen, kann er ihn sogar auspeitschen lassen. Jeder Kapitän ist natürlich darauf bedacht, einen guten und erfahrenen Zombie auf seiner Crewliste zu haben, wird aber nie selbst zugeben wollen, daß er sich übernatürlicher »Hilfskräfte« bedient. Hat ein Kapitän über Jahre sein Schiff vom Griff des Landes freigehalten, dann muß er einen Zombie an Bord haben; hat das Feuer das Schiff nicht versenkt, dann hat der Zombie es gelöscht; schleift der Anker und ist trotzdem das Schiff nicht auf Grund gelaufen, dann haben die Zombies den Anker neu gesetzt; und kommt man nach einer Irrfahrt doch noch am Ziel an, dann haben die Zombies navigiert und das Schiff gesteuert. Wer Glück hat und erfolgreich ist, der muß einfach einen Zombie haben. Wer vom Pech verfolgt wird, dem bleibt keine andere Wahl, als sich bei einem Houngan für teures Geld einen Zombie zu kaufen. Folglich besteht ein großer Mangel an guten Zombies, und der Priester hat erhebliche Schwierigkeiten, die Nachfrage zu decken. So schleicht er sich an die Gräber und »baut« den Leichen heimlich die Seele aus, wobei natürlich auch schlechte Zombies in den Handel kommen: Zombies, die Schiffe versenken, in Brand stecken, Ankertrossen durchschneiden und Masten ansägen. Alle lebenden Seeleute Haitis sind von der Furcht beherrscht, ein Priester könne sich nach ihrem Tod an ihrem Grab zu schaffen machen und sie in die Knechtschaft eines Zombiedaseins verkaufen. Daher lassen sie sich von ihrer Familie nach dem Tod noch ein zweites Mal töten, lassen sich erwürgen, strangulieren oder Gift einspritzen. Denn wer schon zwei Tode gestorben ist, kann nie mehr zu einem Zombie werden. Auch lassen sie sich mit dem Gesicht nach unten beerdigen, denn nur so können sie sich vor der Versklavung retten, vor dem Los, Tag und Nacht an Bord eines Batiments arbeiten und schuften und als Decksklave bis in alle Zeiten über die Meere fahren zu müssen.

Die Geschichte eines Kapitäns

»Als die erste Welle an Bord schlug, wurden die Passagiere unruhig und ängstlich. Die meisten waren noch nie auf See gewesen, höchstens mal mit einem kleinen Bötchen an der Küste entlang oder mit der Fähre nach Gonaïves gesegelt. Aber bis zu den Bahamas war es ein gutes Stück offene See, und es wehte doch recht kräftig. Die Frauen gingen mir echt auf die Nerven; sie jammerten, heulten und kreischten bei jeder Welle. Schließlich schickte ich sie alle nach unten und befahl ihnen, sich hinzulegen. Zu diesem Zeitpunkt war die See noch nicht so schlimm. Okay, es blies ganz schön, und die Wellen wuchsen langsam, aber ich hatte mit meinem Schiff schon ganz andere Stürmchen ausgeritten. Das Schiff lag jedenfalls gut, es bestand kein Grund zur Aufregung, auch wenn gelegentlich in der Dunkelheit weiße Schaumkronen leuchteten. Ich glaube, die Geräusche haben den Leuten am meisten zugesetzt. Das Heulen im Rigg und das gewaltige Rauschen und Brechen der Wellen, wenn sie sich überstürzen oder sich am Schiff wundschlagen, das kann einen Landmenschen schon in Angst und Panik versetzen. Wenn der Bug dann tief eintauchte, kamen jedesmal wahre Sturzbäche nach hinten. Gegen Mitternacht schickte ich einen Mann nach vorne, um die Laschings zu überprüfen, mit denen wir vier Rumfässer am Mast befestigt hatten. Wenn eines dieser Fässer sich losreißen und nach hinten geschossen käme, dann wäre wohl kein Auge trockengeblieben. Der Mann kam mit großen Augen zurückgekrochen und balancierte vorsichtig eine Handvoll Rum. Mit einemmal roch es auch überall nach Alkohol. Als sich der Bug wieder hob, kam die braune Brühe über das Deck nach hinten gelaufen und floß durch die Speigatts nach draußen. Die Augen meiner Männer hättet ihr sehen müssen! Auch ich konnte natürlich nicht zulassen, daß das kostbare Naß so einfach ins Reich der Fische entschwand.

Jeder sollte etwas davon haben, entschied ich; auch den Passagieren würde ein Schluck guttun und sie beruhigen. Der Sturm ist eh bald vorbei, und ein Glas Rum kann nie schaden, speziell nicht bei diesem ›Sauwetter‹. Ein Eimer machte die Runde, und jeder steckte seinen Kopf tief hinein. Als dann der Wind doch zulegte und noch ein Loch weiter aufmachte, übernahm ich das Ruder. In der nächsten halben Stunde veränderte sich die See völlig. Gewiß, es hatte bisher ganz schön geblasen, aber was jetzt kam, war schon, na ja, ganz nett. Bis eben waren die Wellen mehr oder weniger gutmütige Riesen gewesen, die dir nichts zuleide taten, solange du selbst keinen Fehler machtest. Doch jetzt war alles in wildem Aufruhr. Das Boot jagte, nur schwer unter Kontrolle zu halten, durch die wildgewordene See. Peitschende Gischt und harter Regen schmerzten mir im Gesicht. Ich war so damit beschäftigt, das Schiff auf Kurs zu halten, daß mir völlig entging, wieviel die Mannschaft und die Passagiere schon getrunken hatten. Als mir klar wurde, was da vor sich ging, war es schon zu spät. Gerade wollte ich den Befehl geben, ein zweites Reff in das Groß zu binden, als eine gewaltige Welle nach uns griff, das Schiff hochhob und auf die Seite warf. Ich versuchte noch wie wild an der Pinne zu ziehen, dem Boot so zu helfen und Erleichterung zu verschaffen. Kein Ruderdruck, das Blatt muß wohl in der Luft gehangen haben. Dann kam der Baum, und wie! Wenn ich mich nicht gerade mit beiden Armen an die Pinne geklammert hätte, um nicht über Bord zu gehen, das Monstrum hätte mich bestimmt enthauptet. Dann donnerte er gegen die Backbordwanten, zerfetzte und zerhackte sie mit einem Schlag. Es krachte und splitterte, das Boot zitterte und hüpfte. Jetzt mußte ich versuchen, das Schiff zu drehen, um den Druck aus der Takelage zu nehmen und den Mast zu retten. Nur nicht quersee geraten, schoß es mir durch den Kopf, mit besoffener Mannschaft und halbem Rigg, das könnte tödlich sein. Gerade in diesem Augenblick steckte das Schiff seine Nase weit ins Wasser, so, als wolle es sich in die Tiefe bohren. Mit einemmal war überall Wasser. Ich versuchte Halt zu finden, meine Umgebung war wie weggewischt. Ich schwebte in einem quirlenden, schaumigen Nichts, wild brodelndes Wasser war um mich herum. Ich spürte, wie ich von einem gewaltigen Sog in die Tiefe gezogen wurde, das mußte das sinkende Boot sein. Irgend etwas schlug mir auf den Kopf, ich verspürte keinen Schmerz. Ich wußte, das ist das Ende, wollte sterben, schnell sterben, wollte nicht mehr wissen, was war, wieso und warum. Wäre ich doch auch besoffen gewesen! Ohne daß ich es wollte, wurde ich wieder nach oben getragen, meine Arme und Beine bewegten sich automatisch — ich schwamm. Dann sah ich das Schiff, kaum 50 Meter weit entfernt in Luv. Das Deck war wie abrasiert, der Maststummel tanzte, das Schanzkleid war weggerissen. Auf einmal ergriff mich Panik. Ich schwamm los, von der Angst und Vorstellung getrieben, ich könnte mein Schiff nicht mehr erreichen, könnte auch ohne Mast und Rigg weitersegeln. Ich strampelte, als sei der Teufel hinter mir her, und bekam das im Wasser hängende Rigg irgendwo zu fassen. Einer aus der Mannschaft sah mich und half mir an Bord. Keiner war mehr besoffen, sie waren alle so nüchtern, als habe es an Bord dieses schwimmenden Wracks nie auch nur einen einzigen Tropfen Alkohol gegeben. Mit Äxten und Macheten befreiten wir uns vom Rigg. Zwei Tage später wurden wir gefunden. Agwé hatte sich drei Männer von uns genommen.

Vielleicht wundert ihr euch, warum ich immer noch und immer wieder zur See fahre, aber wir Kreolen haben ein Sprichwort: ›Der Fisch vertraut dem Wasser, und es ist auch Wasser, worin er gekocht wird.‹ Versteht ihr jetzt warum?«

91

92

93

90. Mit Ladung und Passagieren vollgestopft, kreuzt ein Batiment im Golf von
Gonave.

91. Bootsbau wie vor vielen hundert Jahren. Ohne Elektrizität und modernes Werkzeug werden diese Frachtensegler mit Axt,
Handsäge und Hammer zusammengezim-
mert.

92, 93. Slipanlagen brauchen die Haitianer
nicht für ihre Schiffe. Am Strand oder im
Hafen werden die Schiffe kielgeholt. Taljen
sind am Mast befestigt und die Batiments
werden soweit gekrängt, bis das Unterwasserschiff aus dem Wasser kommt und es
leicht gereinigt oder repariert werden
kann.

94, 95. Bis zu den Knien im Wasser ste-
hend, sind diese Zimmerleute bei der
Arbeit.

96. Im Segelboothafen von Port-au-Prince gibt es keine Ruhepause. Es ist ein ständiges Kommen und Gehen von Schiffen aller Größen.
97. Die Batiments Haitis transportieren alles, was am Kai liegenbleibt. Kühlschränke, Baumaterial, Bier und Coca-Cola-Kisten sind begehrte Frachtgüter.
98. Haitianer sind eher Farmer denn Seeleute. Nur sehr wenige Insulaner verdienen sich ihren Lebensunterhalt auf dem Wasser.
99, 100. Batiments segeln mit zwei unterschiedlichen Riggformen. Sprietsegel mit Gaffelsegelschnitt (99) und reines Gaffelsegel mit tiefsitzender Klau (100).
101. Batiments werden auch als kleine Fischerboote gebaut.

98

99

100

Oruwas

Sri Lanka

Wie eine Herde Wasserspinnen laufen sie über das Meer, die Bambusmasten – Fühlern gleich –, schräg in den Himmel gestreckt, die rotbraungelohten Segel aus rauhem Tuch faltig gebläht. Die Ausleger – wie Insektenbeine – sind flach gespreizt, so, als wollten die Boote jeden Moment zum Sprung über den Horizont ansetzen. Noch ist die Sonne hinter den immergrünen Bergen Sri Lankas verborgen, doch schon zieht von Osten her ein helles, rötlichgelbes Band und kündet den neuen Tag. Noch ist es windstill, doch langsam und ohne jede Hast werden die Atemzüge des nahenden Morgens stärker und kräftiger. Das Meer bewegt sich kaum, eine leichte Dünung von Norden rollt und wiegt die Boote sanft hin und her. Der zarte, rhythmische Herzschlag des Meeres vermittelt die Unendlichkeit der Gezeiten. Die ersten Möwen hasten verwirrt mit schlagenden Schwingen aufs offene Meer hinaus, schnell und gradlinig, so als fürchteten sie, daß ihr Tisch diesmal nicht gedeckt, daß die Fischer heute ihren Tribut nicht zu zahlen gewillt seien. Mit Stangen und Stöcken haben die Männer lange vor Sonnenaufgang ihre Auslegerboote aus der Lagune hinausgeschoben; sie haben gepaddelt, die Masten gestellt, Segel angeschlagen, Seitenruder tief ins Wasser gesteckt, Netze und Angelzeug vorbereitet. Die erste, noch kühle Morgenbrise trägt 80 Oruwas, einen ganzen Schwarm dieser so gebrechlich anmutenden Auslegerboote der Westküste Sri Lankas, aufs offene Meer hinaus. Weiße, braune und gefleckte Flügel treiben die schaukelnden Boote leicht durch das graugrüne, noch nicht von Sonne und Himmel erblaute Wasser.

»Die beste Insel der Welt«

»Wenn man die Insel Angaman verläßt und in etwas südlicher Richtung nach Westen tausend Meilen weit segelt, so zeigt sich die Insel Zeilan. Diese ist gegenwärtig bei ihrer Größe in allen Verhältnissen die beste Insel der Welt. Sie hat tausendvierhundert Meilen im Umfang, aber in alten Zeiten war sie noch größer, denn da maß sie volle dreitausendsechshundert Meilen, wie wir es auf Karten finden, die im Besitz der Schiffer sind, die diese Meere besegeln. Aber die Nordwinde, welche mit ungeheurer Macht daherstürmen, haben die Berge zernagt und mürbe gemacht, daß sie an einigen Teilen zusammengestürzt und in die See gefallen sind, und die Insel hat deswegen nicht mehr ihre ursprüngliche Form behalten.«

So beschreibt Ende des 13. Jahrhunderts der venezianische Kaufmann und mittelalterliche Weltreisende Marco Polo, von der Schönheit der Insel gefangen, seine Reiseeindrücke, und bis heute noch hat die kleine Tropeninsel an der Südspitze des indischen Subkontinents kaum etwas von ihrer Anziehungskraft und ihrem Charme verloren. »Lanka« – Reich der Lotusblüte – hieß die Insel in der Pali-Sprache, »Serendip« – Insel der Schönheit – nannten sie die arabischen Seeleute, die wohl als erste Fremde hier Anker warfen. Griechen und Römer sprachen von Tabrobane, und die Portugiesen gaben ihr den Namen Cailao. Zeilan, Ceylan und schließlich Ceylon sind weitere Bezeichnungen aus den 450 Jahren Kolonialzeit der Insel, die schließlich nach der Unabhängigkeit im Jahre 1972 wieder zu ihrem alten Namen Sri Lanka zurückkehren konnte. Seit drei Tagen sind wir in Negombo, einer Stadt, die etwa eine Autostunde von Colombo, der Hauptstadt Sri Lankas, entfernt liegt. Wie so oft auf unseren Reisen haben wir auch diesmal weder Zeit noch Augen für die Schönheit des Landes, seiner Berge, Flüsse und Wälder, suchen wir doch die Schönheit des Strandes, des Meeres und, vor allen anderen Dingen, die Schönheit der Schiffe. Am Rande von Negombo liegt fast unberührt und von Touristen unbesehen das kleine Dorf der Oruwa-Fischer. Die Häuser und Hütten aus Stein, Holz oder aus getrockneten Palmenblättern geflochten, reihen sich die Lagune entlang und säumen die Ufer ein. Wie alle Fischer dieser Welt sind auch die Tamilen sehr gastfreundlich und aufgeschlossen, und so bedarf es nur weniger Worte und einiger freundlicher Gesten, um schon nach kurzer Zeit in die Dorfgemeinschaft aufgenommen zu werden und in ein leerstehendes Haus einziehen zu können. Fremde und Ausländer kennen die Oruwa-Fischer nur aus dem Stadtbild Negombos, aus vorbeifahrenden Touristenbussen oder als sonnengerötete Weiße am Touristenstrand im Norden der Stadt. Fremde aber, die in ihrem Dorf leben wollen, mit ihnen Bier und Toddy trinken und mit ihnen aufs Meer zum Fischen hinausfahren wollen – das müssen schon Sonderlinge sein, und für die ist immer Platz in der Gemeinschaft der Fischer Negombos. Allzuoft hatte in der Vergangenheit die mühevolle und zeitraubende Arbeit, die Schiffe zu finden und mit den Menschen erst einmal ins Gespräch zu kommen, unsere Begeisterung leicht gedämpft, doch hier in Sri Lanka konnten wir uns vor Einladungen kaum retten, und es mußte schon unser ganzer Vorrat an Polaroidfilmen herhalten, um uns, Bild für Bild, »freizukaufen«.

Heute segeln wir mit Manolo, einem alten Oruwa-Fischer von vielleicht 35 oder 55 Jahren, mit weißem Schnurrbart und lustigen Augen. Stolz trägt Manolo einen alten englischen Tropenhelm, der ihm unter Freunden den Namen »Sir« eingebracht hat. Später finden wir allerdings heraus, daß unser »adliger« Freund unter dem Helm seine Tagesration Tabak versteckt hält. Als er sich später eine Zigarette dreht und unsere erstaunten Blicke bemerkt, lacht er verschmitzt: »Ihr werdet schon sehen, das ist das einzige trockene Plätzchen an Bord. Man muß sich eben etwas einfallen lassen.«

»Heute ist ein ganz besonderer Tag«, erklärt uns Manolo, als wir schwerbepackt mit Netzen, Rudern und Verpflegung durch die Dunkelheit in Richtung Liegeplatz stolpern. »Einer aus dem Dorf heiratet in

dieser Woche, und aus alter Tradition gehen alle Dorfbewohner gemeinsam an einem Tag zum Fischen und stiften den ganzen Fang oder Gewinn dem Brautpaar, um das Fest ausrichten zu können. Keiner von uns hat nämlich soviel Geld, um überhaupt heiraten zu können, geschweige denn das ganze Dorf einzuladen. Wenn wir heute also Glück haben und viele Fische fangen, dann wird es ein großes Fest. Fangen wir wenig, dann wird es auch ein großes Fest – nur müssen wir dann unsere Getränke selbst mitbringen.« Als wir wenig später den Rest der Crew am Boot treffen, grinst der alte Fuchs seinen Kameraden zu: »Ihr wißt ja, worum es heute geht, also spuckt in die Hände, aber verausgabt euch nicht, die Nacht wird noch lang.« Als die Flotte der Oruwas aus der Lagune hinausfährt, die Masten gestellt sind und die Segel sich leicht mit der ersten Morgenbrise füllen, erinnert sich Manolo weiter: »Ja, bei meiner Hochzeit, das war vielleicht ein Ding, das Dorf hatte soviel zusammengefischt, daß wir fast eine Woche lang hätten feiern können, aber das ging ja leider nicht; von dem Rest konnte ich mir immerhin noch ein gebrauchtes Fahrrad kaufen. Man sagt zwar, ›viel Fisch zur Hochzeit – viel Glück in der Ehe‹, na ja, ich könnte euch da aber eine andere Version erzählen. Aber was soll's, mal sehen, was wir heute so zusammenfischen werden. Und vergeßt nicht«, schmunzelt Manolo, »jeder Fisch ist ein Schluck Bier.«

Dann gibt er Befehl, das Fangzeug fertigzumachen. Der Arbeitstag hat begonnen.

Hochsee-Einbäume

Die Urväter der heutigen Fischer der Westküste Sri Lankas waren keine Hochseefischer. Noch vor 200 Jahren paddelten sie mit ausgehöhlten Baumstämmen durch die Lagunen, warfen ihre Netze aus und fingen Krebse und Kleintiere mit der Hand. Ihre

178

Oruwas
Sri Lanka

Boote waren sieben bis acht Meter lang, hatten aus Stabilitätsgründen einen Ausleger und wurden von zwei Männern bewegt. Erst als die Lagunen nicht mehr genügend Nahrung für die Familien hergaben, mußten die Männer aufs offene Meer hinaus– ob sie wollten oder nicht. Das ging nicht mehr mit den kleinen Lagunenrutschern, hier mußten größere und vor allen Dingen seetüchtige Boote her. Dazu wurde die Bauweise der kleinen Lagunenboote von den seegehenden Oruwas einfach übernommen. Der Rumpf wurde weiterhin aus einem ausgehöhlten Jackfruit-Baum gebaut, nur wird heutzutage, um das Vollschlagen zu verhindern und die Besatzung vor hereinbrechenden Wellen zu schützen, der Freibord durch ein »Schanzkleid« erhöht. Auf beiden Längsseiten ist buchstäblich eine Planke »angenäht«. Löcher werden in die Unterkante der Planke und dazu passend in die Oberkante der Bordwand gebohrt, die Planke angepaßt, die Nahtstelle mit einer Hanfrolle »überlegt«, und dann werden Planke und Rumpf fein säuberlich mit einem »Kreuzstich zusammengenäht«. Früher wurden als Fäden Tiersehnen verwendet, heute benutzt man aus Kokosfasern gedrehte Schnüre, gelegentlich kann man aber auch schon Plastikfäden finden. Mit Teer bestrichen wird die Naht dann absolut wasserdicht.

Planken, Boote und ganze Schiffe zusammenzunähen, ist sicherlich keine Erfindung der Bootsbauer von Sri Lanka. Fast überall auf der Welt wurden zu irgendeinem Zeitpunkt der Schiffsbauentwicklung Schiffe oder Schiffsteile auf diese Art und Weise zusammengebaut. Als Urform dieser Baumethode sei an die aufblasbaren Ziegen- und Büffelhäute der amerikanischen Indianer erinnert, an die zusammengenähten Dalkas Südamerikas oder an die pharaonischen Nilschiffe Ägyptens. Auch wurden bekanntlich 20 bis 30 Meter große Dhaus auf diese Weise gebaut. Das Zusammennähen von Schiffen hatte auch zusätzlich den Vorteil, daß man die Schiffe in der Schlechtwetterperiode oder bei längerem Nichtgebrauch ganz einfach »auftrennte«, Planken, Spanten und die übrigen Teile sicher an Land lagern konnte und die Schiffe erst bei Bedarf wieder zusammenbaute. Die Oruwas der Westküste Sri Lankas sind mit Sicherheit eines der letzten Beispiele dieser für Europäer so eigenwilligen Bauweise. In der Lagune von Negombo liegen fast 250 Oruwas am Strand und werden regelmäßig zum Fischfang hinausgerudert. Fast jedes kleine Fischerdörfchen entlang der West- und Südküste hat seinen eigenen Oruwa-Typ entwickelt; Boote, die sich mehr oder weniger vom Negombo-Typ in Größe und Rigg unterscheiden. Die Gesamtzahl der heute noch im Fischfang tätigen Oruwas wird von offizieller Seite auf weit über 1000 Segler geschätzt. Trotz steigender Baukosten nimmt die Zahl stetig zu, und es wird sogar versucht, das teure Holz zu umgehen und Oruwas aus Fiberglas zu bauen. Befriedigende Ergebnisse konnten allerdings mit dem neuen Baumaterial noch nicht erzielt werden.

Der Einbaumrumpf einer Oruwa ist bis zu 13 Meter lang; mit angelaschtem Ausleger hat das »Gefährt« eine Breite von ungefähr fünf Metern. Der Tiefgang ist natürlich nur sehr gering; er liegt »je nach Ladung« bei 30 bis 40 Zentimetern. Natürlich konnten die Männer diese doch recht großen Boote nicht mehr einfach übers Meer paddeln. Da mußte schon ein Rigg erfunden und gebaut werden, das zum einen einfach zu bedienen, zum anderen auf die Segelfähigkeiten und Segelmöglichkeiten eines Auslegerbootes zugeschnitten ist. Man erzählt sich in den Lagunen Negombos, daß beim Riggbau der Oruwas der Zufall Regie geführt habe. Im Jagdfieber seien zwei Männer vor langer Zeit zu weit aufs offene Meer hinausgepaddelt und hätten später nicht mehr die Energie gehabt, aus eigener Kraft wieder an Land zu kommen. Kluge Tamilenköpfchen seien sie gewesen, so erzählt man, hätten kurzentschlossen die beiden Paddel aus dem Wasser geholt und in die Luft gehalten. Der Sarong eines der Männer wurde zwischen die Blätter gebunden, und die erste segelnde Oruwa wurde vom Wind an Land getrieben. Sicherlich eine erfundene Geschichte, doch so unähnlich sind Masten und Segel einer Oruwa einem Sarong und zwei Stechpaddeln nun auch nicht. Mit einigen Veränderungen und Verfeinerungen entstand so ein leistungsfähiges Rigg, ganz auf die Segelbedürfnisse der Oruwas zugeschnitten, mit einem festen und einem beweglichen Mast. Beide stehen leicht geneigt — V-förmig — in den Himmel und halten jeweils die Köpfe des rechteckigen Segels hoch. Das Segel selbst besteht aus leichtem Baumwolltuch. Die Bahnen werden von den Männern von Hand zusammengenäht. Zur Verstärkung, und damit das Segel seine rechteckige Form behält, wird ein fingerdickes Kokosfasertau als Liek auf allen vier Seiten eingenäht. Kauschen für die Schot werden durch Knoten ersetzt. Zur Imprägnierung wird das Segel gefärbt und »spezialbehandelt«: In einem Mörser wird Baumrinde zerstampft und zusammen mit dem Segel in einem Bottich für mehrere Stunden gekocht. Nach dem Auswaschen und Trocknen ergeben sich die batikartigen warmbraunen Farbstrukturen eines Oruwa-Segels.

Mit Luvausleger und Leeschwert

Der Ausleger einer Oruwa ist immer an der Luvseite des Einbaums befestigt. Das bedeutet, da Oruwas ja nur einen Ausleger fahren, daß diese Boote nicht kreuzen können. Oruwas segeln einfach hin und her oder vor und zurück. Bei jeder Richtungsänderung wird der Bug zum Heck und das Heck zum Bug. Das »Wendemanöver« geht in etwa folgendermaßen vor sich: Das Boot wird in den Wind gedreht, verliert Fahrt und macht nach kurzer Zeit keinen Weg mehr über Grund. Der Mann, der vorn im Bug sitzt, löst das Vorliek, reicht den Hals zwischen den beiden Masten durch und gibt ihn dem Mann im Heck, der es an einem Holzbolzen anschlägt. Dabei hat der beweglich gefahrene Mast eine Drehung im Mastschuh gemacht und steht jetzt wieder im gleichen V-Anstellwinkel zum »Festmast«. Die Schot ist inzwischen ebenfalls zwischen den Masten durchgereicht und belegt worden. Jetzt füllt sich wieder das Segel, und das Schiff nimmt Fahrt auf. Der Mann, eben noch an der »Vorschot«, ist jetzt neuer Steuermann, läßt das Heckruder ins Wasser und übernimmt das Kommando. Der arbeitslos gewordene Steuermann, der jetzt im Bug sitzt, zieht sein Blatt aus dem Wasser und lascht es an der Bordwand fest. Bei einer gut eingespielten Crew dauert das ganze Manöver vielleicht zwei Minuten, dann segelt die Oruwa in umgekehrter Richtung davon.

Da Oruwas, wie schon erwähnt, ihre Ausleger nur auf der Luvseite fahren, können diese natürlich nicht nach dem Prinzip des Auftriebs funktionieren, sondern allein das Gewicht des Auslegers hält das Boot aufrecht und verhindert ein Umkippen oder Umschlagen. Frischt der Wind auf, kann das Boot nur auf Kurs und am Segeln gehalten werden, indem man das Gewicht des Auslegers erhöht. Sicher, auf offener See ist das nicht so einfach. Woher den Ballast nehmen? Doch wozu hat man die Männer an Bord! Die Lösung ist fast genial: Der Kapitän schickt seine Leute zwar nicht ans Trapez — aber auf den Ausleger. Um bei brausender Fahrt von nicht selten zehn Knoten und mehr über die federnden Auslegerbeine auf den glitschigen Ausleger klettern und dort mehr unter als über dem Wasser stundenlang ausharren zu können, dazu gehört schon der Mut und die Ausdauer eines Tamilen-Fischers. So haben die Oruwa-Fischer ein neues und einfaches »Windgeschwindigkeitsmeßsystem« entwickelt. Sie messen nicht nach Beaufort, sondern nach Männern. So haben sie einen »Ein-Mann-Wind«, einen »Zwei-Mann-Wind« und kennen sogar einen

»Drei-Mann-Wind«. Damit ist auch schon das Ende der Skala erreicht, denn die Mannschaft einer Oruwa besteht gewöhnlich nur aus vier Männern — und einer sollte wohl immer am Ruder bleiben. Wird der Wind noch stärker, dann müssen die Segel geborgen und die Masten gelegt werden.

Da eine Oruwa keinen Kiel hat, wird, um die Abdrift zu vermindern und das Boot erst zu einem richtigen Segelboot zu machen, bei halbem Wind und bei Kurs am Wind ein Seitenschwert ins Wasser gesteckt. Dies ist ein kräftiges Brett, das lose mit einem Grummetstropp an der Bordwand befestigt ist. Da Oruwas nicht kreuzen und somit die Leeseite immer die Leeseite bleibt, brauchen sie auch nur ein Schwert, ein sogenanntes Leeschwert. Das hat zudem den Vorteil, durch den Druck des segelnden Bootes festgehalten und von anrollenden Wellen nicht beschädigt zu werden. Form und Länge des Schwertes garantieren in Fahrtrichtung einen möglichst geringen, quer zur Fahrtrichtung aber einen möglichst großen Widerstand. Vielfach werden die ersten Seitenschwerter den holländischen Tjalks oder Plattbodenschiffen zugeschrieben. Andere Theorien besagen, die Spanier hätten schon im 16. Jahrhundert Schwerter auf den peruanischen Segelflößen gesehen. Auch wird behauptet, daß die Chinesen schon im 15. Jahrhundert ihre Dschunken mit Leeschwertern segelfähig gemacht hätten. Es ist zumindest derzeit zu müßig, in diesen Streit einzugreifen, und zu früh für eine Klärung der Frage, ob die Erfindung der Seitenschwerter eine einmalige, geniale Leistung eines Mannes gewesen sei, die sich dann verbreitet habe, oder ob diese Erfindung unabhängig an verschiedenen Orten erfolgt sei.

Garnelen, Haie und Doraden

Es ist heiß. Erbarmungslos knallt die Sonne auf Mensch und Schiff. Trotz einer leichten, luftigen Brise sind wir naßgeschwitzt. Es gibt keinen schattigen Platz an Bord einer Oruwa. Wir können von Glück sagen, daß Manolo uns am Morgen breite Strohhüte aufgeschwatzt und uns gezwungen hat, unsere kurzen Hosen gegen buntbedruckte Sarongs einzutauschen. Nach vier oder fünf Stunden in der glühenden Tropensonne wären wir mit Sicherheit so ausgedörrt und verbrannt gewesen, daß wir die nächsten Nächte im Stehen hätten verbringen müssen.

Auch die Crew leidet unter der unmenschlichen Hitze. Während wir lang ausgestreckt auf der Bambusplattform zwischen Rumpf und Ausleger dahindösen, müssen die Männer noch hart arbeiten. Und das Fischen unter tropischer Sonne in den Küstengewässern ist beileibe kein Kinderspiel. Etwa zehn Monate im Jahr fischen die Männer unweit der Küste und suchen mit Schleppnetzen die Untiefen nach Garnelen und kleinen Meerestieren ab. Dabei schleppen sie unter Segel ein Fangnetz über den sandigen Meeresboden, das von zwei Betonplatten als Scherbrettern auf Tiefe gehalten wird. Die Schleppleinen sind dabei einmal am Ausleger und zum anderen am Einbaum selbst befestigt. Größe und Gewicht des Fanggeschirrs sind so dimensioniert, daß die Oruwas bei leichten bis mittleren Winden, vom Netz im Zaum gehalten, gerade noch im Zeitlupentempo »über Grund gehen«. Läßt der Wind aber nach, und das Boot verliert so sehr an Kraft, daß es Netz und Scherbretter nicht mehr über den Meeresboden ziehen kann, dann müssen die Männer mit ihren Bambuspaddeln nachhelfen, dann muß gepullt und geschwitzt werden. Doch damit nicht genug. Gibt der Kapitän endlich das Zeichen beizudrehen, dann müssen Netz und Scherbretter noch aus der Tiefe hochgewuchtet werden. Der Fang wird in Körbe gekippt, und auf geht's zu einer neuen Fangfahrt in umgekehrter Richtung. An einem ganz gewöhnlichen Arbeitstag segeln die Fischer ungefähr sechs bis sieben lange Schläge, die alle parallel zueinander verlaufen und so ein ganz bestimmtes Gebiet abernten.

»Eigentlich seid ihr ja zur verkehrten Zeit nach Sri Lanka gekommen«, sagt Manolo, als er uns »leidend« und ermüdet auf der Plattform sitzen sieht. »Ihr müßt eben noch mal wiederkommen, oder, besser noch, bleibt doch einfach hier. Das Garnelenfischen ist ziemlich langweilig. Aber Gott sei Dank geht die Saison bald zu Ende. Schon nach dem nächsten Vollmond geht's auf ›großen Fischfang‹. Das ist die ›Zeit der Winde‹, und dann fischen wir 25 Meilen weit draußen mit mehreren Schleppangeln gleichzeitig, machen Jagd auf Makrelen, Thunfische, Doraden und Haie. Das ist aufregend, ganz was anderes als das Bodenkratzen nach Garnelen hier. Aber was will man machen. Wenn wir aber weit draußen sind, dann können wir uns so richtig austoben. Die See ist dann ziemlich rauh und unfreundlich, doch das macht uns nichts aus. Mit Höchstgeschwindigkeit surfen wir über die Wellenkämme und geraten nicht selten außer Atem vor Aufregung und Anstrengung im Kampf mit den großen Fischen. Das müßtet ihr mal erleben. Na, wie ist es, habt ihr Lust? Könnt es euch ja mal überlegen«, meint Manolo freundlich und wendet sich wieder seiner Arbeit zu.

Inzwischen ist es drei Uhr geworden, und wie auf Kommando sammelt sich die Flotte der Oruwas und segelt in breiter Front der heimatlichen Lagune entgegen. Natürlich wird heute — wie an jedem anderen Tag auch — ein kleines Wettrennen veranstaltet. Die Fischkäufer aus Colombo warten sicher schon am Strand, und wer zuerst kommt, mahlt bzw. verkauft zuerst, und das meist auch noch zu einem besseren Preis.

Mit Stanley, dem Schwager Manolos, sitzen wir auf der Bambusplattform und sortieren Garnelen und Fische nach Größe und »Güteklassen«. Alles, was zu klein und ungenießbar ist, wird wieder ins Meer geworfen, zur Freude der vielen Möwen und Wasservögel, die uns in Schwärmen begleiten und ungeduldig auf ihre Fütterung gewartet haben. Sie haben dabei eine solche Geschicklichkeit entwickelt, daß die meisten Fische schon in gelben und roten Schnäbeln verschwinden, ehe sie überhaupt die Wasseroberfläche erreicht haben. Wir segeln schnell und machen sicherlich sechs bis sieben Knoten; vielleicht auch mehr.

Ohne das schwere Netz im Schlepp wird eine Oruwa schon bei leichten bis mittleren Winden zu einer echten »Rennziege«. Kräftig schlägt der Rumpf seine platte Schnauze ins Wasser, wie ein halbgetauchter Torpedo durchschneidet der glatte Ausleger das weißschäumende Blau. Doch es ist ein nasses Segeln. Unsere Arme und Beine sind salzverkrustet, die Finger weiß und weich von der stundenlangen Arbeit mit Wasser, Netzen und Fischen. Hemd und Sarong sind steif und hart vom getrockneten Salz, die Augen brennen, die Lippen schmecken nach dem weißen Kristall. Den ganzen Tag über hatten wir Stanley bestürmt und gedrängt, uns die »Geschichte vom großen Sturm« zu erzählen. Immer wieder hatte er uns auf später vertröstet. Doch jetzt, nachdem die Fische sortiert und die Arbeit getan ist, fängt er ganz von allein an und schildert uns ein Abenteuer, das er erlebt und überlebt hat und das erst wenige Jahre zurückliegt:

Ein schwarzer Tag

»Das Wetter wurde von Minute zu Minute schlechter. Am frühen Morgen, als wir die Oruwas aus der Lagune herausgerudert hatten, war es noch schön gewesen, vielleicht zu schön. Wir waren zu sehr damit beschäftigt, die Boote klarzumachen, um noch auf das Wetter zu achten. Kurz nach Sonnenaufgang war dann ein eigenartig warmer Wind aufgekommen, gegen Mittag legte sich ein grauer Schleier über den Himmel und färbte das Licht der

Sonne weißlich. Obwohl es noch immer windstill war, wurde die See langsam unruhig, so, als ahnten die Wasser, was ihnen da bevorstehe, und so, als wüßten sie, daß ihnen bald die Peitsche gegeben werde. Dann zogen drohende Wolken auf, grün, schwarz, schwefelfarben, sie kündeten Gefahr. Die letzten Möwen hasteten dem Land zu, bald war keine Vogelseele mehr zu sehen. Auch die Fische schienen die Gefahr zu ahnen und tauchten in dunklere und sicherere Tiefen. Die ganze Oruwa-Flotte war zu diesem Zeitpunkt weit draußen auf dem Meer. Wir harrten wie gelähmt, wußten wir doch, daß uns keine Zeit mehr bleiben würde, die sichere Lagune zu erreichen. Uns allen war klar, daß der Kampf mit dem Meer hier draußen ausgefochten werden mußte.

Obwohl der Überfall überhaupt nicht unerwartet kam, waren wir dennoch überrascht von der gnadenlosen Gewalt der Natur. Vielleicht hatte auch ein jeder von uns insgeheim noch damit gerechnet, mit einem blauen Auge davonzukommen. Seit über 20 Jahren fahre ich täglich zum Fischen aufs Meer, doch so etwas hatte auch ich noch nicht erlebt. Sturm und See schlugen ihre Pranken erbarmungslos in die hölzernen Boote und griffen mit ihren Klauen nach Segel, Masten und Männern. Da hätten auch zehn Männer auf dem Ausleger stehen können, es hätte nichts genützt. Die sonst so stabilen und flexiblen Bambusmasten knickten um wie Streichhölzer, Boote liefen voll, wurden umgeworfen und zertrümmert. Einige sanken sofort. Wind und Wellen trieben uns schnell auseinander, keiner achtete mehr auf den Nächsten, jeder kämpfte seinen eigenen Kampf, versuchte, seine eigene Haut zu retten. Die See kochte, Gischt und Schaum nahmen uns die Sicht. Der Wind raste und nahm uns den Atem. Die Wellen wuchsen. Die Hänge der steilen Wellenberge waren überzogen von bizarren Mustern, gierig fraß der Wind an den Schaumkronen. Alles schien uns erdrücken und ertränken zu

wollen. Immer dann, wenn sich eine Welle einer anderen auf den Rücken setzte, gebar das Meer gefährliche Ungeheuer. Sie richteten sich auf, wuchsen schier in den Himmel, endlos hoch und höher, um dann im Vollbesitz ihrer Kräfte einen Moment lang zu verharren, nach unten wegzusacken und die Boote mit ihrer ganzen Wassermacht zu erdrücken. Binnen weniger Minuten schwammen Männer im Wasser, Masten, Segel, Ausleger und Fischkörbe trieben umher. Das schien das Ende für uns alle; es bestand wenig Hoffnung, zumal der Wind uns immer weiter auf das offene Meer hinaustrieb. Unser Boot war eigentlich noch ganz gut weggekommen. Das Rigg war gebrochen, der Einbaum halb voll Wasser, doch die Verbindung zwischen Rumpf und Ausleger hielt. Mit den Händen schöpften wir das Wasser aus dem Boot, um unsere Oruwa am Schwimmen zu halten. Brach wieder so eine Riesenwelle über uns herein, duckten wir uns und klemmten uns im Rumpf ein, warteten, bis das Wasser über uns hinweggerauscht war. Pedro mußten wir im Boot festbinden, denn er konnte noch nicht einmal schwimmen. So ungefährlich war das aber auch nicht. Nicht auszudenken, was passiert wäre, wenn unser Boot, von einer Welle begraben, nicht mehr auftauchen würde. Mit Hilfe vom Land konnten wir nicht rechnen, es gab da nur eines: weiterkämpfen, aushalten, bis die Hölle vorbei war. Ewig konnte es ja nicht dauern. Wie ich später erfuhr, ging es den Männern auf den anderen Booten nicht besser. Habib war von einem Maststück am Kopf getroffen worden und lag blutend im Boot. Wir mußten versuchen, den Besinnungslosen so einzuklemmen, daß sein Kopf wenigstens aus dem Wasser ragte. Mehr konnten wir auch nicht für ihn tun. Irgendwann wurde es dann ruhiger; ich weiß nicht mehr, ob nach drei oder vier Stunden, wir alle hatten jedes Zeitgefühl verloren. Auf jeden Fall hatten wir unwahrscheinliches Glück gehabt. Glück von der Art, wie man es nur ein- oder zweimal im Leben hat.

Später laschten wir einige Boote zusammen und verstärkten so die entstandene Insel mit Mastresten und Auslegern. Schließlich bastelten wir ein Notrigg aus Segelfetzen und Maststücken. Gegen Abend wurden wir dann von zwei Motorbooten gefunden, die ausgeschickt worden waren, um nach uns zu suchen. Sie schleppten uns dann in die Lagune. Wie wir später erfuhren, hatte an dem besagten Morgen Radio Colombo zwar Sturmwarnung gegeben, doch wir hatten davon nichts mitbekommen, waren wir doch wie jeden Tag schon um drei Uhr unterwegs gewesen. Es war ein schwarzer Tag für die Fischer der ganzen Westküste Sri Lankas. Auf der Insel sind mindestens 100 Boote verlorengegangen, und einige von uns sind für immer draußen geblieben.«

Die Zukunft hat schon begonnen

Wenn heute die Flotte der Oruwas noch vor Sonnenaufgang aus der Lagune von Negombo gerudert wird, segelt auch ein Oruwa-Prototyp mit hinaus zu den Fanggründen. Von weitem nur durch seinen blauglänzenden Rumpf von den von Wind und Wetter gebleichten und ergrauten Rümpfen der alten Oruwas zu unterscheiden, ist es doch für die Fischer der Westküste Sri Lankas ein Schiff der Zukunft: eine Oruwa aus Fiberglas! Mit finanzieller Unterstützung des Staates gebaut, soll die Entwicklung von Fiberglas-Oruwas den Fischern für die nächsten Jahrzehnte das Überleben erleichtern. Denn da die Jackfruit-Bäume, aus denen traditionsgemäß die Oruwas gebaut wurden, inzwischen so rar und teuer geworden sind, hat sich der Preis für einen Neubau in den letzten drei Jahren verdoppelt. Auf der Suche nach neuem Baumaterial stieß man zwangsläufig auf das im Bootsbau bewährte Fiberglas. Der Rumpf des Prototypen entspricht in Form und Größe in etwa dem der Holzboote, wenn auch auf Grund des leichter zu verarbeitenden Materials Unter- und Überwasserschiff glatter und gradliniger gebaut werden können. Um die natürliche und auch verständliche Skepsis der Fischer dem neuen Material gegenüber zu dämpfen und zu überwinden, wurden beim »Rest« des Schiffes nur Original-Oruwa-Teile verwendet. So wurde der Ausleger bau- und materialgleich übernommen, die Laschings bestehen aus bewährter Kokosfaser, und das gesamte Rigg könnte schon jahrelang auf einer Holz-Oruwa gefahren sein. Man wollte es den Fischern einfach machen, und sie sollten sich möglichst schnell auf dem neuen Fahrzeug zu Hause fühlen. Trotz großer Bemühungen ist der Durchbruch noch nicht so ganz gelungen. Mitleidig wird das neue Schiff von den Älteren unter den Fischern belächelt, und man hört täglich neue Witze über die »blaue Banane« — auch wenn inzwischen jeder weiß, daß die »Plastik-Oruwa« schneller und trockener segelt, leichter zu handhaben ist und weniger Pflege braucht. Notgedrungen wird sich das neue Boot aus Fiberglas durchsetzen, und in wenigen Jahren wird die Flotte der Oruwas um einige moderne Farbtupfer bunter sein. Ein Schiffstyp hat sich erneut angepaßt — diesmal an eine veränderte Lage des Baumaterialangebots. Sollten alle anderen Faktoren im Lebensbereich der Oruwa-Fischer konstant bleiben, dann wird dieses Schiff auch weiterhin den Männern und Familien das Leben und Überleben ermöglichen.

104

105

102. Wenn es kräftig weht, muß ein Mann der Besatzung auf den Ausleger gehen, um mit seinem Gewicht die Oruwas zu trimmen.

103. Wer zuerst kommt — verkauft seine Fische zuerst und zum besten Preis.

104. Das Ruder einer Oruwa wird mit dem Fuß im Wasser gehalten. Ein kräftiger Ast dient als Pinne.

105. Wenn die Laschings losgebunden sind, kann man die Oruwas in Einzelteile zerlegen.

106. Die gebatikten Segel trocknen im Wind, während die Männer ihren Fang an die Fischhändler verkaufen.

107. Mit ihrem gebogenen Ausleger »läuft« eine Oruwa wie eine Wasserspinne über das Wasser.

108. Ein guter Fang macht jeden Fischer zum glücklichsten Mann im Dorf.

109. Müde warten die Oruwas auf das tägliche Abtakeln am Strand der Lagune.

110. Mindestens drei, meist vier Mann sind nötig, um eine Oruwa zu segeln.

111. Blöcke und Taljen gibt es nicht an Bord einer Oruwa, alles wird mit Muskelkraft bewegt.

107

110

109

Pallars

Bangladesh

Der Fluß ist dunkel, dunstig und schwarz; kaum läßt sich erahnen, wie breit er ist, in welche Richtung er fließt, wo das Wasser aufhört und das Land beginnt. Schon wenige Meter vom Deck entfernt droht das grauschwarze Nichts, das alles verschluckt und verschlingt — Himmel, Wasser und Horizont. Von Zeit zu Zeit flackert ein Licht in der Ferne auf, tanzt und schwankt irgendwo ein gelblichheller Schimmer einer Öl- oder Kerosinlampe. Niemand kann sagen, woher es kommt — ist es eine rußige Schiffslaterne, oder leuchtet es aus einer der Hütten am Ufer? —, es ist einfach da, für wenige Augenblicke nur, um dann für immer verschluckt zu werden. Langsam, viel zu langsam, bricht der Tag auf dem Fluß an. Nebelfetzen stehen auf dem Grau des Wassers. Ein Dunstschleier scheint dem Fluß, den Menschen und den Schiffen den Atem zu nehmen und sie ersticken zu wollen. Durch die grauschimmernde Wand, die das gesamte Schiff umgibt und sich mit ihm fortbewegt, dringen gelegentlich schemenhafte Umrisse von Masten, Rümpfen und Segeln. Mehr muß man sie erahnen und fühlen, denn zu sehen ist nur eine Schattierung im Schatten des grauen Nichts des Nebels.

Mitunter dringt das harte Eintauchen und Klatschen von Ruderblättern ans Ohr; man kann die Schiffe greifbar nahe hören, fühlt die Berührung, fürchtet den Zusammenstoß, das knochige Knacken und Brechen von Brettern und Planken. Doch alles zieht vorbei, in beklemmender Ruhe, vom feuchten Grau verschluckt. Der Käpt'n hat es längst aufgegeben, mit scharfem Blick Löcher in den Nebel schneiden zu wollen. Er richtet den gebogenen Bug seiner Pallar einfach nach vorne, und vorne ist in diesem grausam-grauen Nebel überall. Auf seiner Fahrt vertraut er auf Allah und weiß, daß dieser die Boote auf dem Fluß wie Spielzeuge hin und her schiebt. Sollte es zu einem Zusammenstoß kommen, dann war es eben Allahs Wille. Die Männer schlafen noch ausgestreckt auf den vom Morgentau feuchten Deckplanken, lie-gen irgendwo zwischen Reissäcken und Gemüsekisten. In buntgebatikte Sarongs gewickelt, schützen sie sich vor Feuchtigkeit und Tau. Von ferne muß das Boot wohl aussehen wie ein Totenschiff, das, von Pest und Cholera geschlagen, einer Mary Celeste gleich, führerlos dahintreibt.

Gedehnt, verzerrt und gedämpft quält sich ein rhythmisches Klatschen und Rufen durch den Dunst und weckt die Männer. Wenig später gibt der Nebel den Blick frei auf eine tief im Wasser liegende, mit Salz beladene Pallar, die sich den Weg nach Dacca freikämpft. Die Segel hängen schlaff an der gebogenen Rah, faltig und feucht vom Morgentau, kraftlos und sinnlos, so, als seien sie nur zum Trocknen aufgehängt. Doch das Schiff bewegt sich. Etwa zwanzig Männer stehen auf dem flachen Vordeck. Mit langen Rudern, endloser Monotonie und rhythmischen Bewegungen pullen sie das Boot voran. Sie stehen in zwei Reihen, bilden je eine Kette auf der Back- und Steuerbordseite. Die Köpfe gesenkt, die Augen geschlossen oder auf die nassen Muskeln des Vordermannes gerichtet, wiegen sie sich einen halben Schritt vorwärts, senken die Ruder ins Wasser und ziehen gleichmäßig durch. Wie eine Reihe Zähne beißen 20 Ruderblätter ins braune Wasser. Vergebens lauscht man auf das Klirren von Ketten und Fußfesseln. Eine Pallar ist keine Galeere.

Nur eine frische Morgenbrise kann diese Männer erlösen und die Rudermaschine zum Stehen bringen. Doch solange sich auf dem breiten Fluß kein Lüftchen regt, müssen die Männer in die Riemen greifen — gilt es doch, nur eine halbe Stunde eher als all die anderen in Dacca zu sein, die träge den Fluß hinuntertreiben.

Die Adern Bangladeshs

Bangladesh ist das Land der Flüsse; ein sandig flacher Mund eines riesigen Flüssesystems, das große

Teile Nordindiens, des Himalaja und Südchinas »entwässert«. Der gewaltige Ganges, der braune Brahmaputra, der träge Padma und viele andere Wasseradern durchfurchen und durchgraben das flache Land auf ihrem oft trägen Weg in den Golf von Bengalen. Doch nicht nur die Flüsse mit ihren vielen Wasserspendern, auch Kanäle, Gräben und Nebenarme verbinden sich zu einem gewaltigen Wasserstraßennetz von zusammen mehr als 5000 Meilen Länge — den wirklichen Straßen Bangladeshs. Kein anderes Land der Welt verfügt über ein so ausgedehntes, ausgeklügeltes, empfindliches und zur Zeit der Stürme und des Regens so gefährliches Wassersystem, über das man fast jeden Winkel des Landes erreichen kann. Auf ihrem Weg nach Süden schneiden die Flüsse das Land oft in breite Streifen, und wenn sich die Wasser im Delta vereinen, strömen sie bis zu 20 Meilen breit in den Golf von Bengalen. Kommt die Flut so regelmäßig und zuverlässig wie Sonnenaufgang und -untergang, dann werden weite Landstriche überschwemmt, und fast ein Viertel des ganzen Landes ist mit braunem Wasser bedeckt. Wer Bangladesh zu dieser Zeit besucht, weiß nicht zu sagen, ob es eine zusammenhängende Landmasse oder eine Inselwelt inmitten eines schmutzigen Ozeans ist.

Die ersten europäischen Seeleute, die nach Bangladesh kamen, waren verblüfft und erstaunt über dieses kartenmäßig kaum zu erfassende Gebiet, und es dauerte noch fast zwei Jahrhunderte, ehe das erste Kartenmaterial entstand. Auch heute noch ist das Befahren der Flüsse für Fremde, auch wenn sie mit besten Navigationsmitteln ausgestattet sind, schwierig und problematisch.

Flüsse und Ströme führen Boden und Erde aus dem Hochland mit sich und lagern die Schwebstoffe auf ihrem Weg nach Süden in Flußengen und Biegungen ab, schütten Sandbänke, Untiefen und Dämme auf, reißen und schwemmen zur Regenzeit dann alles erneut wieder fort, bahnen und bohren sich mit ihren Wassermassen neue Wege und suchen sich neue Betten. Dann können ganze Städte, vormals wichtige Häfen, mit einemmal auf dem Trockenen sitzen und abgelegene Dörfer über Nacht zu wichtigen Umschlagplätzen am neu entstandenen Zusammenfluß zweier Flüsse werden. Da der Süden Bangladeshs so flach ist, ändern die Flüsse ihren Lauf oft so extrem, daß es schwierig ist, ein festes Straßennetz aufzubauen. Das ganze Land, und ganz besonders das Delta, scheint sich permanent zu verändern und zu verformen. Mit den vielen tausend Tonnen Erde, die täglich neu angeschwemmt werden, arbeitet es sich immer weiter in den Golf von Bengalen hinein — eine halbe Meile im Jahr soll es sein. Man kann beobachten, wie das Land wandert und sich bewegt. Die Flüsse sind niemals sauber und klar, vielmehr wolkig, braun und grau, schwerbeladen mit im Sonnenlicht rötlichschimmernder Erde. Nur wenige Zentimeter unter der Wasseroberfläche beginnt der dunkle, schlammige Untergrund. Für die Menschen in Bangladesh ist dies die normale Farbe des Wassers, und auf den Flüssen wundert sich niemand mehr über eine braune Bugwelle oder schlammiges und sandiges Spritzwasser.

Wir waren von Indien auf dem Landweg nach Bangladesh gekommen und wollten so schnell wie möglich nach Dacca. Auf der Karte sah das alles einfach und unproblematisch aus — eine Fahrt von wenigen hundert Kilometern, eine Reise von mehreren Stunden. Die Straße verläuft von Osten nach Westen, doch alle Flüsse fließen von Norden nach Süden und machten uns einen Strich durch die Rechnung. Mindestens jede Stunde war der Weg von irgendeinem Gewässer oder träge dahinfließenden Fluß blockiert und versperrt. Die Fähren sind klein, alt, überladen und vor allen Dingen langsam. Wir haben wohl mehr Zeit mit Warten als mit Reisen verbracht, und langsam wurde uns klar, daß es leichter und schneller sein würde, unseren Weg vom Land aufs Wasser zu verlegen.

Als wir mal wieder wie schon so oft, auf eine Fähre warteten — irgendwie schienen diese Dinger immer auf der anderen Seite zu sein —, wanderten wir am Fluß entlang und stießen in einem Creek auf eine große Pallar, die gerade die Anker zu lichten begann; Zielhafen: Dacca. Wir zögerten keinen Moment, und etwa zehn Minuten später wateten wir durch den Schlamm an Bord.

Mehrere Stunden drifteten und lenzten wir vor Topp und Takel den Fluß hinunter. Doch nicht etwa, weil es mit Sturmstärke blies, sondern weil sich überhaupt kein Lüftchen regte. Ein fast 20 Meter großes Schiff, das mit drei Knoten einen Fluß hinuntertreibt, auf Kurs zu halten, ist sicherlich kein leichtes Unterfangen. Der Käpt'n stand auf dem aufwärts gebogenen Heck und versuchte, mit einem mannshohen Steuerpaddel oder -ruder das Schiff in Strommitte zu halten. Doch ohne die Hilfe von vier seiner Männer, die auf dem Vordeck mit großen Paddeln dem Bug die gewünschte Richtung gaben, hätte auch der beste Kapitän in den vielen Flußkrümmungen und -biegungen früher oder später das Schiff in Schilf oder Schlamm gesetzt. Ruhe und Entspannung kamen erst wieder auf, als eine leichte Brise wehte und die Mannschaft an einem ziemlich krumm gewachsenen Mast zwei »ausgewehte« Rahsegel übereinander setzte. Rahgetakelt segelten und arbeiteten wir uns in nordöstlicher Richtung durch das sehr verwirrende System von Flüssen und Kanälen.

Die »Wasserkarte«, die der Kapitän im Kopf hatte, mußte wohl immer auf dem neuesten Stand sein, denn niemals schien er im Gewirr der Verzweigungen unsicher zu sein oder zögerte, ob er wohl diese oder jene »Straße« nehmen sollte. Wann immer wir einer mit Jute, Holz, Sand, Steinen oder Reis vollbeladenen Pallar begegneten, steuerte unser Käpt'n möglichst nahe heran, um nach einem »Hallo, wie geht's?« herauszufinden, wo, zu welchem Preis und zu welchem Bestimmungsort in Dacca Ladung

angeboten werde. Ein gut eingespieltes Nachrichtensystem, auch wenn der Rest der Antwort nicht selten vom Wind weggetragen wurde, weil die Boote längst in gegenseitiger Heckwelle davongeschaukelt waren. Am späten Nachmittag wurde der Schiffsverkehr auf dem Burri Ganga so stark, daß wir nicht mehr weit von Dacca entfernt sein konnten; und nach einer weiten Biegung lag dann auch die Hauptstadt Bangladeshs vor uns. Daccas Wasserfront läßt mit Sicherheit jedem Joseph-Conrad-Freund für einen Moment das Herz höher schlagen. Ein Bild im Sepiaton vergangener Jahrhunderte, eine Seite oder gar ein ganzes Kapitel aus Conrads Buch »Lord Jim«.

Die Uferbänke, schlammige Nahtstelle zwischen Fluß und Land, sind von einer unermeßlichen Anzahl von Booten und Schiffen aller Arten, Größen und Formen belegt. Bauch an Bauch zusammengepfercht, haben sie Bug oder Heck weit aufs Trokkene geschoben. Boote und Schiffe so weit das Auge reicht. Von Segeln getrieben, von Männern gerudert, von der Strömung gepackt. Sie ankern im Fluß, werden von kleinen Leichtern beladen, treiben in Pulks den Fluß hinunter oder warten auf die Nachmittagsbrise, um dann mit unbekanntem Ziel hinter der nächsten Biegung zu verschwinden. Unser Kapitän legt das Schiff platt vor den Wind, um etwas mehr Fahrt aufzunehmen, dann kommen auf Kommando die Segel mit ihren gebogenen Bambusrahen klappernd an Deck. Der Bug zielt auf eine freie Stelle zwischen zwei Booten, schon reicht er weit über das Ufer, dann wird der Rumpf vom Schlamm angesaugt und festgehalten. Das Schiff ist sicher »geparkt«, auch ohne Heckanker, Festmacher und Spring.

Noch ehe wir unsere Sachen zusammensuchen können, ist das Schiff umzingelt von Hunderten von Menschen. Sie stehen bis zur Hüfte im Wasser, kleine Boote stürzen sich auf uns wie Insekten. Träger und Kulis bieten ihre Dienste an, Seeleute suchen einen Job, Händler und Käufer wittern ein Geschäft. Zigaretten, Uhren, Sicherheitsnadeln, Plastiksandalen werden uns aus dem Schlamm entgegengehalten, Früchte, alte Kleider und selbstgemachter Schnaps feilgeboten. Das wahre Leben Daccas pulsiert weder mitten in der Stadt noch mitten auf dem Fluß, Daccas Herz schlägt genau da, wo das Wasser das Land trifft, da, wo Tausende von Booten eine Straße entlang des Flusses bilden. Eine Straße, auf der es alles gibt, was eines Seemanns Herz erfreut, auch wenn er noch nie Salzwasser geschmeckt und noch nie das tiefblaue Meer gesehen hat.

Auf dem Nil in Bangladesh

In Bangladesh gibt es mehr Wasser- als Landstraßen, mehr Schiffe und Boote als Autos und Lastwagen. Natürlich sind es eine Vielzahl verschiedener Typen, Arten und Klassen, nach Größe und Funktion unterschiedlich benannt und verwandt, die die Gesamtheit von über einer Million Einheiten ausmachen. Eines haben viele dieser Schiffstypen — speziell die größeren Frachtensegler — gemeinsam: einen geschwungenen Rumpf mit einem flachen Vordeck und einem hochgezogenen Heck. Fast alle sind auch rahgetakelte Einmaster und gleichen eher einer auf dem Rücken treibenden Banane als einem see- oder flußtüchtigen Frachtensegler. So ungewohnt, fremd und fast unwirklich diese Bootsform einem auf den ersten Blick auch erscheint, so bekannt kommen sie einem beim zweiten Hinsehen auch wieder vor.

Man ist ihnen schon einmal begegnet, hat Bilder und Abbildungen von ihnen gesehen. Es braucht seine Zeit, bis man die Verbindung geknüpft hat. Der Nil in Ägypten. Diese geschwungene »Bananenform« hat es schon vor Tausenden von Jahren gegeben; es waren die Schiffe, mit denen die Ägypter zur Zeit der Pharaonen den Nil befuhren. Viele der in Bangladesh heute noch die Flüsse belebenden Segelboote, vor allem die Ghasias, die Mala Pansis oder die Pallars, könnten direkt von den Zeichenbrettern der alten Ägypter stammen. Mitte des zweiten Jahrtausends war Ägypten das große Vorbild und der Lehrmeister für viele Völker. So könnte auch einiges an maritimem Wissen und Erfahrungen auf den indischen Subkontinent und nach Bengalen gekommen sein. Wer sich heute mit den Booten und Schiffen Bangladeshs befaßt, kommt nicht umhin, sie mit Zeichnungen und Reliefs pharaonischer Tempel zu vergleichen. Die Ähnlichkeit ist zu groß, um vermuten zu können, dies sei eine — wenn auch nicht zeitgleiche — Parallelentwicklung. Auch das Rahsegel, das heute noch in Bangladesh die Flüsse beherrscht, läßt an das alte Ägypten denken. In der Schiffahrtsgeschichte war dieses Segel wohl das erste, das geeignet war, ein Schiff auf die offene See zu tragen. Hatten die Ägypter bei ihrem Segel schon obere und untere Rahen, verfügten sie über ein ausgeklügeltes Fall- und Schotensystem, so sind im Vergleich dazu die Rahsegel auf den Flüssen Bangladeshs doch recht bescheiden. Es sind Rahsegel in einfachster und ursprünglichster Form: ein Mast, eine Rah und ein Segel.

Die Rah wird einfach mit einem Fall, das durch ein Loch im Mast gezogen ist, aufgetoppt, das Segel ist permanent mit der Spiere verbunden, kann kaum getrimmt oder gebraßt werden. Das Segel selbst ist ein rechteckiger Lappen ohne feststehende Form und ohne Liektau. Nicht selten werden auch zwei Rahsegel an einem Mast übereinander gesetzt. In diesem Fall sind dann die Masten mit zwei Wanten abgestagt. Die Schoten- und Brassenführung ist denkbar unkompliziert; von Nock und Schothorn läuft jeweils ein Juteseil zum Kommandostand auf dem geschwungenen Heck. Ein einfaches Rigg, das der einfachen Aufgabe des Vor-dem-Wind-Laufens gerade gerecht wird. Und da keine größeren Anforderungen an diese Art der Besegelung gestellt werden, hat sich das Rigg bis heute nicht weiterentwickelt und verfeinert. Die Segel sind aus leichten Baumwollstoffen, oft in schönsten Pastelltönen gefärbt, mit Streifenmustern, farbenfrohen Designs und Zeichnungen − bunte Farbtupfer auf dem sonst so braunen Wasser der Flüsse. Nachdem ein Segel erst einmal mehrere Jahre in Gebrauch ist, hat es seine ursprüngliche Form verloren, ist ausgereckt und durch die vielen Flicken nur noch bunter geworden. Oft macht man sich auch nicht erst die Mühe, die Löcher zu »stopfen« oder zu flicken. Die Segelfläche ist dann eben etwas kleiner geworden, weiter nichts.

Ein weiteres Verwandtschaftsglied zwischen den Nil- und den Flußbooten Bengalens ist das Seitenruder. Oft vier bis fünf Meter lang, bedarf es schon einer Pinne, die rechtwinklig in den Ruderschaft eingelassen ist und es dem Rudergänger erlaubt, seinen »Hebel« anzusetzen und durch Drehen des Ruderblattes dem Boot die gewünschte Richtung zu geben. Sicher ist das kein wirkungsvolles und sicheres Ruder − eher ein Überbleibsel aus der Frühzeit des Bootsbaus −, doch auf den trägen, schlammigen Flüssen Bangladeshs erfüllt es seinen Zweck.

Aus welchen Teilen des »Wasserlandes« die Boote auch kommen, fast jeder Rumpf ist lang und schmal, der Bug weit überhängend − oft bis zu einem Viertel der gesamten Bootslänge −, das Heck geschwungen hochgezogen. Sie haben ein rundes Unterwasserschiff, weder Kiel noch Seitenschwerter, und sind nicht zuletzt des Riggs wegen reine »Down-wind-Segler«. Auf keinem anderen Wasser oder Gewässer hätten diese Boote eine Überlebenschance, doch hier in Bangladesh haben die für uns so eigenartige Form und Bauweise ihren Sinn und Zweck. Die Schiffe haben sich an die Bedürfnisse ihres Reviers angepaßt. So dient der flache Bug als Ruderplattform; die weiten Überhänge

erlauben es, problemlos und trocken an Land zu kommen; das hohe Heck gibt dem Steuermann beste Übersicht auf den verkehrsreichen Flüssen; der runde Rumpf ist leicht aus dem Schlamm und Mud der Ufer zu lösen und zu befreien.

Beim Bau einer Pallar geht es recht abenteuerlich und »fremdartig« zu. Zuerst wird eine flache Kielplanke gelegt. Das ist eine etwas dickere Planke, die schon auf die spätere Bug- und Heckform zugeschnitten ist. Ohne Spanten wird der Rumpf, Planke für Planke, aufgebaut. Jede Planke wird zugeschnitten, angepaßt und mit kleinen Bambusstangen festgeklemmt oder mit Juteseilen festgelascht, so daß sie die verlangte Form behält. Dann werden auf der Innenseite mit einem Stemmeisen kleine, schmale Schlitze − zwei Zentimeter tief und fünf Zentimeter lang − im rechten Winkel zur Plankennaht ausgestemmt. Die eine Hälfte des Schlitzes liegt auf der unteren, die andere Hälfte auf der oberen Planke. In die ausgestemmte Vertiefung wird eine vier bis fünf Zentimeter lange eiserne Krampe eingesetzt und mit einem Hammer eingetrieben. So werden die beiden Planken wie mit einer Heftklammer zusammengeheftet. Planke für Planke wird nach dieser Heftmethode dann der Rumpf aufgebaut, ohne daß jemals auch nur ein einziger Bolzen oder eine Schraube gesetzt wird. Zur Verstärkung wird dann der ganze Klammervorgang nochmals an der Außenhaut wiederholt, so daß am Ende alle benachbarten Planken durch jeweils eine Reihe Klammern innen und außen miteinander verbunden sind. Der Abstand der Klammern, der natürlich wesentlich die Stärke der Verbindung bestimmt, ist abhängig vom Inhalt des Geldbeutels des Bauherrn, denn die Metallklammern sind bei weitem das teuerste am ganzen Schiff. Im Durchschnitt werden die Klammern im Abstand von etwa zehn Zentimetern ins Holz getrieben.

Während kleinere Boote bis etwa acht Meter nur noch durch Bodenbretter verstärkt werden, müssen in größeren Schiffen dann allerdings noch Spanten eingesetzt werden. Nach dem fernöstlichen Bauprinzip »erst die Haut, dann die Knochen« geben die Spantenknochen der Plankenhaut die notwendige Stärke und Stabilität. Der Rumpf bildet dann eine so starke Einheit, daß auf Stringer zur Verbesserung der Längsfestigkeit ganz verzichtet werden kann.

Auch wenn im Vielstromland Bangladesh in jedem Jahr mehrere tausend neue Schiffe gebaut werden, findet man nur recht wenige richtige Werften. Jeder Bengali-Seemann ist auch gleichzeitig ein fleißiger Bootsbauer. Mit der Hilfe von Freunden, Nachbarn und der zukünftigen Crew baut er sein Schiff selbst. Als Bauplatz dient ein flaches Stück Strand oder ein leicht zugängliches Ufer. Der Neubau muß Anfang der Trockenzeit beginnen, und dann gilt es, ohne größere Unterbrechung das Schiff noch vor Beginn der Regenzeit fertigzustellen. In Bangladesh werden Schiffe nicht zu Wasser gelassen, sondern man läßt das Wasser zum Schiff. Bei einsetzender Regenzeit steigt der Wasserspiegel der Flüsse beträchtlich und überschwemmt den Bauplatz in kürzester Zeit. Nach dem Motto »wenn das Schiff nicht zum Wasser kommt — dann kommt das Wasser eben zum Schiff« schwimmt dann die neue Pallar zum erstenmal in ihrem neuen Revier.

Treiben und Treideln

Der Kapitän einer 20 Meter großen Pallar war einverstanden. »Ich nehm euch mit . . .«, meinte er und strich sich über seinen grauen, glanzlosen Bart, »doch wann wir ankommen, kann ich euch beim besten Willen nicht sagen. Es sind zwar nur 70 Meilen, doch nur Allah kennt die Zeit. Allah wollte, daß ich den Reis kaufe und einlade, natürlich will er auch, daß ich ihn transportiere und wieder ablade. Er macht die Pläne, niemand sonst.« Noch vor Tagesanbruch wurde das Boot aus dem Schlamm des Ufers gewarpt, Anker gelichtet, und eine leichte Morgenbrise trug uns schnell von der nie schlafenden Stadt fort.

Auf Befehl des Kapitäns wurde schon bald ein zweites Rahsegel gesetzt, und gegen eine Strömung von zwei Knoten machten wir gute drei über Grund. Doch leider verausgabte sich die Morgenbrise schon nach wenigen Stunden und stellte ihren kostenlosen Dienst ein. Die Segel, die das Schiff über Stunden so kräftig gezogen hatten, hingen jetzt faltig von der Rah — ihnen war ganz einfach die Luft ausgegangen.

Für eine Weile noch »traten wir auf der Stelle«, dann drifteten wir langsam flußabwärts. In einer langgezogenen Biegung wurden wir weit hinausgetrieben und kamen dem Ufer bedenklich nahe. Jetzt wird es aber langsam Zeit, daß der Anker fällt, dachte ich so bei mir, sonst laufen wir noch auf. Doch anstelle des Ankers waren es die Männer, die über Bord gingen. Auf Geheiß des Käpt'ns sprangen alle zwölf Seeleute ins Wasser, schwammen und wateten an Land. Hinter sich her zogen sie ein armdickes Tau, das in halber Höhe des Mastes festgebunden war. Auf dem schlammigen Uferpfad bildeten die Männer eine Kette. Jeder band einen Tampen zu einem großen Auge, legte es sich um die Brust und befestigte dann im Abstand von zwei Metern das andere Ende mit einem Bangladesh-Knoten an der Treidelleine.

Wie in Sielen stemmten sie sich nach vorne, nahmen die Drift aus dem Boot, noch ehe es sich in der Uferuntiefe festsetzte. Aus Erfahrung wußten sie, daß man beim Treideln die Schlepp- oder Treidelleine nicht am Bug festmachen darf, sondern daß man sie am Mast oder einem starken Beschlag in der Nähe des Drehpunktes belegen muß, um ungewünschte Drehmomente zu vermeiden und Steuerfähigkeit zu erhalten. Auf Befehl des Käpt'ns zogen sie an. Ein jeder lehnte sich nach vorn, die Füße suchten Halt im grauen, schlammigen Untergrund. Sie rutschten, torkelten, fluchten, legten sich ins

Zeug, und langsam, ganz langsam bewegte sich das Schiff zu Berg. Fuß für Fuß, Schritt für Schritt, Meter für Meter bewegte sich das Zweiergespann Schiff—Mensch. Männer als Zugtiere, Seeleute als Treckknechte.

In unregelmäßigen Abständen — vielleicht alle 20 bis 30 Minuten — schlüpfte ein Mann aus der Kette, um sich zu erholen und neue Kräfte zu schöpfen. Er konnte sich nicht ausruhen und nicht hinlegen, auch nicht an Bord — er war gezwungen, neben der Kolonne herzulaufen, wollte er den Anschluß nicht verpassen. Schon nach kurzer Zeit reihte er sich wieder ein, legte sich das Tampenauge um die Brust und erneut ins Zeug. Wir saßen auf dem Achterdeck neben dem Käpt'n, zuerst fasziniert von dem Geschehen, dann aber betroffen und mit einem unguten Gefühl in der Magengegend. Die Männer schleppten ja nicht nur ein 20-Meter-Schiff und 50 Tonnen Reis, sondern auch uns flußaufwärts.

Wir aber saßen in der Sonne, rauchten genüßlich Tabak und tranken Tee und kamen uns auf einmal vor wie in einer Rikscha, die von Menschenkraft getreten, oder, noch schlimmer, wie in einer Sänfte, die von vielen Händen getragen wird. Als das Schiff bei einer seiner nächsten Schlenkerbewegungen in Landnähe kam, sprangen wir beide gleichzeitig ins Wasser und wateten an Land. Der Käpt'n, der unser Vorhaben zu spät erkannt hatte, versuchte uns noch zurückzuhalten, doch schon hangelten wir uns an der Schleppleine den Treidelpfad hoch. »Galeerensträfling« war mein erster Gedanke, als ich mir ein Auge der Schleppleine um die Brust legte. Und mit einemmal wurde mir irgendwie bewußt, daß der Unterschied zwischen Sklave und Seemann noch nie sonderlich groß gewesen war. Der Seemann ist der Sklave seines Schiffes, mit ihm ist er verkettet bis in den Tod. Er segelt es, schleppt es, rudert, warpt und treidelt es, wenn immer nötig. Zuerst kommt das Schiff.

Die Zugleine aus vielfach geschlagener Jute war dick, hart, feucht, schlammig und schmerzte auf der Haut. Zuerst versuchte ich noch, den Druck mit den Händen aufzufangen und den Tampen von der Brust fernzuhalten, doch schon nach wenigen Minuten schmerzten die Oberarme und hielten den Druck nicht aus. Ich versuchte, mein Taschentuch um den Tampen zu wickeln, doch das nützte auch kaum etwas. Mir war klar, daß früher oder später — eher früher, als später — die Leine meine Haut aufscheuern, eine Wunde reißen und mich für Wochen zeichnen würde. Der Treidelpfad war noch nicht richtig abgetrocknet von der letzten Überschwemmung. Er war rutschig, glitschig und bot den nackten Füßen kaum Halt. Um nicht unter der Zugbelastung zu torkeln, mußte man schon die Zehen wie Spikes in den weichen Untergrund bohren. Oft standen noch kleine Mulden voller Wasser, so daß es einem bis an die Hüfte reichte. Jeder der Männer war inzwischen mindestens einmal ausgerutscht. Mit Schlamm und Lehm beklebt sahen wir alle aus wie wandelnde Mumien. Es kostete auf die Dauer eine unmenschliche Kraft, die Füße aus dem saugenden Schlamm zu ziehen und den nächsten Schritt zu gehen. Die Beinmuskeln schmerzten. Erst als ich aufhörte zu denken und zu fühlen, wurde ich ein gleiches Glied in der sich vorwärts quälenden Treidelkette. Jeder Muskel tat weh, Zehen und Beine waren schwer, die Brust brannte, der Kopf war tot. Nur eine Frage hämmerte gegen die Schläfen: Wie lange noch?

Inzwischen hatte sich das gleiche Manöver auch auf all den anderen Schiffen, die zu Berg fuhren, abgespielt, und hinter uns treidelten mindestens noch fünf andere Mannschaften ihre Schiffe. Eine lange Kette menschlicher Ameisen bewegte sich den Treidelpfad entlang. Schweigend, schwitzend und schweißgebadet lagen sie im erbitterten Kampf mit der Strömung des Flusses. Nachdem wir zweimal pausieren konnten, entschied der Kapitän nun, daß es jetzt endlich genug sei, und rief uns an Bord zurück. Noch nie zuvor in meinem Leben bin ich dem Befehl eines Kapitäns freiwilliger gefolgt als dieses eine Mal.

Eine Stunde später füllte eine warme Brise die Segel und trieb das Boot seiner Bestimmung näher. Die Männer befreiten sich von dem klebenden und jukkenden Lehm, aßen Reis, tranken Tee und legten sich irgendwo an Deck, um sich auszuruhen. Für sie war es ein windloser Morgen — so, wie jeder andere. Für uns aber war es eine schmerzhafte Lehrstunde in »Flußmannschaft« oder Seemannschaft auf dem Fluß — eine Seite aus einem Lehrbuch, geschrieben vor vielen tausend Jahren.

Pallars sind die »Tramp-Segler« Bangladeshs. Wo immer Waren und Handelsgüter — prallgefüllte Reissäcke, feinkörniger Sand, in der Sonne gebackene Ziegel, wertvolle Holzstämme oder jedwede Art von Stückgut — auf den Abtransport warten, da sind die Pallarmänner mit ihren rahgetakelten Schiffen zur Stelle. Dabei spielt es keine Rolle, ob sie ihre Pallars jetzt segeln, rudern, staken oder treideln müssen. Pallars durchstreifen das weitverzweigte Wasserstraßennetz Bangladeshs ruh- und rastlos, immer auf der Suche nach Arbeit. Dabei sind die Männer oft monatelang von ihren Familien getrennt.

Bangladesh gilt allgemein als eines der ärmsten Länder unserer Erde, aber unbestreitbar ist es auch das letzte reiche Königreich des Segels. Wer einmal in den frühen Morgenstunden irgendwo am Ufer eines der großen Flüsse erlebt hat, wie eine Flotte tiefbeladener Pallars mit majestätisch geblähten Segeln im gleißenden Dunst der Morgensonne auftaucht, weiß, daß auch nach Versiegen der letzten Ölquellen das Segelleben auf den Flüssen Bangladeshs ungestört und unverändert weitergehen wird.

115

114

112. Zeit und Wind sind stehengeblieben. Faltig hängen die Segel von der dünnen Rah.

113. Die Flüsse Bangladeshs sind noch die letzten Königreiche des Segels.

114. Auch zerfetzte Segel tun noch ihre Arbeit. Zumindest erlauben sie dem Steuermann gute Sicht nach vorne.

115. Wenn der Wind ausbleibt, werden die Ruder bemannt. Schiffe, die von 20 Ruderern fortbewegt werden, sind keine Seltenheit.

116. So verschieden die Rumpfformen auf den Flüssen Bangladeshs, so exotisch die Ruderarten.

117. Nur junge Leute finden einen Job an Bord eine Schiffes. Mit 40 zählt man zum alten Eisen und wird an Land gesetzt.

118. Schiffe, die in Rumpf und Rigg an die Nilschiffe der Pharaonen erinnern, sind heute noch das tägliche Bild auf den Flüssen.

119. Auch nach Sonnenuntergang weicht die drückendfeuchte Luft nicht, die den Seeleuten das Leben zur Qual macht.

119

Pinisis

Indonesien

A uf einmal kommt Leben in das Schiff. Es bäumt sich auf, greift aus, so, als habe man einem Achtspänner die Peitsche gegeben. Hasna Ilahi rast unter Vollzeug durch die Nacht. Das feingeschnittene Schiff rammt seine Stirn den schwarzen Wassern entgegen. Die Planken schlagen, die Wanten vibrieren, gequält stöhnt das mächtige Rigg. Wasserfetzen fegen durch das Dunkel und klatschen schäumend an Deck. Es weht kräftig auf der Straße von Makassar — höchste Zeit, die Toppsegel zu bergen. Nur noch gelegentlich taucht die Leeseite aus dem Wasser, und mit gut zehn oder elf Knoten jagt die Pinisi Hasna Ilahi durch die Conrad-Wasser der Javasee. Jedesmal wenn der Rumpf tief eintaucht, erzittert das losgelassene Schiff. Die Masten biegen sich leicht, um die gewaltigen Schläge aufzufangen. Die flache Mondscheibe schwankt und torkelt zwischen den Toppsegeln und taucht das nasse Deck in feuchten Glanz. Der überlange Bugspriet, von drei Vorsegeln gezerrt, ragt in das Dunkel des Himmels; wie ein gezücktes Schwert kämpft er den Weg frei durch die Schatten der Nacht. Doch diesmal will er sich in den Himmel bohren, er reckt und ragt, ein neues Geräusch im Dreiklang — Wind, Schiff und Meer —, ein Zittern, Erzittern, der flache Kiel rutscht, der Bugspriet kommt nicht mehr zurück. Hasna Ilahi ist aufgelaufen. Kein harter Schlag, kein Splittern von Holz, kein Brechen von Planken und Rippen, kein Krachen von Gestein. In der Bewegung erstarrt, wie von magischer Hand festgehalten, sitzt das Schiff auf einer Sandbank. Noch scheint Hasna Ilahi darauf zu warten, daß sich der Griff löst, daß sie weiterfahren und wieder ein segelndes Schiff sein kann. Doch aus dem stolzen Segler ist ein totes Stück Holz geworden, bewegungslos aus seinem Element gesprungen. Stille. Nach einer Schrecksekunde sind die Männer auf den Beinen. Geschrei, Gerenne, Befehle und Kommandos. Noch stehen die Segel, noch greift der Wind in die 400 Quadratmeter, noch treibt er das Schiff weiter auf die Bank. Rasselnd rutschen die Stagreiter die rostigen Drähte herunter, dumpf aufschlagend kommen die Segel an Deck. Es scheint ewig zu dauern, bis die Segel geborgen, der Einbaum zu Wasser gelassen und die Anker ausgebracht sind. Dann verschluckt die tiefe Nacht jedes Geräusch.

Bugis — die »Seezigeuner«

Im indonesischen Archipel mit seinen 13 677 Inseln, seinen Segelbooten, buntbemalten Auslegerkanus, wildbetakelten Praus sind die Pinisis mit ihren 30 Meter hohen Masten, den weit überstehenden Klüverbäumen und den Seitenrudern die Königinnen unter den Seglern der tropischen Inselwelt. Bei 30 bis 35 Metern Länge und einer Breite von sieben bis acht Metern haben sie eine Ladekapazität von oft bis zu 200 Tonnen. Neben der motorisierten Konkurrenz garantiert eine Flotte von etwa 1000 Pinisis Handel und Warenaustausch im indonesischen Raum, speziell auf den »Inter-Island-Routen« von Java nach Sumatra, Kalimantan und Sulawesi. Die Pinisis sind die Segelschiffe eines einzigen Volksstammes im bunten Völkergemisch Indonesiens; es sind die Schiffe der Bugis oder Buginesen, einer ethnischen Gruppe mit großer maritimer Vergangenheit, eigener Schrift und Sprache. Noch heute nennt man die Bugis mit ihren buntgebatikten Sarongs und wildgetürmten Kopftüchern gerne »sea gypsies« — »Seezigeuner«. Beheimatet im Süden Sulawesis, in den Städten Tiro, Bira und Bulukumba, durchpflügten sie mit ihren schnellen Schiffen über Jahrhunderte als Händler, Entdecker und Piraten die indonesischen Meere, wagten sich von Malaysia bis hoch nach China, unterhielten Handelsbeziehungen mit den Philippinen und landeten auf ihren Streifzügen sogar an der Nordküste Australiens. Als die Niederländer im 17. Jahrhundert den Gewürzhandel zu kontrollieren begannen, wurde Makassar, die Bugi-Hauptstadt, zu einem

Schmuggelzentrum. So jedenfalls nannten es die Kolonialherren; für die Bugis wurde der Schmuggel zur Lebensnotwendigkeit. Sie umsegelten mit ihren damals noch lateinergetakelten Schiffen die Kontrollen und Blockaden und umgingen die Bestimmungen des niederländischen Transportmonopols. Sie handelten eigenmächtig mit Gewürzen.

Ohne die Pinisis würde auch heute noch der inner-indonesische Handel und Transport in große Schwierigkeiten geraten. Den Motorschiffen sind sie auch in einigen wichtigen Punkten überlegen: Pinisis sind unabhängig von der Technik, kennen keine Probleme der Ersatzteilbeschaffung, alles kann selbst repariert oder hergestellt werden. Ihr Handelssystem bedarf keiner organisierten Infrastruktur, Pinisis sind nicht auf moderne Hafen- und Werftanlagen angewiesen, brauchen keine Wartezeiten für Slip oder Dock einzukalkulieren — Pinisis werden am Strand repariert. Sie sind nicht durch bürokratische Handels- und Verwaltungsvorschriften eingeengt, kennen keine technischen Überprüfungen von der Regierungsseite. Bei Tee und mit Handschlag machen Bugis heute noch ihre Geschäfte. Dazu kommt, daß viele Händler ihre zerbrechlichen Waren lieber dem wiegenden Rumpf einer Pinisi als dem schaukelnden Gang eines Motorschiffes anvertrauen. Transportgüter werden auf Pinisis einfach besser behandelt. Stück für Stück wird von Hand an Bord geschafft und zum Bestimmungsort gesegelt.

Das Leben der Buginesen, ihre Segel- und Handelsrouten werden vom Monsum bestimmt. Bei Westwind oder zur Regenzeit bläst der Wind nicht selten in Sturmstärke durch die Straße von Malakka und Makassar und wühlt die Javasee ungemütlich auf. Ende März wird es ruhiger, die Winde variieren in Stärke und Richtung, um dann Ende April aus südöstlicher Richtung zu wehen. Der Ostmonsun oder die Trockenzeit bringt leichte Winde, die sich im August und September verstärken. Ende November bläst es dann wieder kräftig aus West. Für die Bugis die beste Wetter- und Winduhr.

Auf der Sandbank

Seit drei Tagen sitzen wir fest. Das Nichtstun, oder besser das »Nichts-tun-Können«, liegt drückend auf der Stimmung an Bord. Heute morgen sind schon zwei Männer wegen einer zerbrochenen Zahnbürste in heftigen Streit geraten. Die Mittagshitze gibt uns den Rest. Im Schatten der beiden Masten liegen die Männer wie Patronen in einem Winchestermagazin. Tatan und Avid haben den riesigen Einbaum mit Wasser gefüllt und kühlen sich im salzigen Naß. Niemand geht schwimmen. Überall auf der Welt sind Seeleute wasserscheu. Auch der Transistorempfänger, der mit Musik und Unterhaltung von Radio Singapur die Mannschaft wachgehalten hat, ist verstummt. Die Batterien haben den Geist aufgegeben. Das Bild eines Windjammers in den Roßbreiten.

Von Glück können wir sagen, daß das Meer flach und ruhig ist und kein Lüftchen sich bewegt. Nicht auszudenken, was ein frischer Wind und eine bewegte See Schiff und Männern antun könnten. Eine Notausrüstung kennt man nicht an Bord einer Pinisi. Keine Rettungswesten, kein tragfähiges Beiboot, keine Leuchtmunition, keine Signalraketen — nicht einmal für Notverpflegung ist gesorgt. Um 15 Uhr soll Hochwasser kommen. Die Vorbereitungen zum Freiwarpen haben begonnen. Ein kräftiger Balken mit ausgeleierten Aussparungen für Spillspaken wird auf dem Vorschiff, kurz vor dem Mast, quer zur Mittschiffslinie so festgelascht, daß er sich um seine eigene Achse drehen läßt. Mit dieser »spanischen Winde« soll das Schiff bei Hochwasser freigewinscht werden. Dann packen die Männer an. Die Spaken drehen sich noch schnell, noch hängt die Warpleine schlaff im Wasser. Eine mühevolle Arbeit beginnt. Acht Männer greifen in die hölzernen Spaken, die Füße suchen Halt auf dem heißen Deck, vier weitere Seeleute setzen das lose Ende fest. Nach 15 Minuten ist die Leine gespannt wie die Sehne einer Armbrust, doch Hasna Ilahi bewegt sich nicht. Eine Pause wird eingelegt. Ausgepumpt drängen sich die Männer um das Wasserfaß. Reis vom Vortag und lauwarmes Wasser sollen die verbrauchte Energie zurückbringen. Auf einmal scheint der Schatten der Toppmaststange sich leicht auf dem Wasser zu bewegen, ein dumpfer Schlag geht durch das Schiff. »Sie kommt! Sie arbeitet sich frei!« Mit diesem Ruf springen sie auf, rennen ans Spill und drehen den Balken. Der Käpt'n, der sich bisher wenig gezeigt und alle Rettungsmaßnahmen seinem Bootsmann überlassen hatte, ist auf einmal da, brüllt und feuert seine Leute an. Wir alle wissen, daß dies wohl die letzte und einzige Chance ist, das Schiff zu retten. Wenn es nicht gelingt, Hasna Ilahi in den nächsten Minuten freizubekommen, werden die Männer auf dieser Sandbank ihre Existenz verlieren. Kein Schiff kann hier das nächste Hochwasser oder einen kräftigen Monsun überleben. Hasna Ilahi bewegt sich. Zuerst kaum wahrnehmbar, läßt der Druck im Spill nach. Noch saugt der Sand am Kiel und an den Planken; nur widerwillig gibt sich die Sandbank geschlagen. Doch Archimedes mit seinem Prinzip und die Kraft aller Männer ziehen das Schiff in die Freiheit. Noch zwei dumpfe Schläge, zweimal noch setzt der Kiel auf, dann ist Hasna Ilahi endlich frei. Schon steht ein Vorsegel, Schott und Pinne sind besetzt, langsam dreht sich das Schiff. Ein Anker ist schnell geborgen, der andere muß aufgegeben werden. Die Zeit drängt, keiner weiß genau, wann das Wasser wieder fällt. Nach drei Tagen, festgemauert in einer Sandbank, ist das Wiegen des Schiffes im Wasser ein angenehmes Gefühl; der Druck, der wie eine Fessel auf Schiff und Männern gelegen hat, ist verschwunden. Triumph und Freude in reinster Form durchströmen wohl jeden von uns. Es bricht kein Übermut aus, wir haben alle nur unsere Pflicht getan, die

Pflicht eines Seemanns — unser Letztes gegeben. Kurze Zeit später sind alle sieben Segel gesetzt, befreit, und, als habe es die Strandung längst vergessen, Hasna Ilahi segelt weiter nach Süden.

Pinisis — die Königinnen des Archipels

Die »Ur-Pinisis«, mit denen die Bugis ihre weiten Abenteuerfahrten unternahmen und die ihnen den Ruf der »Wassernomaden« einbrachten, waren noch alle mit einem oder mehreren Lateinersegeln gerigst. Als aber Mitte des 19. Jahrhunderts Dampfschiffe und segelnde Konkurrenz aus China und dem arabischen Raum den Bugis das Leben und den Handel schwermachten, mußten sie sich nach einem schnelleren und leistungsfähigeren Rigg umsehen. Der Rumpf wurde kaum verändert, ein Bugspriet in Riesenausführung wurde eingesetzt, zwei hohe Masten gestellt. Seither treibt ein Gaffelrigg europäischen Zuschnitts die Pinisis von Insel zu Insel. Doch aus der Nähe besehen zeigt sich das Pinisi-Rigg gar nicht so europäisch: Der untere Teil des Vor- oder Fockmastes ist ein Dreibein, gebildet von drei Masten, die in Höhe der Saling mit Ketten, Bolzen und Drahttauwerk zusammengehalten und hier mit einer Stange für das Toppsegel verlängert sind. Die beiden »Zusatzbeine« des Mastes stehen leicht nach vorne versetzt. Diese Konstruktion verhilft dem Fockmast zu großer Steifheit und entlastet die Wanten ganz wesentlich. Weiter unterscheidet sich das Rigg von seinem europäischen Vorfahren dadurch, daß die Gaffel nicht wie bei uns durch Piek- und Klaufall an Deck geholt werden können, sondern permanent am Mast gefahren werden. Der Anstellwinkel der Gaffel kann allerdings durch ein spezielles Fall verändert werden. Diese ungewöhnliche Bauart verlangt natürlich auch einen völlig anderen Mechanismus, die Segel zu setzen und zu bergen: Das Gaffelsegel ist an einer Holzleiste hinter dem Mast festgebändselt, und über einen Block an der Gaffelnock wird das Segel von Deck aus nach dem »Gardinenprinzip« aufgezogen. Das Segelbergen wird durch einen Niederholer eingeleitet, der das Piek des Segels zum Mast hinzieht. Ein Gordingsystem hilft dann den Männern, das oft kräftig schlagende Segel am Mast festzuzurren. Die Toppsegel sind an der Stenge locker angereiht, das Achterliek wird über einen Block an der Gaffelnock gefahren. Zum Toppsegelsetzen oder -bergen müssen immer ein bis zwei Männer auf die Saling, um das dort verstaute Segel loszubändseln oder festzuzurren. Das Großsegel wird baumlos gefahren, doch baumen die Bugis bei achterlichen Winden das schwere Tuch mit einer kräftigen Spiere aus.

Pinisis sind meist schonergetakelt; das heißt, beide Masten sind mehr oder weniger gleich groß. Doch findet man auch anderthalbmastige Pinisis mit Ketschtakelung; da ist der erste Mast dann wesentlich größer als der achtere. Ein kräftiger Sturm und der Bruch einer Stenge machen bereits aus einem Schoner eine Ketsch; oder bei Überholungsarbeiten kann leicht aus einer Ketsch ein Schoner werden. Bugis machen da keinen großen Unterschied, für sie sind es nur »Prahu Leyar« — Pinisi-Segelboote. Damit die Männer leichter ins Rigg aufentern können, haben sie Holzleitern in die Wanten gestellt und mit Draht befestigt. Doch meist sind diese Leitern so brüchig, daß die Seeleute es vorziehen, die rostigen Wanten hochzuhangeln. Mit den Armen ziehen sie sich hoch und stützen sich mit den Zehen in den Wanten ab. Beim bloßen Anblick dieses Drahttauwerkes mit seinen tausend »Fleischerhaken« müßten einem schon die Hände schmerzen, aber den Bugis scheint das nichts auszumachen. Schon beim Stapellauf ist das Rigg einer neuen Pinisi meist in einem desolaten Zustand. Oft werden aus Kostengründen gebrauchte Beschläge und Wanten gekauft; alles, was von einer ausgemusterten Pinisi noch irgenwie brauchbar erscheint, wird übernommen. Die Vielfalt der Wantenspanner reicht von Jungfern bis zum Lasching. Beschläge sind oft so ausgeschlagen, daß sie bei kleinster Belastung zu brechen scheinen. Stagreiter sind aus Drahtringen, Schäkeln oder Stahlfedern gebastelt.

Die Ruderanlage einer Pinisi wirkt wie ein Relikt aus der Zeit der Pharaonen und will so gar nicht in das Bild des sonst so modern wirkenden Frachtenseglers passen. Pinisis werden heute noch mit zwei Seitenrudern gesteuert und auf Kurs gehalten. An der Back- und Steuerbordseite ist je ein kräftiges Gestell aus zehn Zentimeter dicken Balken gebaut; in diesem »Käfig« sitzt das Ruder, baumstammdick, nur von Tampenlaschings festgehalten. Das Ruderblatt hat eine Länge von etwa vier Metern, als Pinne dient ein Balken von einem Meter Länge, der durch den Ruderkopf gesteckt wird. Seitenruder in dieser Form sind schwer zu handhaben, ihre Wirkung ist unbefriedigend. Die Ruderfläche ist sehr gering, der Ruderanstellwinkel zu klein, die Reibung im Ruderbeschlag, aus vierfach geschlagenem Tauwerk, enorm groß. Bei achterlichen Winden sind oft beide Ruder besetzt, um dem »kiellosen« Schiff durch die tief eintauchenden Ruderblätter etwas mehr Richtungsstabilität zu geben. Am Wind- und Raumschot wird nur das Leeruder gefahren, das, durch die Krängung des Schiffes bedingt, tiefer eintaucht und somit mehr »Ruder« bringt. Bei Geschwindigkeiten von acht Knoten und mehr fängt das Ruderblatt an zu zittern, in der Halterung zu vibrieren und in der Führung zu schlagen. Dann ist es nur mit Mühe und vier kräftigen Armen zu bändigen. Einen Vorteil haben die tiefgehenden Seitenruder allerdings: Bei flachem Wasser haben sie vor dem Kiel Grundberührung, klappen nach hinten, und mit viel Glück kann vielleicht noch das Auflaufen vermieden werden. Jahr für Jahr führt die schlechte Manövrierfähigkeit der Pinisis zu vielen Havarien und Zusammenstößen, oft in der Hafeneinfahrt oder im Hafenbecken selbst. Dann bohren sich Bugspriete durch

Wanten, Segel knicken ab wie Streichhölzer, Schiffe verhaken sich mit den überstehenden Rudergestellen. Der Gedanke, bei rauher See, wenn es gilt, Wellen und Sturm auszureiten und immer den richtigen Winkel zum anrollenden Wellenberg zu finden, auf ein solches »Notruder« angewiesen zu sein, bereitet schon etwas Unbehagen. Wieso die Bugis nach jahrhundertelangen Kontakten mit europäischen, arabischen und chinesischen Schiffen bis heute an dieser uneffektiven Ruderanlage festgehalten haben und sie auch bei motorisierten Neubauten noch weiter verwenden, ist eigentlich unverständlich.

Europäisches Rigg — fernöstlicher Rumpf

Der Rumpf der Pinisis wird nach der »shell construction method« (Muschelschalen-Methode) hergestellt, das heißt, die Rumpfschale wird gebaut, ohne daß auch nur ein einziger Spant gesetzt ist. Nach der Kiellegung werden die Seiten — Planke für Planke — hochgezogen. In unserem europäischen Raum wird nach dem »Skeleton-Prinzip« (Gerippe-Prinzip) gebaut — zuerst die Spanten, dann die Planken. Wie lassen sich die Planken zu einer Rumpfschale zusammenbauen, wie kann man ihnen Halt und Form geben, ohne sie beim Zusammenbau gleich am Spanten zu setzen und zu sichern? Die Lösung ist für uns überraschend, fast revolutionär — doch ist sie schon seit Jahrtausenden im fernöstlichen Raum bekannt: Die handgesägten, oft sieben Meter langen Planken werden durch 25 Zentimeter lange Holznägel zusammengehalten. In der Praxis sieht das folgendermaßen aus: Mit harfengroßen Zwingen werden zwei Planken Stoß an Stoß zusammengeklemmt und in Position gehalten. Dann werden die Bohrstellen für die Nägel markiert und die Zwingen wieder gelöst. Mehrere Männer bohren nun mit alten Handleiern tiefe Löcher in die Ober- und Unterkanten der Planken. Dann werden die

Hartholznägel halb in die untere Planke getrieben und die andere Planke so angesetzt, daß der herausstehende Teil der Nägel in die vorgebohrten Löcher der oberen Planke paßt. Mit großen Holzhämmern werden die beiden Planken dann zusammengetrieben. Nach drei bis vier Monaten ist der Rumpf fertig, dann erst werden die Spanten angepaßt und eingesetzt. Bei einem 20-Meter-Schiff beträgt der Abstand der Spanten etwa 20 Zentimeter, nimmt aber zum Bug und Heck leicht ab. Die Spanten selbst bestehen aus fünf, sieben oder neun gewachsenen Stämmen, die grob behauen und geviertkantet, ebenfalls durch Holznägel miteinander verbunden werden. Da die Spanten dann noch mit den Planken »holzvernagelt« werden, sieht der Rumpf mit seinen hervorstehenden Nagelspitzen aus wie ein Igel mit aufgestellten Stacheln. Von außen werden die Nägel dann verkeilt und abgesägt. Ergeben sich keine Probleme bei der Beschaffung des Baumaterials, so können 15 bis 20 Zimmerleute mit Hilfe der zukünftigen Crew und unter Anleitung eines erfahrenen Baumeisters eine Pinisi in einem halben Jahr »stapellauffertig« bauen.

Märchen, die keine sind

Die Strandung ist vergessen. Hasna Ilahi läuft »Reisegeschwindigkeit«. Die Männer gehen ihrer Lieblingsbeschäftigung nach: Sie schlafen. Kartenspielen, Musikhören, Rauchen und Fischen folgen im weiten Abstand. Ganz zum Schluß der langen Liste der Freizeitbeschäftigungen an Bord kommt dann das Segeln. Pinisi-Segler sind »lazy sailors«. Sind die »Lappen« erst einmal oben, muß der Wind schon gut und gern zehn oder 20 Grad schiften, ehe die Segel neu getrimmt werden. Was macht es schon für einen Unterschied, ob man mit sechs oder sieben Knoten läuft. Auch wird an Bord kaum navigiert. Kein Fernglas, Sextant, kein Kursdreieck, weder

Tafeln noch Seehandbücher findet man an Bord. Eine alte, vergilbte und verschimmelte Seekarte aus der Zeit der Niederländer und ein Kompaß mit stumpfer Nadel oder ohne Flüssigkeit tun's in den meisten Fällen. Am liebsten segelt man in Landsicht, folgt einer Insel bis zum Ende, macht einen Schlag bis zur nächsten; von diesem Festpunkt aus wird dann die nächste Insel angesteuert. So hüpfen Pinisis von Insel zu Insel, immer einen Mann im Ausguck, der den Horizont nach Inseln absuchen muß, bis ihm die Augen brennen. Wenn man unter Navigation versteht, ein Schiff auf dem kürzesten und schnellsten Weg zu seinem Ziel zu bringen, dann navigieren die Bugis nur sehr selten. Definiert man aber: »Navigation ist, wenn man ankommt« — dann sind sie meisterliche Navigatoren. Denn, ankommen tun sie fast immer — auch wenn einmal auf einer Sandbank eine Pause eingelegt werden muß.

Im Schatten des niedrigen Deckshauses sitzen wir und beobachten Mustakim, der sich aus einem Bambusrohr eine neue Flöte schnitzt. Nach anfänglichen Schwierigkeiten verstehen wir uns gut mit der Mannschaft. Wenn auch die Unterhaltung noch etwas holprig ist — schlechtes Englisch gegen noch schlechteres Bahasa —, hat uns das geteilte Leid auf der Sandbank einen kleinen Ehrenplatz an Bord eingebracht. Wir hatten ordentlich mitangepackt, mit geschwitzt und unser Weniges dazu beigetragen, daß Hasna Ilahi wieder freikam. Das hatte sicher keiner der Mannschaft von uns erwartet, der Käpt'n am allerwenigsten. Noch nie haben wir uns so zur Crew gehörig gefühlt.

»Wir hatten rund 200 Kubikmeter Holz geladen und lagen sehr tief im Wasser«, erzählt uns Mustakim, zündet sich eine Nelkenzigarette an und bohrt mit einem rostigen Nagel ein weiteres Loch in seine neue Flöte. »Das Deck war einen Meter hoch, zugeladen mit Baumstämmen aus Sumatra. In der Gegend der ›Wandernden Felsen‹ liefen wir am frühen Morgen auf Grund und schlugen leck. Es ging alles ganz schnell. Wir versuchten zwar noch unser möglichstes mit der Bambuspumpe, aber da war nichts mehr zu machen. Nach vielleicht zehn Minuten legte sich das Schiff langsam auf die Seite, bis die Masten mit den noch stehenden Segeln flach auf dem Wasser lagen. Was sollten wir machen? Sinken konnten wir ja nicht. Das Schiff war ja vollgeladen mit Holz. Es war recht ungemütlich so auf der Seite. Ich war damals erst 14 Jahre alt, und irgendwie fand ich die Sache am Anfang noch ganz lustig. Dann gab der ›Alte‹ den Befehl, und wir mußten mit Messern und Äxten die Masten kappen und die Decksladung loswerden. Vielleicht, meinten einige, richtet sich das Schiff wieder auf. Das war vielleicht eine Schufterei. Es dauerte fast eine Stunde, bis die Masten etwa einen Meter über Deck abgehackt waren. Und siehe da, der Rumpf richtete sich zur Schräglage etwas hoch. Aber das half auch nicht sonderlich viel. Wir hatten ein Riesenloch im Rumpf und trieben einfach so vor uns hin — nur sinken konnten wir ja nicht. Wir versuchten noch ein Notrigg zu bauen, aber das Schiff lag so tief im Wasser, war so schwer, daß das auch nichts nützte. Wir konnten auch das Leck nicht zustopfen, denn hätten wir die Holzladung aus dem Rumpf geholt, wären wir sicherlich sofort abgesoffen. Schließlich ließ der Käpt'n aus den Stämmen der Decksladung zwei große Flöße bauen. Halb im Wasser, halb auf rutschigen Bäumen sitzend, laschten wir die Stämme mit Tampen und Wantenstücke zusammen, bis die Flöße jeweils die Hälfte der Männer aufnehmen und tragen konnten. Aus einem Dreibein bauten wir einen Mast, paddelten, segelten und trieben fast zwei Tage lang, bis wir endlich gefunden wurden. Der zweite Schiffbruch, den ich erlebte, war ziemlich ähnlich. Doch diesmal drehte sich das Schiff nicht auf die Seite, sondern sank nur um einen Meter. Die Holzladung hielt es gerade so hoch, daß Achterkabine, Bugspriet und Masten aus dem Wasser ragten. Das muß vielleicht komisch ausgesehen haben. Zwei Tage lebten wir alle auf dem Deckshaus und warteten auf Hilfe. Am dritten Tag sahen wir Fischer aus der Ferne, doch die sahen uns nicht. Der Rumpf war ja unter Wasser, und nur die Masten ohne Segel ragten aus dem Wasser, da muß man schon viel Glück haben, um aus der Entfernung gesehen zu werden. Einige wollten mit dem Einbaum Hilfe holen, doch der Käpt'n erlaubte das nicht. Da kam der Koch auf die rettende Idee: Wir sollten ein Segel in Öl tauchen, bis zur Mastspitze hochziehen und anzünden, um Rauchsignale zu geben. Es klappte, und wir wurden alle gerettet. Heute bin ich 21, bei meinem zweiten Schiffbruch war ich 17, und ich weiß, daß heute oder morgen wieder so etwas passieren kann. Was soll's. Soll ich mir vielleicht eine Arbeit an Land besorgen, Hühner züchten oder mir auf einer Plantage den Rücken krumm arbeiten? Nein, danke. Da habe ich es doch hier an Bord viel besser. Jeden Monat sind wir vielleicht vier bis fünf Tage zu Hause. Darauf freuen wir uns natürlich, aber nur ganz selten segelt einer achteraus. Ich würde oft schon nach zwei Tagen an Land wieder an Bord gehen, aber sobald ich auf hoher See bin, wäre ich wieder gerne daheim. Was soll man da machen?«

»Ja, die Bezahlung ist mehr als gering«, fährt Mustakim fort, »es reicht gerade für ein Päckchen Zigaretten pro Tag, und wenn ich nicht für ein Radio oder eine neue Hose spare, dann kann ich einmal in der Woche zu einem Mädchen gehen. Für eine Stunde höchstens, eine ganze Nacht ist viel zu teuer, das kann sich nur der ›Alte‹ leisten. Aber eine Stunde, das reicht ja auch, danach will man ja sowieso möglichst schnell wieder weg. Keiner hier an Bord hat seinen festen Schlafplatz. Im Hafen schlafen wir auf dem kleinen Deckshaus unter dem Sonnensegel, auf See sucht sich jeder ein trockenes und windgeschütztes Plätzchen irgendwo zwischen der Ladung. Einmal hatten wir zehn Sofas für Ujung Pandang an Bord, das war ein Spaß! Aber was soll ich sagen, mir geht's ganz gut. Am liebsten würde ich ja auf einem richtigen Frachter fahren, nach Singapur oder so.« Mustakim wird etwas wehmütig. Der erste Ton seiner neuen Flöte mischt sich zaghaft und scheu in das Ächzen im Rigg, in das Jammern der Holzblöcke und wird vom gurgelnden Rauschen der die Bordwand streichelnden Wellen fortgerissen. Gegen Mittag kommt die Insel Madura in Sicht. Im flimmernden Gegenlicht zieht sich die Java vorgelagerte Insel wie ein flacher Strich über den Horizont. Auf der Steuerbordseite stehen zwei weitere Pinisis, ihre Segel hängen flach und faltig im Rigg, Wind und Strömung treiben uns langsam dem Hafen Surabayas zu. So greifbar nahe liegt schon das Ziel, dennoch soll es uns nicht gelingen, in dieser Nacht noch das ruhige Hafenwasser zu erreichen. In der Bucht von Gresik fallen die Anker. Es ist sicherer, erst am nächsten Morgen in den Hafen einzulaufen, als sich die Nacht vor der Hafeneinfahrt um die Ohren zu schlagen. Zuviel Schiffsverkehr, zuwenig Navigationslichter, keine Betonnung; da ist jeder Kapitän gut beraten, sich von der Gefahr fernzuhalten. Der nächste Morgen bringt Windstille. Der Käpt'n wird mit einem Schlepper handelseinig, eine Stunde später hat Hasna Ilahi in Kalimas, dem Pinisi- und Segelboothafen Surabayas, festgemacht.

Kalimas

Der Segelschiffhafen von Surabaya ist in eine Flußmündung hineingebaut, 300 Meter lang, 40 Meter breit. Es ist ein schmaler Schlauch, auf dessen einer Seite die Schiffe mit dem Bug zum Pier hin festmachen. Der Hafen ist voll. Es drängen sich Pinisis, kleine Motorboote und Madura-Segler mit ihrem platten, kunstvoll geschnitzten und bemalten Bug. Kleine besegelte Einbäume, vollbeladen mit Früchten und Gemüse der Nachbarinseln, zwängen sich in die Lücken. Weit überragen die Bugspriete der Pinisis Lastwagen und Ochsenkarren. Heckanker werden nicht gesetzt, nur ein Festmacher zum Nachbarn rechts und links; viel zu groß ist das Gedränge, Rumpf an Rumpf liegen die Schiffe, ohne Fender würden sie sich die Seiten reiben.

Schon am frühen Morgen herrscht reges Treiben. Am Pier stapeln sich Kisten und Fässer, Baumwollballen werden von Lastwagen abgeworfen, Fahrräder, alte Möbel, Moniereisen, Fensterrahmen, Ersatzteile für Maschinen und Motoren, Plastikeimer und Coca-Cola-Kisten warten darauf, in den gähnenden Bäuchen der Frachtensegler zu verschwinden. Von Deck jeder Pinisi sind zwei schwere Bohlen als Gangway an die Pier gelegt, eine für die Männer »mit Ladung«, die andere für den rücklaufenden Verkehr. Im Eilschritt hasten die Schauerleute die Planke hoch, karren und schleppen zentnerschwere Lasten über die schwankende Schwelle. Jeder Balken, jeder Sack, jeder Eimer wird von Hand aus- oder eingeladen. Manchmal durchläuft jedes Stückgut vier oder fünf Hände, ehe es an Bord ist. Eine Pinisi, schon bis zum Wasserpaß beladen, wird noch weiter mit Zementsäcken »gefüllt«. Die Lastenträger haben sich Plastiktüten über die Köpfe gezogen, um Augen, Nase und Ohren vor dem Zementstaub zu schützen. Gequält und erschöpft blicken die Männer durch die Tüten, die vom Schweiß und von ihrem Atem beschlagen sind. Sie arbeiten im Akkord. Ein Farbeimer ist über Bord gefallen, zwei Männer tauchen im sandbraunen Flußwasser, tasten mit Händen und Füßen den Grund ab. Der Eimer muß gefunden werden, sonst wird der Verlust vom Lohn abgezogen.

Eine Pinisi mit gebrochener Maststenge wird gerade gestrichen. In einem Einbaum umkreist ein Mann sein Schiff und klatscht halbtrockene Farbe über Kerben und Kratzer in Planken und Steven. Im Schatten einer Lagerhalle erholen sich einige Schauerleute, die Köpfe in die Hände gestützt, rauchen schweigend vor sich hin und warten auf den nächsten Auftrag. Agenten mit Frachtpapieren rasen mit knatternden Motorrädern die Wasserfront entlang, immer auf der Suche nach ihrem Schiff, ihrer Ladung und ihrem Gewinn. Es ist ein langer Tag. Erst nach Sonnenuntergang wird langsam die Arbeit beendet. Doch schon bald wird der Hafen »nachtwach«. Die leichte Brise weht sprühende Funken von den offenen Feuerstellen durch das Gewirr von Masten. In Töpfen, groß wie halbe Bierfässer, wird Reis gekocht. Petromaxlampen werfen unruhige Schatten und beleuchten die Schiffe gespenstisch. Auch am Abend haben die Männer keine Ruhe vor fliegenden Händlern und Glücksverkäufern. In Bauchläden bieten sie Seife, Kämme, Musikkassetten, Brieftaschen und Pomade feil. Ausländische Zigaretten stehen hoch im Kurs. Ein Schneider läuft von Schiff zu Schiff, mit Stoffmustermappe und großen Gesten schwatzt er hier eine Jacke auf, da eine Hose, nimmt Maß, kassiert einen Vorschuß. Er kennt jeden Mann und jedes Schiff — beim nächsten Einlaufen ist der Anzug fertig. An Bord von HASNA ILAHI wird gespielt, um Geld, um viel Geld. Auf der ganzen Überfahrt wurde nie um Geld gespielt. Den Freunden aus der eigenen Mannschaft zieht man nicht das Geld aus der Tasche, aber die Männer von anderen Schiffen, die können schon mal zur Kasse gebeten werden. Wenn der Prophet nicht zum Berge kommt, dann muß der Berg eben zum Propheten, so handeln zur späten Stunde die »waterfront ladies« des leichten Gewerbes. Sie kommen an Bord und versuchen die Männer, die in dieser Nacht nicht den Weg zu ihnen gefunden haben, hier an Bord ein wenig aufzumuntern und anzuheizen.

In dieser Nacht können wir keinen Schlaf finden. HASNA ILAHI liegt starr und steif im bewegungslosen Hafenwasser und wiegt uns nicht mehr weich in den Schlaf. Es war eine lange Reise. Ein indonesisches Sprichwort sagt »Je länger die Reise, desto größer die Erfahrung« — es war eine sehr lange Reise.

122

123

124

120. Borneo voraus! Eine vollbeladene Pinisi auf Arbeitsfahrt in der Javasee.

121. Wenn der überlange Bugspriet ins Wasser schlägt, wird die Arbeit vor dem Mast feucht und gefährlich.

122 — 125. Sobald es auffrischt in den Gewässern Indonesiens, wird dieser schwere Lastensegler jung und schnell. Dann pflügt die Pinisi tiefe Furchen in das blaue Wasser, stemmt sich und stürmt wuchtig ihrem Ziel entgegen.

126 — 129. Das Leben an Bord einer Pinisi ist für die 20 Mann starke Besatzung hart und entbehrungsreich. Nur der Kapitän hat eine Koje, die Männer selbst müssen sich jeden Tag ein neues Plätzchen zum Schlafen suchen. Doch die Stimmung ist meist gut, auch wenn die Verpflegung über Tage und Wochen nur aus Reis und Fisch besteht. Gelingt es bei kräftigen Winden, einen Küstenfrachter auszusegeln, dann tobt die ganze Besatzung vor Begeisterung.

130. Um die Toppsegel zu setzen, müssen 4 Mann auf die Saling klettern. Wenn es weht und das Schiff rollt und sich in den Wellen wiegt, ist das keine ungefährliche Arbeit.

127

128

129

132

133

134

131. Faltig hängen die »Lappen« von Spie-
en und Stagen. Die Gaffelsegel der Pinisis
werden nach dem Gardinenprinzip zur
Gaffelnock hinaufgezogen. Beim Segelbergen bleibt die Gaffel dann »oben«.

132. Die Inselwelt Indonesiens hat viele
Schiffsexoten geboren. Die Madura-Boote
kommen von der gleichnamigen Insel im
Nordosten Javas, sind bis zu 15 Meter groß
und transportieren Holz und Baumaterial
von Insel zu Insel.

133. Wer zuletzt kommt und zuerst wieder
ossegelt, hat mit Sicherheit die größten
Vorteile.

134, 135. Madura-Boote sind kunstvoll ver-
iert. Schnitzereien und Bemalungen sind
der Stolz eines jeden Eigners.

135

136

137

140

136, 137. Pinisis werden zusammenge-
gelt. Mit einer Handleier werden d
Löcher vorgebohrt und dann die bis
30 Zentimeter langen Hartholznägel in d
Verbindungsstellen getrieben. Zehn Mä
ner bauen etwa sechs Monate an eine
dieser schnellen Frachtensegler.
138, 139. Pinisis werden nach dem fernö
lichen Bauprinzip gebaut. Zuerst wird d
Rumpfschale fertiggestellt, dann erst w
den die Spanten angepaßt.
140. Palmenwipfel spenden Schatten
die Bootsbauer in Borneo. In den Mündu
gen der großen Flüsse reihen sich d
Schiffswerften über viele Kilometer.
141. Dichtgedrängt liegen die bauchig
Pinisis im Segelhafen von Djakarta. Bis
200 Frachtensegler strecken ihre lang
Bugspriete weit aufs Land. Das Entlad
dauert oft eine Woche und länger. Je
Fracht wird von Schauerleuten üb
schwankende Planken an Land geschlep
142. Pinisis sind die Könige im letzt
Imperium des Segels. Die bauchig gebl
ten Vorsegel ihre Krone, der gezückte Bu
spriet das Zepter.

Aus dem Logbuch des Fotografen

Das erste Problem bei der Lösung einer fotografischen Aufgabe ergibt sich bei der Zusammenstellung der Ausrüstung. In unserem Fall stellten sich uns da einige Schwierigkeiten in den Weg, die wir bereits vor dem Stapellauf des Projekts lösen mußten. Es war sicherlich eine einmalige Herausforderung für einen Fotografen, an einem einzigen Thema weltweit zu arbeiten und dabei fast 18 Monate lang per Flugzeug, Eisenbahn, Bus und Schiff — vom Dampfer bis zum Kanu —, vom tiefsten Winter in Feuerland bis zum Wüstenklima Arabiens oder dem subtropischen Dschungel Brasiliens, um die Welt zu reisen. Die Ausrüstung mußte — nicht nur aus Gewichtsgründen — klein gehalten werden, aber dennoch jederzeit ausreichend sein, um dem Spezialgebiet und den Anforderungen der maritimen Fotografie zu genügen. Kameras, Objektive und Zubehör sollten leicht, robust, einfach zu bedienen und vor allen Dingen zuverlässig sein. Forderungen, die nicht so leicht zu erfüllen und oft gegensätzlicher Natur sind. Auf Grund bester Erfahrungen auf extremen Reisen zuvor (unter anderem eine mehrjährige Reise mit einem Segelboot) haben wir uns für eine mehr oder weniger komplette Leica-Ausrüstung entschieden. Unser fotografisches Gepäck bestand aus zwei Leica-Gehäusen mit Motorantrieb (LEICA R3-mot), zwei Weitwinkelobjektiven mit 21 und 28 mm Brennweite, einem 60-mm-Makroobjektiv und den beiden Teleobjektiven mit 180 und 400 mm Brennweite. Ferner hatten wir eine weitere Kleinbildkamera Nikonos, eine Leicaflex SL 2, sowie eine Polaroid-Sofortbildkamera und natürlich jede Menge Kleinkram von Ersatzbatterien bis zum Pflegemittel; alles fein säuberlich — staub- und wasserdicht — in zwei Rimowa-Kamerakoffern verpackt. Damit waren die Kameras zumindest auf den Transportstrecken erst einmal vor Sand, Hitze, Staub und Salzwasser in Sicherheit. Bei der Arbeit sah das allerdings dann lange nicht mehr so gut aus. Vor Ort wurde die Ausrüstung dann in Tenbataschen (Modell 595) umgeladen, von wo aus jedes Teil schnell und problemlos zum Einsatz kommen konnte. Speziell wenn Eile geboten war und Objektive oder Gehäuse schnell weggepackt werden mußten, bewährte sich diese Tasche mit ihrem sehr ausgereiften Innenleben. Da die Tenbataschen wasserdicht sind, war die Ausrüstung auch vor Regen oder Spritzwasser geschützt. Die Arbeit auf den Schiffen, in Spray oder Gischt, in Sturm und Regen oder am Strand bis zur Brust im Wasser verlangte natürlich noch spezielle Vorbereitungen und Ausrüstung. Hier bewährten sich ganz besonders Wasserschutz- und Regenhauben, und es kann ohne Übertreibung gesagt werden, daß ohne diese Spezialhauben viele Bilder nicht hätten festgehalten werden können. Es mögen einem Horrorschauer den fotografischen Rücken hinunterlaufen, aber trotz aller Vorsicht mußten Kameras gelegentlich mit Süßwasser vom Salz befreit werden, und so manche salzverkrustete Narbe blieb. Bei Arbeiten direkt aus dem Wasser wurde die Kamera in ein Ewa-Marine-Gehäuse gepackt, das sich nach etwas mühevoller Übung als zuverlässiges und sehr nützliches Zubehörteil erwies. Bei »beweglichem« Einsatz, wo sogar eine Kameratasche hinderlich war, wurden Kamera und benötigte Objektive in einer amerikanischen Reporterjacke verstaut, so daß beide Hände zum Rudern oder Klettern freibleiben konnten. Beim Aufentern ins Rigg wurde die Kamera immer mit einem Hama-Dreipunktgurt gesichert, saß somit fest an der Brust und konnte nicht hin und her schlenkern oder sich irgendwo verhaken.

Trotz bester Ausrüstung bleibt es beim harten Einsatz nicht aus, daß sich hier und da Schräubchen an Kameras, Objektiven und Zubehör lockern und vielleicht sogar verlorengehen. Einige Reserveschräubchen (mit Klebeband in die Kameratasche geklebt) und ein Satz feinster Schraubenzieher können sich als äußerst wichtig erweisen.

So waren unsere Kameras 18 Monate pausenlos im Einsatz, haben dabei fast zehntausendmal unter größten Schwierigkeiten »ausgelöst«, und wir brauchten nur ein einziges Mal zur Überprüfung das Werk in Wetzlar anzusegeln. Belichtungsprobleme haben sich eigentlich nie ergeben, doch wurde fast ausschließlich mit der Selektivmessung der Leica R3 gearbeitet. Als Filmmaterial wurde der bewährte Kodakchrome 64 verwandt; bei der Einheit R3-Telyt 400, die als Schnappschußeinheit immer zusammengebaut blieb, wurde mit Ekta 400 gearbeitet, um noch ausreichende Geschwindigkeiten zu erreichen. Um kräftigere Farben zu erzielen, wurde das gesamte Filmmaterial um 1/3- bis 2/3-Blende zu knapp belichtet, gelegentlich auch Cir-Pol-Filter verwendet. Um harte Schlagschatten und ausgebleichte Farben zu vermeiden, wurde die Mittagszeit fotografisch meist als Pause genutzt. Auf der anderen Seite konnten diffuses Licht, extremes Mischlicht und fade Tönungen am frühen Morgen und nach Sonnenuntergang (mit all seinen Problemen) den Auslöser kaum zur Ruhe kommen lassen!

Schiffe zu fotografieren, verlangt, wie jedes Spezialgebiet in der Fotografie, großes Einfühlungsvermögen, viel Übung und damit jede Menge »Verschnitt«. Man muß sich mit dem Thema »Schiff« lange auseinandersetzen und seine Schwierigkeiten und Schönheiten erkennen. Etwas vermenschlicht ausgedrückt: Auch Schiffe zieren sich, fotografiert zu werden, sie haben Schokoladenseiten und Blickwinkel, die ihnen schmeicheln — und natürlich auch das Gegenteil. Dies herauszufinden, zu sehen und zu fühlen, das ist die Kunst des maritimen Fotografen. Bei einer derart großen Ansammlung von Schiffen und Schiffstypen bestand von vornherein die Gefahr, daß sich die Fotos — auch bei größerer Typenbreite — früher oder später alle mehr oder weniger gleichen. Ein Teleschuß »vor den Bug« ist ein Bild, das man nur einmal anbringen kann, und ein Bild von der Mastspitze erledigt auch diesen Blickwinkel. So mußten wir ein richtiges Dreh- bzw. »Schuß«buch« anlegen, in dem jeder Schiffstyp mit seinen optischen Stärken und Schwächen geführt wurde. Darüber hinaus gab es eine Liste von Standardfotos, die allein der Dokumentation wegen von allen Schiffen gemacht wurden. Wir wollen nicht verschweigen, daß viele der »guten« Fotos Glückstreffer waren — aber damit muß man eben auch rechnen. Wer auszieht und die Möglichkeit eines Sonntagsschusses nicht mit ins Kalkül einbezieht, der wäre lieber gleich zu Hause geblieben. Glücklicherweise war dann gerade das Licht recht, das Motiv da, der Mann fiel im selben Moment über Bord, das Segel blähte sich rechtzeitig, die Welle rollte an wie bestellt, und der Mast brach wie gewünscht. Die Kamera war dabei — König Zufall führte Regie. Mit viel Glück und der Bereitschaft, auch einmal eine Kamera zu »riskieren«, konnten wir 10 000 Fotos machen — nur etwa 200 »durften« wir in diesem Buch veröffentlichen.

Tips und Ratschläge zum Fotografieren an Bord

Hitze. Abgesehen davon, daß sich bei hohen Temperaturen in der Kamera die Planlage des Films ändert — was zwangsläufig zu unscharfen Bildern führt —, bewirkt ein starker Temperaturanstieg im Kameragehäuse auch eine Veränderung der Filmempfindlichkeit, was dann wiederum Fehlbelichtungen zur Folge hat. Dazu kommen dann noch beträchtliche Farbveränderungen und Tonverschiebungen beim Filmmaterial selbst. Ein Film, der »nichts geworden« ist, läßt sich noch verschmerzen, doch auch die Kamera kann von Fall zu Fall schwere »innere Verletzungen« davontragen. Schon bei Lufttemperaturen von 25 bis 30 Grad kann sich bei starkem Sonnenlicht im Gehäuse schnell eine Stauhitze von 50 und mehr Grad aufbauen. Bei vielen Kameras können bei diesen Temperaturen schon Kitte und Leime, mit denen die Linsen geklebt sind, weich werden und das Objektiv unbrauchbar machen. Schmiermittel der Kameramechanik können sich verflüssigen, Verschlüsse blockieren, Batterien auslaufen und platzen – und damit das ganze Unternehmen gefährden. Aus diesem Grund ist eine der wichtigsten Regeln beim Fotografieren in den Tropen und auf See, die Kamera vor Hitze zu schützen. Ein Handtuch, ein Hemd oder der eigene Körper bieten hier oft die einzige Möglichkeit, der Kamera den benötigten Schatten zu geben.

Feuchtigkeit. Ob hohe Luftfeuchtigkeit, Regen oder salzig-spritzige Gischt – unter derlei Bedingungen fühlt sich jede Kamera äußerst unwohl. Das darf aber noch lange nicht heißen, daß bei solchem Wetter die Kamera unter Deck bleiben muß. Gerade diese Stern- und Sturmstunden des Segelns gilt es, im Bild festzuhalten. Hierbei muß man einige Vorsichtsmaßnahmen beachten. Generell sollte jedes Objektiv erst einmal mit einem UV- oder Skylight-Filter bestückt sein. Dieses Filter bleibt immer auf dem Objektiv und bietet neben dem Schutz vor Wassertropfen, Salz und Sand noch den Vorteil, den am Strand und auf See herrschenden hohen UV-Anteil des Lichtes teilweise zu absorbieren und somit Blaustich im Bild zu verhindern. Es ist ratsam, bei jedem Objektiv auch noch eine Gegenlichtblende zu verwenden, die gegen seitlichen »Beschuß« von Regen und Spray schützt. Grundregel fürs Fotografieren bei schlechtem Wetter: die Kamera, solange es eben geht, eingepackt lassen, sie unter Regenmantel oder Ölzeug verbergen und nur zum Schuß herausnehmen. Wenn es Süßwasser regnet und Salzwasser sprüht, muß die Kamera natürlich noch zusätzlich geschützt werden. Einfache Plastikbeutel, in die man ein Loch für das Objektiv schneidet, vorgefertigte Plastikhüllen in Kameraform und flexible Unterwassergehäuse helfen dem Fotografen, »trocken« zum Schuß zu kommen. Soll-

ten trotz aller Vorsicht im Eifer des Fotografiergefechts Salzwasserspritzer auf Linse oder Filter gelangt sein, lassen sich die Salzkristalle leicht mit Frischwasser oder Spucke lösen und mit Objektivpapier, Lederläppchen oder Zigarettenpapier wegreiben. Auf keinen Fall aber mit dem Zipfel des Hemdes oder Handtuchs das Objektiv »trockenkratzen«! Auch Schweiß, den die Fotografiergötter ja bekanntlich vor das Bild gesetzt haben, kann an einer Kamera, die auf nackter Brust baumelt, nagen. Da dabei leicht Objektiv und Sucher beschlagen und beschmieren, sollte man es sich zur Gewohnheit machen, auch bei größter Hitze nur »bekleidet« (zumindest T-Shirt) zu fotografieren. Auch feuchte und schwitzige Hände hinterlassen Spuren am Gerät, deshalb immer ein Handtuch in der Nähe haben, um die Hände zu trocknen.

Sand. Wer »maritim« fotografiert, kommt zwangsläufig auch mit Sand in Berührung. Nicht nur, daß dieser Feind des Fotografen die Frontlinsen leicht verkratzen kann, Sandkörnchen können den Filmtransport blockieren, Spiegel sperren und eine Kratzspur über den ganzen Film ziehen.
Das Objektiv wird auch hier durch das schon erwähnte UV-Filter ausreichend geschützt. Auch bei fotografischen Arbeiten am Strand oder in Sanddünen sollte die Kamera ausreichend geschützt werden. Plastiktüte, Handtuch oder ein frischer Lappen können vor größerem Schaden bewahren. Auch wenn man noch so vorsichtig gewesen ist und beim Film- oder Objektivwechsel die Kamera noch so sorgsam vor Wind und Sonne geschützt hat, wird es sicherlich dennoch einmal vorkommen, daß sich ein Sandkörnchen ins Gehäuse einschleicht. Dann aber auf keinen Fall mit den Fingern, einem Wollappen oder mit Puste hinter ihm herjagen. Das macht mit Sicherheit den Schaden nur noch größer! Meist kleben die Finger vor Fett und Schweiß, der Lappen fusselt, und die Puste wirkt eher wie eine Spuckdu-

sche. Hier muß ein weicher Dachshaarpinsel auf die Spur des Körnchens gesetzt werden. Besonders zu empfehlen sind kleine, mit Druckluft gefüllte Dosen, die wie eine Luftdusche bei jedem Filmwechsel schnell die Patrone, Andruckplatte und Filmführung sauber und sandfrei halten.

Filme. Hitze und Feuchtigkeit sind natürlich auch die ärgsten Feinde des Filmmaterials. Ist es ihnen zu lange ausgeliefert, geht es ihm sehr schnell an den Kragen bzw. an die Farben. Die Gelatineschicht kann aufweichen, es kommt zu Farbveränderungen und Farbstichen. Auch bilden sich relativ schnell Pilzkolonien auf dem Film, und nicht selten ist er schon nach wenigen Wochen verdorben und unbrauchbar geworden. Der Film selbst saugt Feuchtigkeit auf, quillt, und die einzelnen Lagen können miteinander verkleben. Die Gefahren lassen sich einigermaßen in den Griff bekommen, wenn man folgende Regeln beachtet:
Filme kühl und trocken aufbewahren.

Filme erst kurz vor dem Gebrauch aus der Originalverpackung herausnehmen.
Nach der Belichtung wieder in die Originalverpackung zurück; dies soll an einem trockenen Ort geschehen, damit keine Luftfeuchte mit in das Filmdöschen gelangt.
Einige Körnchen Trockenmittel (Silica-Gel) mit in jedes Döschen tun.
Den Film nicht zu lange in der Kamera lassen.
Nach der Belichtung den Film so schnell es geht zur Entwicklung geben.
Bei Verbrauch größerer Mengen Filmmaterial ist es zu empfehlen, ein »Logbuch« zu führen. Jeder Film wird numeriert und Vermerke über den Inhalt festgehalten. Beim Einsenden ins Labor werden die Filme so aufgeteilt, daß niemals die Filme mit denselben Motiven auf einmal ins Labor gelangen. So ist es gewährleistet, daß im Falle eines technischen Defekts im Labor oder bei Verlust einer Sendung gleich alle Bilder eines Motivs abgeschrieben werden müssen.
Das gesamte Filmmaterial sollte dieselbe Emulsionsnummer haben.

Glossar
Erklärung nautischer Fachausdrücke

achtern — hinten, z. B. achterer (hinterer) Teil des Schiffes

Am-Wind-Kurs — segeln »gegen den Wind«, d. h. mit kleinstmöglichem Winkel zwischen Kurs und Windrichtung

anreihen — befestigen eines Segels an einer Spiere (Baum, Gaffel, Rah) mittels Reihleine

anschlagen — befestigen eines Gegenstands, z. B. des Segels an einer Spiere

aufentern — heraufklettern auf ein Schiff oder einen Mast

aufgeien — Segel (mit Geitauen) an einer Rah oder Spiere zusammenholen, um den Wind aus den Segeln zu nehmen

aufklaren — Ordnung schaffen, speziell Aufräumen, Ordnen des Tauwerks nach einem Segelmanöver

auftuchen — zusammenlegen des Segels

Backbord — linke Seite des Schiffes in Fahrtrichtung gesehen

Baum — Spiere, an der die Segel mit ihrer unteren Kante (Unterliek) befestigt werden

Beschläge — Ausrüstungsteile des Schiffes, die der Befestigung oder Handhabung, speziell des stehenden und laufenden Gutes, dienen

Bilge — tiefstgelegener Raum eines Wasserfahrzeugs

brassen — ändern der Segelstellung eines Rahsegels mit den Brassen

Bug — vorderer Teil des Schiffes

Bugspriet — über dem Vorsteven hinausragende, fest mit dem Schiff verbundene Spiere

Creek — meist trockenliegender Fluß, der nur nach Regenfällen Wasser führt

Dingi — kleines Beiboot, Ruderboot

Dirk — Tau von der Mastspitze zum Ende (Nock) des Baumes, das diesen in gewünschter Lage hält

Ende — Stück Tauwerk

Fall — Ende oder Talje zum Heißen oder Fieren speziell von Segeln

fieren — langsam nachlassen oder gleiten lassen

Fock — auf Rahschiffen unterstes Rahsegel am vordersten Mast (Fockmast); bei Schratbesegelung erstes Vorsegel (vom Mast aus gesehen)

Gaffel — im oberen Mastdrittel gefahrene Spiere, an der das Oberliek des (viereckigen) Gaffelsegels befestigt ist

Gaffelklau — gabelförmig gestaltetes, mastseitiges Ende der Gaffel, mit dem diese am Mast gehalten wird

Gaffelsegel — mit seinem Oberliek an der Gaffel befestigtes Schratsegel, meist in Form eines unregelmäßigen Vierecks

gieren — durch Wind und/oder Seegang hervorgerufenes Abweichen des Schiffes vom Kurs nach Luv (Luvgierigkeit) oder nach Lee (Leegierigkeit)

gissen — provisorisches Festlegen des vermuteten Schiffsortes ohne exakte Ortsbestimmung, z. B. als Rückschluß aus Kurs und Geschwindigkeit

Gordings — Leinen, mit denen Segel zur Rah hin aufgeholt werden

Großmast — auf zweimastigen Segelschiffen der größere Mast; auf mehrmastigen immer der zweite Mast von vorn

Großsegel — am Großmast gefahrenes Hauptsegel (Schratsegel) bzw. das unterste Rahsegel am Großmast rahgetakelter Schiffe

Hals — untere vordere Ecke eines Schratsegels, an der Vor- und Unterliek zusammentreffen

Halse — Manöver eines Segelschiffes auf Vor-Wind-Kurs, um die Windseite zu wechseln, wozu das Heck durch den Wind gedreht wird (vergl. Wende)

Heck — achterer Teil des Schiffes

heißen — hochziehen, z. B. des Segels

Jetty — Hafendamm

Jungfer — runde Holzscheibe mit mehreren Löchern zum (mehrfachen) Durchziehen eines Taues; zwei Jungfern mit einem (meist) dreifach geschorenen Ende bilden eine (flaschenzugähnliche) Talje zum Festsetzen des stehenden Gutes

kalfatern — Fugen zwischen Planken abdichten

Kausch — ringförmige metallene Verstärkung an einem Tauende

Kiel — unteres, mittschiffs in Längsrichtung angeordnetes wichtiges Bauelement eines Schiffes; bei Segelschiffen auch die z. T. mit Ballast beschwerte Kielflosse, die die Abdrift verringert und die Stabilität erhöht

kieloben — ein Schiff am Strand oder im Flachwasser auf die Seite legen, um Inspektionen oder Reparaturen des Unterwasserschiffes auszuführen

klarieren — Ordnung schaffen

Klüver — dreieckiges Vorsegel; wird vor der Fock am Klüverstag gefahren

Kopf — obere Ecke des Schratsegels, an der das Fall zum Heißen des Segels angeschlagen wird

kreuzen — Segelmanöver mit (meist wiederholter) Kursänderung, um gegen den Wind voranzukommen und ein in Luv gelegenes Ziel (auf einer Zickzacklinie) zu erreichen

laschen — mit Tauwerk befestigen

Lateinersegel — dreieckiges Segel, dessen längstes Liek an einer Spiere (Rah) befestigt ist, die von Deckshöhe (vor dem Mast) mit etwa 45 Grad nach achtern ansteigt und den Mast weit überragt

laufendes Gut — alles Tauwerk an Bord, das im Schiffsbetrieb bewegt wird — speziell zum Auf- und Niederholen der Segel sowie zur Veränderung ihrer Stellung zum Wind

Lee — dem Wind abgekehrte Seite des Schiffes; Richtung, in die der Wind weht

Leesegel — Segel, mit denen bei günstigen Winden Rahsegel verbreitert werden

Liek — Kante oder Saum des Segels (z. B. Vor-, Mast-, Unter- oder Achterliek); oft mit angenähtem Tauwerk (Liektau) verstärkt

Löffelbug — sanft (löffelähnlich) gerundete, mehr oder weniger stark überhängende Vorschiffsform

Luggersegel — viereckiges Segel, das an einer außermittig am Mast befestigten und leicht geneigten Rah gefahren wird

Luv — dem Wind zugewandte Seite; Richtung, aus der der Wind weht

marlen — befestigen eines Segels mit einem dünnen Ende (Marlleine) an Spiere, Baum oder Mast

Nock — freies Ende von Spieren

Piek — achteres, freies Ende der Gaffel (Gaffelnock)

Pinne — Hebel zur Bedienung des Ruders

Planke — zugearbeitetes Brett als Teil der Außenhaut bzw. des Decks von Holzschiffen

Plicht — in das Deck eingelassene Vertiefung, von der aus das Schiff gesteuert und oft auch seine Segel bedient werden; meist mit Sitzmöglichkeiten ausgestattet

Poop — von Bordwand zu Bordwand reichender Heckaufbau eines Schiffes oberhalb des oberen durchlaufenden Decks

pullen — ziehen, z. B. an einem Tau; im engeren Sinne Fortbewegung eines Bootes mittels Riemen

Pütting — starker Beschlag am Schiffsrumpf für die Befestigung der Wanten

querab — senkrecht zur Schiffslängsrichtung liegend

Raffee — Zusatzsegel auf einem Rahsegler

Rah — runde Spiere aus Holz oder Stahl, die horizontal am Mast drehbar befestigt ist und viereckige Segel trägt

Rahsegel — viereckige, meist trapezförmige Segel an querschiffs vor dem Mast angeordneten Rahen

reffen — verkleinern der Fläche eines Segels

Rigg — Sammelbegriff für die Segeleinrichtung eines Bootes oder Schiffes: Masten, Spieren, stehendes und laufendes Gut und Segel

rollen — Schwingung des Schiffes um seine Längsachse im Seegang

Schanzkleid — Erhöhung der Außenhaut über die Deckshöhe hinaus

scheren — durchziehen von laufendem Gut durch Blöcke oder Leitösen

Schoner — Segelfahrzeug mit wenigstens zwei Masten und Schratsegeln

Schot — Leine zur Regulierung der Segelstellung; auf Rahschiffen wird mit der Schot das Segel an die darunterliegende Rah geholt

Schothorn — Ecke eines Segels, an der die Schot angeschlagen wird

Schratsegel — Segel, die nicht an Rahen, sondern an längsschiffs angeordneten Spieren oder an Stagen gefahren werden

Schwert — absenkbare Holz- oder Metallplatte, die das Abtreiben nach Lee verringert

schwojen — durch Wind und Strömung hervorgerufenes Pendeln eines vor Anker liegenden Schiffes

Spake — Speiche, Hebelarm aus Metall oder Holz

Spant — rippenartiges Bauteil zur Aussteifung der Außenhaut eines Schiffes; je nach Anordnung als Quer- oder Längsspanten bezeichnet

Speigatt — Öffnung im Schanzkleid für den Abfluß übergekommenen Wassers

Spiegel — flaches Heck eines Schiffes oder Bootes

Spieren — an Bord alle Rundhölzer, speziell des Riggs mit Ausnahme von Masten und Stengen

Spill — Vorrichtung zum Einholen von Ketten oder Trossen, die jedoch nicht (wie bei einer Winde) aufgewunden werden, sondern auf der Abgabeseite lose ablaufen

Sprung — Deckslinienverlauf von der Seite betrachtet

Stag — stehendes Gut zur Abstützung des Mastes in Längsrichtung

Stagsegel — an Stagen angeschlagene Schratsegel, z. B. Fock und Klüver

staken — ein Boot fortbewegen, indem man es mit einer Stange vom Grund abstößt

stehendes Gut — Tauwerk zur Abspannung des Mastes oder anderer fest eingebauter Spieren, z. B. des Klüverbaumes

Stenge — Verlängerung des Mastes

Steuerbord — rechte Seite des Schiffes in Fahrtrichtung gesehen

Steven — vorderes (Vorsteven) oder hinteres (Achtersteven), mit dem Kiel verbundenes Bauteil zum Abschluß des Schiffskörpers

Süll — erhöhter Rand um Decksöffnungen, der das Eindringen von Wasser in das Schiff verhindern soll

Talje — kräftesparende, flaschenzugartige Anordnung von Blöcken und Tauwerk

Topp — oberes Ende von Masten und Stengen

Toppsegel — Segel, das am Masttopp gefahren wird; am gebräuchlichsten als Zusatzsegel zum Gaffelsegel

Totholz — unter den Kiel gebolzter Bauteil des Schiffes, das an seiner unteren Kante den Ballastkiel trägt

trimmen — 1. Beeinflussung der Schwimmlage eines Schiffes durch Masseverlagerung; 2. beim Segeln: die Segel in den günstigsten Winkel zum Wind stellen

über Stag gehen — wenden

Unterliek — auch Fußliek, Unterkante des Segels

unter Vollzeug — alle zur normalen Besegelung gehörenden Segel sind gesetzt

Vorsegel — Segel, dessen Hals vor dem vorderen Mast befestigt ist; z. B. Fock oder Klüver

Vor-Wind-Kurs — Segelkurs bei achterlich einfallendem Wind

Wasserstag — Stag, das vom Vordersteven zur Nock von Bugspriet oder Klüverbaum führt

Wanten — stehendes Gut zur seitlichen Abstützung des Mastes

Wende — Segelmanöver, bei dem der Bug durch den Wind gedreht wird und die Segel auf die andere Seite übergehen

Winsch — kräftesparende Winde an Bord von Schiffen zum Aufwickeln von Tauwerk

Danksagung
Impressum

Ohne die unkonventionelle Hilfe und oft unbürokratische Unterstützung von vielen Organisationen und Ämtern in unseren Reiseländern, ohne das persönliche Engagement vieler Privatpersonen und letztlich das unermüdliche Weitertreiben und Anfeuern unserer Freunde — wenn immer wir in einer Flaute steckten — wäre dieses Projekt niemals zu Ende geführt worden. Ihnen allen sind wir Dank schuldig. Ganz besonders herzlich möchten wir uns natürlich bei all den Fischern und Seeleuten von »vor, hinter und auf dem Mast« bedanken — vom Koch bis zum Kapitän —, die das Ihre dazu beigetragen haben, daß diese Dokumentation überhaupt erst möglich wurde. Ohne sie wäre das Projekt trockengefallen oder nie vom Stapel gelaufen.

Allen sei gedankt — nur wenige seien erwähnt:
Ägypten
Mary Dungan Megalli, Ibrahim el Shayes, Diana de Treville, Christina Halim Makhyoun

Bangladesh
Mahmudul Karim (M. P.), Captain M. Zakaria, Makbul Ahmed, Ashish Das, Rob Gallagher, M. Mainuddin, Carol Thompson

Brasilien
Ilo Francisco de Barros Barreto of Empetur (Recife), Luis Augusto F. Crispim of PB-Tur (Jao Pessoa), Pedro Ernesto Ribeiro, Lia Domielas, Ricardo Noblat, Jones Melo, Professor Roberto Benjamin, Mario Gouveira, Fernando Machado, Jeanne Pinto, Zilda Ferrieira, Heloisa und Avelina, Peter Frey

Bundesrepublik Deutschland
Gerd Wacker (Marine Consultant), Peter Albers, Ulla Thomsen, Ursula Nissen, Hans Helmut Röhring, H. G. von Zydowitz (Leitz Profi Service)

Chile
Harald Hofmann Breiding (Servicio Nacional de Turismo), Gustavo Gutierrez, Julio Kühlenthal und Familie, Tom Daskam, Tony Wescott, Pablo Huneeus, Professor Manuel Dannemann Rothstein, Renato Vivaldi, Sergio Tupin Arreco Pedro Borquez Joguerre, Oswaldo Havier Navarette, Don Manuel Campos

Großbritannien
Cruising Association, National Maritime Museum Osyth Leeston

Indien
Suresh Corera und Familie, Mr. V. Sundaram I. A. S. (Chairman Tuticorin Port Trust), Mr. S. Miranda (Ministry of Shipping), Mr. Ramesh Shanmugam

Indonesien
Doug Robbins, Dr. David Lewis, Cri Murti (Ministry of Turisme), Makbul Ahmed, Rahmat Ali (Direktor des Schiffahrtsmuseums), John Bromley, A. Handojo Soemarto, Roland Hill, Peter Pangasibuan, Drs. Amiruddin Saharuna, Hamdi Wijaya, Ny. H. Gt. Noorsehan Johansyah, Alex Moniaga (Hafenmeister Sundakelapa), Rudi Z., H. Lahuseng, Sumidar D. A., Mustakim Polupantikan (Hasna Ilahi), Any und die Soedjarto-Familie.

Macau
Scott J. Mullin, Ferrando J. Lameiras, Father Manuel Teixeira, Charly Wong

Sri Lanka
S. H. Yoonos (Ministry of Foreign Affairs), D. Ranasinghe (Ministry of Fisheries), Kenneth J. Somanandar, Sarath Wimalaweera, Vincent Ferrando, Peter Hettiarachi, K. S. Stanley Pieris, S. Amartunga, Bala Kumar und Kaleel Kaleel-ur-Rahman (Cargo Boat Co.), R. Vasudevan (Indian High Comission in Sri Lanka)

CIP-Kurztitelaufnahme der Deutschen Bibliothek

Hollander, Neil:
Solange sie noch segeln: d. letzten Arbeitssegler / Neil Hollander; Harald Mertes. Mit e. Vorw. von Thor Heyerdahl. — 1. Aufl. — Hamburg: Hoffmann und Campe, 1983.
(Hoffmann und Campe maritim)
ISBN 3-455-08758-2
NE: Mertes, Harald

© 1983 by Hoffmann und Campe Verlag, Hamburg
Der Vertrieb außerhalb der Bundesrepublik Deutschland, Westberlin, Österreich und der Schweiz ist nicht gestattet.
Verlagslektor: Ulrich Leopoldi
Gestaltung: Eberhard Kahle, Peter Albers
Schutzumschlag: Jan Buchholz und Reni Hinsch
Satz: alphabeta, Hamburg
Druck und Bindung: Druckerei Fortschritt, Erfurt
Printed in the German Democratic Republic